国际工程教育丛书

王孙禺　乔伟峰　徐立辉　郑　娟　编著

基于大工程观的
工程专业学位研究生培养

清华大学出版社
北京

图书在版编目(CIP)数据

基于大工程观的工程专业学位研究生培养/王孙禺等编著. —北京:清华大学出版社,
2022.7

(国际工程教育丛书)

ISBN 978-7-302-60963-6

I. ①基… Ⅱ. ①王… Ⅲ. ①工科(教育)–研究生教育–研究–中国 Ⅳ. ①G643

中国版本图书馆 CIP 数据核字(2022)第 089043 号

责任编辑:马庆洲
封面设计:常雪影
责任校对:欧 洋
责任印制:丛怀宇

出版发行:清华大学出版社
      网 址:http://www.tup.com.cn,http://www.wqbook.com
      地 址:北京清华大学学研大厦 A 座 邮 编:100084
      社 总 机:010-83470000 邮 购:010-62786544
      投稿与读者服务:010-62776969,c-service@tup.tsinghua.edu.cn
      质量反馈:010-62772015,zhiliang@tup.tsinghua.edu.cn
印 装 者:三河市东方印刷有限公司
经 销:全国新华书店
开 本:165mm×240mm 印 张:19.5 字 数:319 千字
版 次:2022 年 8 月第 1 版 印 次:2022 年 8 月第1次印刷
定 价:90.00 元

产品编号:095223-01

总　序

　　近年来,中国工程院针对工程科技咨询,开展了"工程教育改革与发展研究""创新型工程科技人才培养研究""建立具有国际实质等效性的中国高等工程教育专业认证制度研究""院校工程教育的工程性与创新性问题研究""工程教育专业认证制度与工程师注册制度衔接问题的研究""国际工程教育合作战略研究""'一带一路'工程科技人才培养及人文交流研究""构建工程能力建设研究"等一系列课题研究。这些研究具有重要的理论意义和现实意义,是加快我国创新型国家建设的迫切需要,是推动工程师培养制度改革的需要,是促进工程科技人才培养与人文交流的需要。这些课题的研究有利于提出相关政策建议,对于深化工程科技人才培养、鼓励和引导工程科技人才成长具有重要的战略意义。

　　特别要强调的是,在中国工程院和清华大学的共同申请和推动下,2015年11月经联合国教科文组织(UNESCO)第38届大会批准,2016年6月联合国教科文组织国际工程教育中心(ICEE)在北京正式签约成立。该工程教育中心以联合国教科文组织"可持续发展"的宗旨和原则为指导,以推动建设平等、包容、发展、共赢的全球工程教育共同体为长期愿景,围绕提升全球工程教育质量与促进教育公平的核心使命,致力于建成智库型的研究咨询中心、高水平的人才培养基地和国际化的交流合作平台。

　　目前,国际工程教育中心研究人员已牵头承担或作为核心成员参与联合国教科文组织、中国工程院、国家自然科学基金委、国家教育部委托的重大咨询研究项目,在提升国际影响力、政策影响力和学术影响力等方面发挥越来越大的作用。

为了更好地反映国际工程教育发展的过程和趋势，反映国际工程教育中心的研究成果，拟将近年来完成的报告、论文等汇集出版。

尽管这些报告或论文有些数据略早，但这些资料真实地记录了近些年我国工程教育研究的发展进程。这些成果作为工程教育的研究方法和政策过程有一定的回顾意义，反映了我国工程教育发展进程中的历史价值，以供后来者对工程教育研究历史进行梳理和追溯。

当前，世界处于百年未有之大变局中，工程科技突飞猛进既是百年变局的一项基本内容，也是百年变局的基本推动力量。全球科技创新已经进入空前密集活跃的时期，这对于工程领域人才培养和人文交流模式变革，对于提高国家竞争实力都提出了非常迫切和现实的要求。可以说，这就是我们编写和出版此套丛书的意义所在。

工程教育界的同仁们，我们共同努力再努力！

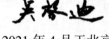

2021 年 4 月于北京

[吴启迪，教授，联合国教科文组织国际工程教育中心（ICEE）副理事长兼中心主任，清华大学工程教育研究中心主任，曾任教育部副部长，同济大学校长等职。]

目　　录

引　言

新中国成立以来，我国工程教育取得了巨大成就，有力地支撑了国家工业化发展进程。但当前仍存在不少问题，主要体现在：人才培养模式单一，多样性和适用性欠缺；工程性缺失和实践教学薄弱问题长期未得到解决；评价体系导向重论文、轻设计、缺实践；对学术的创新教育和创业训练重视与投入不足；产学研合作不到位，企业不重视人才培养全过程的参与。由于工程性与创新性缺位，我国高等工程教育难以培养出能够满足经济社会发展需要的创新型工程科技人才。我国在 2006 年初召开的科学技术大会上提出了建立创新型国家的目标，建立创新型国家必然需要大量创新型人才，尤其是在大量工程实践中需要创新型人才。在此背景下，破解我国院校工程教育中工程性和创新性不足的难题显得尤为重要。

本研究是在中国工程院"院校工程教育工程性与创新性问题研究"基础上开展的滚动研究，专门针对研究生层面，特别是硕士层面的工程教育问题进行探讨；以"大工程观"为基础，围绕工程性和创新性两大核心对我国工程教育进行剖析。在微观层面将工程教育整体特别是工程专业研究生培养体系作为一个系统，从整体上统筹设计各层次、各类型工程教育的培养目标、控制生源质量、改进导师指导方式、优化课程教学设置、提高毕业设计质量；在宏观层面准确认识社会发展对工科人才在工程性和创新性方面的能力要求，通过工程教育结构的调整，调节机制的建立，系统内各层次、各类型教育的衔接以及硕士层面工程教育认证制度的设计满足社会工业人才需求与科技发展需要。

本研究的主要内容和成果包括：(1)工程专业学位的质量标准研究。聚焦于工程硕士培养通用标准，重点对美国、欧洲工程教育组织中典型、影响广泛的关于学生学习成果、毕业要求和资历框架的内容进行了比较分析,揭示了国际高等工程教育标准的主要特点和发展趋势。同时对我国现行的高等工程教育中带有通用标准性质的规定进行分析,为构建与完善工程硕士培养的标准体系提出了设计方案。(2)工程专业学位研究生的培养模式研究。通过借鉴发达国家典型工科院校(主要是美国凯克研究院、斯坦福大学、康奈尔大学纽约科技校区、哥伦比亚大学等)的工程领域硕士研究生培养方式,结合我国本土工科院校(清华大学、北京航空航天大学、中国地质大学、华南理工大学)人才培养的经验,提炼出不同层次、不同类型工程专业学位的培养模式,对如何优化我国工程硕士培养模式、保障我国工科人才的培养质量提出了建议。(3)搭建工科人才培养的"立交桥"。从"入口""纽带""出口"三方面比较美国、英国和中国高校现有的工程领域学术型、专业型学位研究生培养环节,尝试构建了工科高层次人才培养的立交桥。搭建"立交桥"的目的是优化工程教育系统的结构和满足社会对工业人才的多样化需求,实现各层次、各类型学位的灵活转换以及教育系统和人才系统的协调发展。(4)工程专业学位研究生教育主动适应社会需求研究。从实然层面考查工程专业学位研究生教育是否与外部经济社会发展相匹配,通过高校和行业的案例分析考查毕业生在数量和质量上是否能够满足社会需求;针对现有的问题提出建议,结合协同创新,从制度上提炼和构建工程专业学位研究生教育的主动调节机制,以学校为中心加强校企合作,培养企业所需的高层次工科人才。(5)硕士层面工程教育认证制度研究。对欧美硕士层面工程教育认证制度的基本情况和发展趋势进行了研究,为我国硕士层面工程教育认证体系建设提供了借鉴。

在研究结论的基础上提出了五点政策建议。

1. 结合成果导向教育的基本理念和原则,本研究认为构建与完善工程硕士专业学位标准时可考虑以下三点。

第一,以工程性和创新性为原则,突出工程专业人才通用标准的能力导向,以回应社会和行业对工程师知识、能力以及综合素质的需求。第二,从培养目标定位出发,合理体现不同类型与层次的标准上的差异。通过能力要求的不同,将工程专业学位与学术型学位的要求区别出来,将硕士与博士层次的人才培养的要求区别出来。第三,更加重视工程专业学位通用标准的实施。以工程实践能力和创新能力为目标,构建蛛网式的通用标准实现形式,反向设计教育的过程;围绕学生学习成果的达成,推动院校工程教育的综合改革。教师的角色应该从知识的传授者,转变为促进学生学业成功的最直接支持者,课程和实践教学环节需要围绕最终成果的实现来设计和实施,学生应成为学习的中心等。

2. 围绕质量标准,在工程硕士培养模式的生源遴选、教学课程设计等环节进行一系列优化。首先,通过多样化的招考方式保障工程硕士的生源质量,特别留意考生在工程实践方面的经历。其次,逐步完善兼职导师的聘任办法,在工程硕士培养中大规模推行双导师制。同时,课程设置要充分体现基础宽广、实践性强的特征,加强通识课和实践课的比例。此外,在学生的毕业环节加强对学生实践能力、动手能力的考察,可探索以实践项目为导向的毕业考核方式。

3. 以灵活的学分制为基础,构建工科高层次人才培养的立交桥,促进各层次、各类型教育的纵向衔接和横向沟通。一是"立交桥入口",即高等工程教育的招生与选拔机制。"立交桥"的理想入口应具有"宽口径,多渠道"的特性,它可以为适宜且愿意的考生提供充足的入学机会。二是"立交桥纽带",即高等工程教育的学位类型衔接与转换机制。理想的"立交桥"纽带,既能满足不同层次学位间的有效衔接,也能使同一层次间不同类型的学位进行自由转换。三是"立交桥出口",即工程学位与工程师职业资格的衔接机制。理想的"立交桥出口",能在不同层次、类型的工程学位与不同层次、类型的工程师职业资格之间建立起对应关系。

4. 以学校为中心,加强校企合作,培养企业所需的高层次工科人才。首先,基于学校既有的校企合作项目,构建了解企业用人需求的平台和机制,通过导师的合作科研项目、就业的追踪调查以及与用人单位的互访来了解企业对工科高层次人才在数量和质量两个方面的需求。其次,将企业对人才的需求内化为大学工科研究生的培养目标,并在课程学习和实践环节回应企业的用人需求。

5. 创新工程教育制度,构建硕士层面工程教育的认证体系

我国硕士层面工程教育认证工作还处于起步阶段,相关认证体系的建设可以向国外较成熟的涉及硕士层面认证的组织和体系学习。目前还没有一个国际性的硕士层面工程教育认证的专门组织或体系,我国在稳步建设自身硕士层面认证体系的同时,可以考虑与国际上主要的工程教育认证组织联合,建立一个全球范围的硕士层面工程教育认证体系。建议由中国牵头,在北京签

署协议，建立一个全球范围的工程硕士教育认证体系"北京协议"，分阶段开展工作，逐步形成世界影响。

本研究为"北京协议"的认证组织、标准体系和程序规则的构建提出了建议。这些建议一方面参考国际工程教育认证的发展趋势；另一方面考虑与国内外本科层面工程教育认证标准的衔接。构建国际性的工程学位项目认证体系，既要有足够的包容性以容纳各国工程教育的不同情况，又要保证硕士培养标准的最基本要求，确保各参与成员认证标准和结果的实质等效。

第一章 概　　述

一、研究背景及意义

（一）工程人才培养重心上移，工程硕士培养成为社会关注焦点

工程科技人才承担着推动科技进步、实现产业发展的重要使命，是科技创新能力建设、经济建设、国防建设的基础支撑力量，是国家核心竞争力的关键要素。当今时代，谁能够培养和造就一支强大的工程科技人才队伍，谁就能够在激烈的国际竞争中掌握战略主动，赢得发展先机。

放眼国外，伴随着技术知识越来越快的增长和工科课程中有关新技术的内容越来越多，学士学位作为工程师的第一级（专业）学位已经不够，第一级（专业）学位有提高的趋势。美国《2020 工程师行动报告》①建议，学士学位应当被视为工科的预备学位或"毛坯工程师"学位，要把经过认证的硕士学位作为工程的第一级（专业）学位，以提升工程专业界的入门水准。

审视国内，早在 1984 年，我国第一个具有专业学位意义的工程类型硕士试点培养就已经开始。1997 年，国务院学位委员会第十五次会议正式批准工程硕士专业学位的设置。工程硕士作为我国最早的一批专业硕士学位，从试点到现在已经经历了二十多年的历程，二十多年来，这一学位类型的建立，为我国工程领域培养了一大批工程应用型人才，特别是为工矿企业和工程建设部门，国有大中型企业培养了大批应用型、复合型高层次工程技术和工程管理人才。

纵观国内外工科人才培养的发展趋势，硕士文凭可能即将成为进入工学

---

① NAE, *Educating the Engineer of 2020: Adapting Engineering Education to the New Century*, Washington DC: The National Academies Press, 2005.

领域高级岗位的"最低凭证",如何保障工科硕士的能力规格满足我国工业发展的需求,从而为经济社会的发展提供强力的人才支持将是未来工程教育研究的重要问题。

(二) 工程硕士的工程性与创新性培养是人才培养面临的重大问题

工程类人才培养的目标应当是具有国际视野的行业领军人才、国际认可的高级工程技术人才和创业、研发型高端人才。2008 年,中国工程院在《创新型工程科技人才培养研究》总报告中提出,创新型工程科技人才就是具备技术创新能力的工程科技人才。创新型工程科技人才具有普遍性的特点,既包括杰出创新人才,也包括一般创新人才。针对创新型工程科技人才具有多样性的特点,中国工程院潘云鹤院士将其归纳为 5 类:(1)理论+技术实践,解决工程技术问题的科技人才;(2)理论基础上发展新技术,研究成果是发表成果,是工程科学方面的人才;(3)理论+技术实践+新技术在本专业的应用,进行技术交叉创新的人才;(4)理论+技术实践+创新设计,开发新产品的人才;(5)理论+技术实践+创业与市场能力,工程管理与经营、有经验的工程师。

在过去的 60 年中,我国工程教育取得了巨大的成就,累计培养了本、专科毕业生 1080 万人,研究生 58 万人。截至 2012 年,我国开设工科专业的本科高校 1003 所,占本科高校总数的 90%;高等工程教育的本科在校生达到 371 万人,研究生 47 万人。但是我国工程教育仍存在不少问题,主要体现在:人才培养模式单一,多样性和适用性欠缺;工程性缺失和实践教学薄弱问题长期未得到解决;评价体系导向重论文、轻设计、缺实践;对学术的创新教育和创业训练重视与投入不足;产学研合作不到位,企业不重视人才培养的全过程参与。

我们的前期研究就如何加强本科层次工程教育的工程性与创新性这一问题进行了回答。但鉴于研究生教育与本科教育之间所存在的巨大差异,有必要专门针对研究生层次,特别是硕士层次的工程教育问题进行探讨。

二、概念界定及关系阐释

(一) 大工程观

根据国家教委 1996 年赴美考察团的报告,美国 20 世纪 90 年代"回归工程运动"的重要目的是"要把工程教育从过分重视工程科学转变到更多地重视工程系统及其背景上来"。① MIT 的乔尔·莫西斯（Joel Moses）认为，"大工程观的术语是对为工程实际服务的工程教育的一种回归，而与研究导向的工程科学观相对立"。对大工程观下的工程教育而言，应该"让学生接触到大规模的复杂系统的分析和管理，这不仅是指对有关技术学科知识的整合，而且包括对更大范围内经济、社会政治和技术系统日益增进的了解"。

（二）大工程教育观

大工程观是一种工程理念，这种理念对工程师素质、工程活动以及工程教育都提出了新的要求。大工程观下的工程师不仅仅是技术人员，而是可以集成各学科科学知识，创造性地解决工程实践中面临的各种问题的带有"科学家"特质的高层次复合型人才；大工程观下的工程活动并不仅仅是解决一个个工程技术问题，而是将工程活动与人类经济社会的发展相联系，使工程活动成为改善人类社会福祉的一种社会实践。

"大工程观"（Engineering with a Big E）的核心思想是工程系统（engineering system）观，强调将科学、技术、非技术和工程实践融为一体。虽然其原始含义已经包含了工程教育观，但是其含义已经在辗转流传中拓展和泛化，为了更为聚焦于工程教育理念自身，本研究将大工程观影响下的工程教育观简称为"大工程教育观"，具体指向当前我国工程教育体系中亟待反思的工程性与创新性不足两个关键问题。此外，由于工程性和创新性的要求，"大工程教育观"还内在包含了工程教育模式改革必须更加重视产学合作。

（三）工程教育的工程性

工程性（engineering）即工程作为一种人类活动所具有的性质和特点，具体为建构性和实践性、集成性和创造性、科学性和经验性、复杂性和系统性、社会性和公众性、效益性和风险性。② 两院院士路甬祥对工程性进行了很好的解读：21 世纪的工程师至少要做好回答四个问题的准备：第一个是"会不会去做"（一项工程技术任务甚至科技难题放在面前，你拿不拿得起），第二个是

①　国家教委工程教育赴美考察团."'回归工程'和美国高等工程教育"[J].中国高教研究，1996(3).

②　殷瑞钰等.工程哲学[M].北京：高等教育出版社，2007(7)：70-73.

"值不值得做"(看你在人、财、物和时间要求的现实约束条件下,能否经济合理地完成这项任务),第三个是"可不可以做"(看你能否在政策法规、社会公德、文化习俗允许的前提下,既遵照法律又合乎道理地把事情办成),第四个是"应不应该做"(看你能否自觉地考虑生态的可行性,以本职的技术工作为可持续发展做出贡献)。①

工程教育的工程性体现在工程知识的综合性和工程问题的复杂性上。鉴于现代工程的重要特点是复杂性加速增加,因此要将被学科分类割裂开的知识体系作为整体来看待,对工程学科进行纵向和横向关联打通,促进科学、技术和人文学科相互渗透、相互交叉融合,并在工程实践中加以贯通,使得工程人才具备复合交叉的知识背景,为现代复杂工程问题的解决提供整体的、集成化的解决方案。

工程教育的实践性体现在工程活动本质上是一种实践,工程职业的从业人员必须参与工程实践,在实践中促进胜任能力的进一步发展,在实践中检验思维成果的正确性。工程教育的实践性要求:由单一的强调动手能力的培养向全面实施素质教育的方向转变;由传统工种的技术和技能训练向先进制造技术发展的方向转变;由传统工种的单项训练向综合训练的方向转变;由单一的知识学习、技能训练向创新设计能力培养的方向转变;由单一的理工类学生参加的工程实践教学逐步向文理交叉融合的方向转变;由单纯的本科教学逐步向以本科教学为主、兼顾指导研究生教学的方向转变。

(四)工程教育的创新性

创新是工程的本质要求,工程是创造人工物的活动,创新驱动发展是我国经济社会发展的根本之策。创新是以新思维、新发明和新描述为特征的概念化过程。创新意味着改变,所谓推陈出新、气象万新、焕然一新,创新是对旧的替代和覆盖,创新意味着付出,因为惯性作用,没有外力是不可能有改变的,这个外力就是创新者的付出,创新通常意味着在某一领域长期的探索和努力。

工程教育的创新性着重体现在创新思维和创新能力两个方面,即在整个工程教育过程中始终将培养学生的创新思维、创造能力放在更加突出的地位。

---

① 路甬祥,王沛民.工业创新和高等工程教育改革[J].中国高教研究,1996(2).

院校工程教育的创新性不是简单要求一群还没有走出校园的学生做出颠覆性的创新成果,这毕竟需要大量实践的积累,但是作为教书育人的学校,可以对学生的创新思维、创新能力、创新意识进行启发。院校可以充分利用自身高素质人才聚集的优势,开展各种类型的科技活动,引发学生之间思维的碰撞,启发学生的创新性思维。同时,采用启发式教学和考核方式,鼓励学生的创造性,为他们在未来的工程工作中进行开创性活动奠定基础。

三、急需研究的相关问题

本研究围绕工程性和创新性两大核心要求对我国工程教育进行剖析。在微观层面,本研究解决的核心问题是"培养什么样的工科人才"和"怎样培养工科人才",将工程教育整体作为一个系统,以工程性和创新性为主旋律,从整体上统筹设计各层次、各类型工程教育的培养目标,控制生源质量,改进导师指导方式,优化课程教学设置,提高毕业设计质量;在宏观层面,本研究着力解决的核心问题是"工程教育如何满足社会需求",准确认识社会发展对工科人才在工程性和创新性方面的能力要求,通过工程教育结构的调整、调节机制的建立,系统内各层次、各类型教育的衔接以及硕士层面工程教育认证制度的设计满足社会工业人才需求与科技发展需要。课题研究的框架如图 1-1。

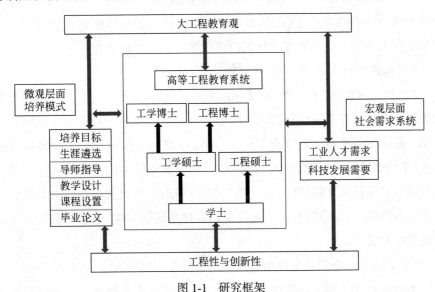

图 1-1　研究框架

本研究的具体内容包括以下五方面。

（1）工程专业学位的质量标准研究

工程硕士、博士专业学位获得者应具有相关工程技术领域坚实宽广的理论基础和系统深入的专门知识；具备解决复杂工程技术问题、进行工程技术创新以及规划和组织实施工程技术研究开发工作的能力；在推动产业发展和工程技术进步方面做出创造性成果。但不同层次的工程专业学位在工程性和创新性上所表现的形式、程度、侧重点均有所不同。如何结合当代社会发展需求，以工程性和创新性为中心，统筹设计各级工程专业学位的质量标准，系统构建工程专业学位获得者的能力规格是本研究首先关注的重要问题。本研究将以大工程观为引导，结合国际比较研究，提出了工程教育质量标准，明晰、细化学位获得者的能力规格及评价体系。

（2）工程专业学位研究生的培养模式研究

培养模式研究解决的是"如何按照质量规格进行工科人才培养活动"这一问题。它涉及生源遴选、教学设计、课程设置、导师指导以及毕业论文考查五个主要方面。如何有效地选拔出具有较好的专业素养和创新潜质的学生，并遵循工程教育规律培养出卓越的工科人才，同时形成一大批应用型的创新成果是本研究思考的重要问题。本研究拟通过借鉴发达国家工科院校的人才培养方式（如斯坦福大学、麻省理工学院和慕尼黑工业大学等），结合我国本土工科院校人才培养的先进经验（例如清华大学工科人才培养模式），提炼出不同层次工程专业学位的培养模式从而保障我国工科人才的培养质量。

（3）搭建工科人才培养的"立交桥"研究

按照"工程系统"的观点，本研究认为工程教育系统内部的各层次、各类型的教育并非孤立存在，而应有机衔接，工程教育系统也应与行业人才系统有机互动。研究生与本科工程教育的衔接，工程教育的学位制度与工程师制度的衔接，工程教育层次、科类协调等问题，均是本研究思考的重要内容。本研究将尝试搭建工科人才培养的"立交桥"，实现各层次、各类型以及教育系统和人才系统的协调发展，这将有助于优化工程教育系统的结构，满足社会对工业人才的多样化需求。

（4）工程专业学位研究生教育主动适应社会需求研究

本研究将从实然层面考查工程专业学位研究生教育是否与外部经济社会

发展相匹配,是否能够满足社会需求;同时从制度上提炼和构建工程专业学位研究生教育的主动调节机制,促进大学与企业的紧密合作,增强教育的主动适应性。

(5)工程专业学位研究生教育的认证研究

本研究将对比美国、德国等发达国家工程专业研究生教育认证的组织机构设置、认证程序以及方式方法等,提出开展我国工程专业学位研究生教育认证的若干设想,保障我国工程硕士研究生教育质量,实现工程教育实践的制度创新。

第二章　能力导向型的工程类硕士培养通用标准研究

20 世纪 80 年代以来,世界各国相继进入高等教育大众化阶段,人们对教育质量的关切和问责的兴起,推动了高等教育质量保障和评估的快速发展。为了从外部比较和评价高等教育质量,国外一些专业组织借鉴企业质量管理的方法,推动制定和实施了一系列教育质量标准和评价标准,引导高等教育机构加强内部质量管理,重视质量持续改进,有效保障和不断提升高等教育质量。从本质上看,教育质量标准和评价标准是参与机构对教育质量形成过程与结果的共识和契约,是评价教育目标达成情况、互相认可教育质量的基础。

鉴于工程教育标准体系的复杂性和本研究的目的,本部分主要聚焦于高等工程教育标准中通用层次的实体性内容上,即工程硕士培养通用标准。重点对美国、欧洲工程教育组织那些典型的、影响广泛的关于学生学习成果、毕业要求和资历框架的内容进行比较和分析,揭示国际高等工程教育标准的主要特点和发展趋势。同时对我国现行的高等工程教育中带有通用标准性质的规定进行分析,对工程硕士培养的标准体系的完善提出建议。

一、国外工程类硕士研究生的能力素质标准

(一) 美国工程与技术认证委员会的工程教育认证标准

工程教育质量的专业认证模式起源于美国。美国工程与技术认证委员会(ABET)是美国权威的全国性工程教育专业认证机构,截至 2013 年,已经对 600 余所学校的 3300 个工程专业进行了认证。ABET 的愿景和使命在工程教

育准则(EC2000)中有充分的体现,该标准强调以学习成果评价为核心,以专业持续改进为目标,在国际工程教育领域产生了广泛的影响。

ABET 的核心工作是对那些授予学士(副学士)学位的专业进行认证,也对少量的硕士层次的专业进行认证。但是,要申请硕士层次的认证,除了在学生层次上的差别外,还必须满足本科通用标准中的其他各项要求。适用于研究生层次的认证标准,在内容上与本科层次的通用标准类似,但是在要求上更高。例如,在指标 3 学习成果方面的要求上,ABET 明确指出,经验表明,那些适用于本科层次的学生成果产出,也适合于硕士层次,只要专业所描述的这些期望与本科后一年或更长时间的学习实际相一致,并且工程专业研究生毕业后,能够在专业领域的工作中熟练运用工程专业知识,并取得一定的成就。因而,EC2000 的第三项的"学生成果"规定(表 2-1),也适用于硕士层次,其主要区别在于知识的深度和能力的要求上,并强调其与特定工程领域的关系。

表 2-1　EC2000 对认证专业学生成果产出的规定(2014—2015 年)①

序号	内容
1	应用数学、科学与工程等知识的能力
2	进行设计、实验分析与数据处理的能力
3	根据需要设计一个部件、一个系统或一个过程的能力
4	在跨学科团队中发挥作用的能力
5	验证、指导及解决工程问题的能力
6	对职业道德及社会责任的了解
7	有效地表达与交流的能力
8	懂得工程问题对全球环境和社会的影响
9	终身学习的能力
10	具有关于当今时代问题的知识
11	应用各种技术和现代工程工具去解决实际问题的能力

来源:ABET. Criteria For Accrediting Engineering Technology Programs: Effective for Reviews During the 2014—2015 Accreditation Cycle.

此外,硕士层次的认证标准还要求申请认证的专业明确地描述以下四项

---

① http://www. abet. org/uploadedFiles/Accreditation/Accreditation _ Step _ by _ Step/Accreditation _ Documents /Current/2014 _-_ 2015/T001% 2014-15% 20ETAC% 20Criteria% 2010-26-13. pdf [2013-06]/ [2014-04]

要素:满足学位项目发展、出版、教育目标周期性评价和学生成果的要求;满足硕士层次的相关专业领域标准的要求;满足超出本科层次的一学年的硕士阶段学习的要求;毕业生具有硕士阶段所学的知识在应用于具体的专业领域的能力。① 总之,被认证专业必须描述出硕士阶段的学习具有超出本科阶段的更高一级的知识和能力。无论本科专业是否经过 ABET 认证,硕士专业项目申请认证都要满足本科的通用标准,也要满足那些与专业领域相关的硕士层次的特殊要求。

需要注意的是,截至目前,ABET 没有大范围开展硕士层次工程专业认证,究其原因,可能主要有以下两点:一方面,美国的工程类硕士项目极为多样化,而且往往具有行业特殊性,较难采用标准化的方式进行评估。另一方面,ABET 需要保持整个认证体系的连续性,如果大量开展硕士层次的认证,可能会影响 ABET 的核心工作。在这个意义上,可以初步认为 ABET 的硕士层次的工程教育认证是附带性的,在短期内不会有大的发展。但是 ABET 从认证体系的角度考虑本科层次与硕士层次的认证标准的一致性和差异性的做法,具有一定的借鉴和启发意义。

(二) 欧洲工程师协会联盟的工程师能力标准

欧洲工程师协会联盟(Fédération Européenned' Associations Nationalesd' Ingénieurs/European Federation of National Engineering Associations, FEANI) 成立于 1951 年,由 30 余个国家的工程协会联合组成,代表了欧洲约 350 万名专业工程师的利益。鉴于联盟内各协会均拥有各自的工程专业的认证标准和程序,如何以本国标准客观衡量他国已注册工程师的水准和能力成为主要议题。20 世纪 90 年代初,为促成欧洲统一市场和保证成员国家工程师的自由流动,FEANI 在承认各国工程教育体制多样化的前提下,由 22 个成员国于 1992—1993 年创设了"欧洲工程师"(Eur Ing) 专业称号,同时建立了一整套相应的制度。具体来讲,FEANI 的主要职能是实现欧洲范围内的工程师质量的等效和互认。

2005 年,FEANI 对于"欧洲工程师"应具备的基本职业胜任力做了详细的规定,见表 2-2。

---

① http://www. abet. org/DisplayTemplates/Detail. aspx? id = 3131

表 2-2　"欧洲工程师"应具备的基本职业胜任力(2005 年版)

序号	内容
1	理解工程专业及其服务于社会、职业和环境的责任,致力于专业行为规范的应用
2	熟练掌握数学、相关科学学科与所在工程学科的综合为基础的工程原理
3	了解所在工程领域的工程实践知识,以及材料、部件和软件的属性、状态、制造和使用
4	具有应用适当的理论、实际方法来分析和解决工程问题的能力
5	了解与所在专业领域相关的现有技术和新兴技术
6	具备工程经济学、质量保养与维护的基本知识技能,并具有使用技术信息与统计数据的能力
7	具有在多学科项目中与他人合作的能力
8	具有包括管理、技术、财务和人文关怀的领导能力
9	具有沟通技能和通过持续的专业拓展以保障竞争力的责任感
10	了解所在专业领域的标准及规章制度
11	具有不断进行技术革新的意识,培养在工程专业领域追求创新和创造的态度
12	熟练掌握所需欧洲语言,以便在欧洲各国工作时能有效地沟通

来源:Guide To The Feani Eur Ing Register, http://www. engc. org. uk/engcdocuments/internet/Website/Guide%20to%20the%20FEANI%20Register%202013. pdf

FEANI 后来将这些能力标准概括为六大类:知识理解(Knowledge and Understanding)、工程分析能力(Engineering Analysis)、工程调查研究(Engineering Investigations)、工程设计(Engineering Design)、工程实践(Engineering Practice)和可迁移技能(Transferable Skills)。[①]

上述的欧洲工程师能力标准不是工程教育认证的标准,而是判断工程师能否胜任工程职业的标准,因而并没有所谓第一阶段学位(大致相当于本科)和第二阶段学位(大致相当于硕士)教育标准的区别。但是,欧洲工程师的能力要求,对于工程教育的标准具有显而易见的导向作用。

---

① Guide To The Feani Eur Ing Register [EB/OL]. [2013-10]/[2014-04]. http://www. feani. org/site/index. php? eID = tx_nawsecuredl&u = 0&file = fileadmin/PDF_Documents/EUR_ING_Tittle/Guide_to_the _ Register _ FINAL _ approved _ GA _ 2013. pdf&t = 1397035057&hash = 41590f33c2fffeddd532434596fd01ed6c058cc8.

（三）英国高等教育质量保障署硕士层次工程教育认证标准

英国高等教育质量保障署（Quality Assurance Agency for Higher Education，QAA）是英国高等教育大学学院签署授权的独立基金组织，其宗旨是保障英国大学和院校的高等教育质量和标准，使学生能够获得最佳的可能的学习经历，并不断促进高等教育质量的提高和改进。[①]

在 QAA 颁布的一系列高等教育质量保障文件中，其中和工程教育认证相关的是工程学科的标准陈述文件 *Subject Benchmark Statement：Engineering 2010*，该文件具体介绍了学科的本质和范围，工程毕业生的特点，本科和硕士水平的工程教育，工程学位和专业实践，标准的国际化内容，教学、学习和评估等内容。[②]

QAA 认为，综合型工程硕士（Intergrated MEng）通常包括相当于至少 4 年全日制学年的学习（在苏格兰是 5 年），其中至少有一学年的全日制学习是在水平 7 的层次。综合型工程硕士比起荣誉工程学士［BEng with honours（Hons）］，在知识和能力上的要求应该是既宽且深的，以用来吸引更有能力的学生。增加的深度可以通过硕士层次的专门学习和在荣誉工程学士学位层次（水平 6）已经开展的综合学习来提供。综合型工程硕士不是在一个荣誉工程学士上简单加上的一年，而应被视为为一个从进入到完成的综合的整体[③]，虽然，一些早期的要求可能和平行的荣誉学士在表述上有共性。工程硕士学位完全满足水平 7 描述符（Descriptor）的期待，是在通常满足水平 6 描述符期待上增加的学习阶段。

QAA 关于工程教育认证基于英国工程委员会（Engineering Council，EngC）颁布的英国职业工程能力标准（UK Standard For Professional Engineering Competence，UK-SPEC）文件，其产出标准包括两个不同而又互相联系的学习成果类别。第一类在本质上是通用的，适用于所有类型的项目；第二类是特殊的，适用于特定专业领域。通用学习成果（General Learning Outcomes）描述了学位项目的一般性质，特殊学习成果应该或多或少有助于一般成果的陈述。

---

① http://www.qaa.ac.uk/AboutUs/Pages/default.aspx

② Subject Benchmark Statement：Engineering 2010，http://www.qaa.ac.uk/Publications/Information AndGuidance/Documents/Engineering10.pdf

③ Subject Benchmark Statement：Engineering 2010，http://www.qaa.ac.uk/Publications/Information AndGuidance/Documents/Engineering10.pdf，p4

通用学习成果包括内容见表 2-3。

表 2-3　通用学习成果规定①

序号	内容
1	知识和理解（Knowledge and Understanding）：必须能够证明他们关于自身工程学科基本事实、概念、理论和原则的知识和理解，以及其支撑性的科学和数学。必须对更宽的多学科工程背景和它的潜在原则有了解。他们必须理解影响他们工程判断实践的社会、环境、伦理、经济和商业的考虑
2	智力能力（Intellectual Abilities）：他们必须能够运用合适的定量的科学和工程工具去分析问题。他们必须能够证明在解决办法的综合和形成设计上的创造性和创新性能力。他们必须能够领悟广阔的图景并且由此能够在细节上以合适的水平工作
3	实践技能（Practical skills）：他们必须拥有工程实践技能，例如通过在实验室和车间，通过在工业界有监督的工作经验，通过个人或团队的项目工作，通过设计工作，以及通过在设计、分析和控制中发展和使用计算机软件等设施的工作获得。在一个重要项目中的团队工作和参与的证据是被预期的。然而，每个专业实体可能需要设计满足这个要求的特殊方法
4	通用的可迁移技能（General transferable skills）：他们必须发展出在各式各样的解决方法中有价值的可迁移技能。这些由"资格和课程权威高等水平关键技能"（the Qualifications and Curriculum Authority Higher Level Key Skills）示范，并且包括问题解决、交流和与他人一起工作，以及有效利用通用的 IT 设备和信息检索的技能。还包括计划自学和改进表现，作为终身学习的基础

特殊的可迁移技能（Special transferable skills）分为五项：由相关的工程学会定义的支撑科学和数学，以及相关的工程学科；工程分析；设计；经济、社会和环境背景；工程实践。在每一类认证项目中，特殊学习成果的标准都有所区别。

（四）德国工程教育认证标准

德国工程、信息、自然科学和数学教育认证委员会 ASIIN（德文名称 Akkreditierungsagentur fur Studiengange der Ingenieur-wissenschaften，der Informatik，der Naturwissenschaften und der Mathematik e.V，缩写 ASIIN；其英

---

① AHEP brochure，http://www.engc.org.uk/ecukdocuments/internet/document%20library/AHEP%20Brochure.pdf

文名称 German Accreditation Agency for Study Programs in Engineering, Informatics, Natural Sciences and Mathematics)成立于 2002 年,是德国最大的工程教育认证机构,它是在德国工程师协会(Verein Deutscher Ingenieure,VDI)的倡导下,由各大学、应用科技大学、权威的科技协会、专业教育和进修联合会以及重要的工商业组织共同参与建立的非营利机构。

德国传统的学位制度具有特殊性,实行硕士(理工科 Diplom 和文科 Magister)和博士(Doktor)两级学位制度,没有欧美各国较为通行的学士学位。长期以来,德国高等工程教育系统坚持培养成品工程师的做法,获得传统的文凭和学位就取得相应的工程师执业资格。因此,从严格意义上说,这些传统学位项目既不需要进行工程教育认证,也不需要工程师资格认证,而是工程教育与工程师职业资格的"无缝衔接"。20 世纪 90 年代以来,受到欧美学位制度的影响并随着博洛尼亚进程的推进,德国开始设立新的学士和硕士学位项目,这些新设学位项目按照规定必须通过 ASIIN 的认证,而后才能被许可使用认证标记(ASIIN Seal)。因此,德国的高等工程教育系统中传统和新设学位项目并存,工程教育认证主要在新设学位项目中进行。

德国工程教育认证学会(ASIIN)的通用标准适用于工程学、建筑学、信息学、自然科学、数学及其与其他学科产生的交叉学科的学位项目。ASIIN 成立的一个重要初衷是与国际组织的标准相衔接和相等效。从德国工程教育认证标准的文本中可以看到,该标准覆盖了本科和硕士层次,在各个专业领域,也制定了学士和硕士层次的具体的标准。从中能够看到 EC2000 标准和 EUR-ACE 标准的双重影响。在 ASIIN 的通用标准的陈述中,明确指明该标准遵循按照欧洲终身学习资历框架(European Qualifications Framework For Lifelong Learning,EQF)。[①] 欧洲终身学习资历框架将学生的成果划分为知识(Knowledge)、技能(Skill)和胜任力(Competence)三大类。知识指通过学生学习所吸收的信息;技能是指能够应用知识和窍门(know-how)完成任务、解决问题的能力和实践技巧(使用工具、材料、设备等);胜任力则是被证明了在工作中、在个人与职业发展中应用知识、技能、社会或方法论方面的综合能力。

ASIIN 认为,学习成果描述是对培养目标的具体阐释,应该对于毕业生在进行下一阶段职业实践或研究生学习前应达到的具体学习成果给予明确规

---

① Criteria[EB/OL]http://www.asiin-ev.de/media/ASIIN_General_Criteria_for_the_Accrediation_of_Degree_Programmes_2012-06-28.pdf, p10

定。依据学士学位与硕士学位所需达到的不同培养目标,其各自学术成果的规定在范围与强度上均有差异。ASIIN 关于知识、技能和胜任力等学习成果的具体规定,如表 2-4 所示。

表 2-4　ASIIN 认证标准(2012 年版)①

序号	内容
1	知识和理解
2	工程分析
3	工程设计
4	工程调查(一般只在硕士层次有此要求)
5	工程实践与产品开发
6	可迁移技能

对于具体的领域,其标准有所不同。我们以电子工程、信息技术专业为例,呈现 ASIIN 的认证标准,如表 2-5 所示。

表 2-5　ASIIN 电子工程、信息技术专业标准的硕士学习成果②

培养目标	学习成果
知识与理解	获得硕士学位的毕业生需具备: • 对于数学方面知识具备更广泛而深度的掌握; • 对于电子工程/信息技术学科的专业原理的熟练认知; • 对基于上述某一领域的专业原理而实现的技术应用有深层认知
工程分析	获得硕士学位的毕业生需具备: • 能够对全新、复杂的建模、测量、设计及检验方法的相关性、有效性及效率进行评估,并具备独立开发全新方法的能力
工程设计	获得硕士学位的毕业生需具备: • 具备进行复杂技术系统或服务设计、开发及运作的专业技术; • 进而具备以最优化形式装配系统组件并充分考量系统间交互作用及其在科技、社会、环境及生态等各方面所涉及的影响作用

---

① http://www.asiin-ev.de/media/ASIIN_General_Criteria_for_the_Accrediation_of_Degree_Programmes_2012-06-28.pdf, p10

② SUBJECT-SPECIFIC CRITERIA:TC 02—Electrical Engineering and Information Technology. http://www.asiin-ev.de/pages/en/asiin-e.-v/programme-accreditation/general-criteria-and-ssc.php

续表

培养目标	学习成果
调查与评估	获得硕士学位的毕业生需具备： • 能够开发最优的方法以实现在已有知识与理解力的范围内将理论知识有效转化为实践及评估调研的能力
工程实践与产品研发	获得硕士学位的毕业生需具备： • 能够对不同领域知识进行合理分类梳理，对各类信息元素进行有机整合，以及合理应对问题复杂性的能力； • 能够巧妙运用自身知识与技能不断获得实践运作能力，进而有助于解决实际问题、进行学术研究及系统开发与加工等； • 能够快速、有序、系统地应对全新或未知任务； • 理性判断操作方法的实用性与局限性； • 系统、理性地认识工程活动中所伴随的非技术影响，并将其以具备责任感的方式整合、作用于实际操作中； • 立足全球市场开发最具市场潜力的产品
可迁移能力	获得硕士学位的毕业生需具备： • 能够合理把控与协调工作与学习间的关系，为复杂、多变的情境而不断探索更具策略性的方式方法； • 不断致力于科学研究与实践，承担服务科学、贡献科学重要使命； • 注重检视与提高团队战略性与运作力

二、国内工程类硕士研究生的能力素质标准

从功能上看，我国工程教育领域的标准主要有两大类型。第一种是培养标准，主要承担培养方案制定指南的功能，典型的如"卓越工程师教育培养计划"（简称"卓越计划"）的通用标准和行业标准；第二种是评估标准，主要承担的是指导评估活动的功能，如中国工程教育专业认证标准。美国 ABET 专业认证标准 EC2000 即属于典型的评估标准。工程教育培养标准的主要特点是对工程类毕业生应具备的知识、能力、素质等做出原则性的规定，是其效力范围内的各专业在制定培养方案时都需要遵守的，因此是前置式的，也就是说直接指导学校和专业的培养方案的制定，具有刚性的特点。工程教育评估标准的主要目的是为开展专业评估服务的，其中也可以包含毕业生知识、能力、素质方面的规定，这些规定对培养过程也具有引导作用，但是其引导方式是间接的，对于培养方案没有刚性的约束。当然，二者的区分也不是绝对的。培养标

准也可以用来评估,评估标准也可以用来指导培养方案的制定,但是从实践情况来看,目前比较倾向于将二者分开制定。

无论是培养标准还是评估标准,其关于毕业生知识、能力、素质的要求都是核心内容之一,它们之间都存在一些共性特点,这种共性特点实际上是工程教育的工程性决定的,当然也存在一些局部差异,这些差异与标准的功能和导向有关。这里重点分析我国工程教育专业认证标准中的毕业要求、"卓越计划"通用标准和工程硕士学位标准中的知识、能力、素质规定,为制定工程专业学位教育的通用标准提供参考。

(一)卓越工程师教育培养计划标准

"卓越工程师教育培养计划"的主要目标,是面向工业界、面向世界、面向未来,培养和造就一大批创新能力强、适应经济社会发展需要的高质量、各类型的卓越工程师后备人才,同时对我国工程教育改革起到示范和引领作用。其倡导的追求工程教育质量卓越的理念,与国际工程教育的发展潮流相吻合。

"卓越计划"标准分为通用标准、行业标准和学校标准(实际是学校的专业标准)。既包括本科层次,也包括研究生层次。其相互关系是向前兼容,即学校标准的要求不低于行业标准,行业标准的要求不低于通用标准。

2013 年 11 月 28 日,教育部和中国工程院联合印发了《卓越工程师教育培养计划通用标准》,硕士与博士生层次的标准内容见表 2-6。

表 2-6　"卓越工程师教育培养计划"工程硕士人才培养通用标准(2013 年)[①]

序号	内容
1	具有良好的工程职业道德、追求卓越的态度、爱国敬业和艰苦奋斗精神、较强的社会责任感和较好的人文素养
2	具有良好的市场、质量、职业健康和安全意识,注重环境保护、生态平衡和可持续发展
3	具有从事工程开发和设计所需的相关数学、自然科学、经济管理等人文社会科学知识
4	掌握扎实的工程原理、工程技术和本专业的理论知识,了解新材料、新工艺、新设备和先进生产方式以及本专业的前沿发展现状和趋势

[①] 教育部中国工程院关于印发《卓越工程师教育培养计划通用标准》的通知(教高函[2013]15号)http://www.moe.gov.cn/publicfiles/business/htmlfiles/moe/s3860/201312/160923.html

续表

序号	内容
5	具有创新性思维和系统性思维的能力
6	具有综合运用所学科学理论、分析与解决问题的方法和技术手段,独立地解决较复杂工程问题的能力
7	具有开拓创新意识和进行产品开发和设计的能力,以及工程项目集成的基本能力
8	具有工程技术创新和开发的基本能力,处理工程、社会与自然和谐的基本能力
9	具有信息获取、知识更新和终身学习的能力
10	熟悉本专业领域技术标准,相关行业的政策、法律和法规
11	具有良好的组织管理能力,较强的交流沟通、环境适应和团队合作的能力
12	具有应对危机与突发事件的基本能力和一定的领导意识
13	具有国际视野和跨文化环境下的交流、竞争与合作的基本能力

来源:教育部 中国工程院关于印发《卓越工程师教育培养计划通用标准》的通知(教高函〔2013〕15号)

总体上,"卓越计划"的标准具有以下特点:

第一是倡导各类型院校、各层次专业都可以培养卓越工程师的理念。"卓越计划"强调按照通用标准和行业标准培养人才,这与工程教育专业认证标准相似。所不同的是,"卓越计划"的通用标准又区分为基本标准和优秀标准①。基本标准为合格线,具有向前兼容性,而对于不同培养(学位)层次之间的优秀标准不要求有兼容性。这就为引导不同培养层次的专业、不同类型的院校根据自身传统和行业特点合理定位奠定了基础,为达到"分类卓越"预留了发展空间。

第二是强化学生的工程能力和创新能力培养。"卓越计划"标准突出强调了学生工程实践能力和创新能力的培养。例如,在应用型工程师培养的通用标准中,要求工程师具有较强的创新意识和进行产品开发和设计、技术改造与创新的初步能力;在设计型工程师培养的通用标准中,强调培养具有创新性思

---

① 林健,"卓越工程师教育培养计划"通用标准研制[J].高等工程教育研究,2010(4):21-29.

维和系统性思维的能力,具有工程技术创新和开发的基本能力等等。该标准强调工程实践能力和创新能力培养,对加强课程体系、教学方式的改革和实践教学环节都提出新的要求。此外,标准对于不同培养层次(本科、硕士和博士)的培养要求,在程度、内容上进行了区分。

第三是强调行业企业的深度和全程参与。建立校企联合培养机制是"卓越计划"能否取得预期成效的关键。"卓越计划"的指导原则中将"行业指导、校企合作"作为首要要求,其目的是进一步加强高校和行业企业之间的联系,合力培养工程师。在培养标准中,特别强调"校企联合制定培养方案,共同改革课程体系和教学内容,共同建设工科教师队伍,共同研究教学组织形式和教学方法"①,等等。特别是计划提出在企业建立工程教育中心,要求学生在企业实习一年以上等要求,对于学生实践动手能力的培养和真实工业环境的认知都有重要作用。

总之,"卓越计划"的通用标准、行业标准和学校(专业)标准,较好地体现了引导多样发展的理念。从目前申请加入计划的院校和专业来看,也包含了不同类型的院校和不同层次的专业。如前所述,需要注意到"卓越计划"的标准,特别是通用标准本身实际上也是分层次的,既有"合格线",又有"优秀线",不是纯粹意义上的所谓"合格标准"。"卓越计划"通用标准通过区分国家标准、行业标准与院校标准,试图兼顾不同类型的院校、不同学位层次的人才培养问题,在逻辑上是较为严密的。但从操作的角度来看,整个标准体系略显复杂,由于使用了大量的表示程度的限定语,本科与研究生层次的差别不易精确区分,容易出现理解上的偏差,特别是可能导致院校在制定专业培养方案的过程中不易把握,进而影响后续的实施和效果评价。

(二) 工程类研究生学位标准

研究生教育标准主要指对于获得某一层次或类型的学位应具备的基本素质、应掌握的基本知识、应接受的实践训练、应具备的基本能力、学位论文的基本要求等等。目前,我国的研究生教育的标准也可分为国家标准(通用标准)、领域(行业)标准和专业标准三个层次。

第一个层次是国家标准。《一级学科博士、硕士学位基本要求》(简称《基

---

① 林健. 校企全程合作培养卓越工程师[J]. 高等工程教育研究, 2012(3): 7-23.

本要求》)承担了研究生教育国家标准的功能。《基本要求》按照学术学位和专业学位分别制定的。博士、硕士学术学位的《基本要求》由国务院学位委员会、教育部委托国务院学位委员会第六届学科评议组编写。2013 年 9 月,教育部、国务院学位办联合印发了针对学术学位 35 个一级学科的《博士、硕士学位基本要求》,其余 75 个一级学科的基本要求于该年年底前印发。《基本要求》从学科前沿、社会需求、知识结构、综合素养与能力、基本规范等方面提出了研究生获得博士或硕士学位时必须达到的要求。①

第二个层次是领域或行业标准。主要指由国务院学位办委托各专业学位研究生教指委编写的具体行业、领域的学位标准。学位办〔2013〕7 号通知对专业学位的《基本要求》的制定提出了若干原则性的规定,例如,"《基本要求》编写要充分考虑专业学位教育的特点,不宜过细,既要保证本专业学位研究生教育的基本质量,又要为各单位发展特色,培养优秀的专业学位人才留有空间。有明确职业资格相对应的专业学位类别,还应适当考虑与职业资格衔接"。"原则上按专业学位类别编写。领域之间存在较大差异的专业学位类别,可按领域编写,如:工程、教育和艺术等类别。教育、工程、兽医、临床医学和口腔医学五个类别专业学位要编写博士和硕士学位基本要求,其他类别只编写硕士学位基本要求"。

第三个层次是培养单位(或专业)标准。这一层次的培养标准是在领域或行业标准的基础上,培养单位根据自身的学术标准和人才培养定位,规定在专业培养方案中的,体现为具体的毕业要求和培养要点。从逻辑上看,这一层次的培养标准的要求应该最高,最能体现人才培养特色,制定难度也较大,不但要兼顾领域与行业标准的具体要求,更要结合自身培养定位和培养特色,在方案设计上是不易把握的。

本研究进行时,工程类专业学位的博士、硕士基本要求还未发布。但是工程硕士专业学位标准的制定探索工作已经进行了近十年。2005 年,国务院学位委员会办公室、全国工程硕士教育指导委员会在化学工程、电子与通信工程、控制工程、材料工程、工业工程五个领域启动了工程硕士学位标准的制定工作。2006 年教指委讨论通过,正式试行。2007 年,全国工程硕士教育指导委员会发布了《工程硕士学位标准制定指南》(指导委〔2007〕8 号),2011 年

---

① http://www.gov.cn/gzdt/2013-09/24/content_2493927.htm

对该指南进行了修订,同时将试点范围扩大到 10 个领域。按照官方定位,工程硕士专业学位标准是工程硕士学位获得者应具备的知识、能力与素质的基本要求;是评估工程硕士培养质量的重要依据;是开展工程硕士培养与职业资格要求对接的基础。因此,这个层次的标准对于工程硕士学位教育的发展具有重要意义。目前, 25 个工程领域的学位标准已经起草完毕。这一层次的标准适用于本领域或本行业,对于培养单位制定培养方案起到指导作用。

表 2-7　我国工程硕士专业学位标准中的知识、能力、素质框架

序号	内容
1	公共基础知识(含政治理论、人文知识、工具知识等)
2	专业知识(知识体系应在领域核心知识的基础上,充分考虑行业任职资格认证所需的知识点加以构建。主要的课程名称应在附录中列出。)
3	获取知识能力(自主学习和终身学习的能力)
4	应用知识解决工程问题的能力(运用数学、自然科学和工程学知识分析、处理数据的能力;运用现代技术和工程工具设计、研制的能力)
5	组织协调能力(人际交流能力;在团队和多学科工作集体中发挥作用的能力)
6	具有社会责任感和历史使命感,维护国家和人民的根本利益,正确处理国家、单位、个人三者之间的关系
7	具有科学精神,掌握科学的思想和方法,坚持实事求是、严谨勤奋、勇于创新,富有合作精神
8	遵守科学道德、职业道德和工程伦理,爱岗敬业,诚实守信
9	具有良好的身心素质和环境适应能力,正确处理人与人、人与社会及人与自然的关系

来源:工程硕士专业学位标准制订指南(修订),教指委〔2011〕10 号

我们认为,目前的工程专业的学位标准总体设计上是可行的,较好总结了多年实践探索的经验。但是也存在着以下三个问题亟待解决:第一是内容上没有特别突出工程专业学位人才培养的特点,包括工程专业学位研究生在工程实践与创新能力上的特殊要求,不同攻读类型人才培养规格的重要差异,工程型学位与学术型学位在培养上的根本区别。第二是形式上显得过于琐细和繁复,遮蔽了重点。学位标准中,既有知识、素质、能力的要求,又有培养环节

的具体要求,具体的培养要点又列在附录,这样面面俱到的结果是重点内容不突出。第三是没有突出强调研究生的主体地位。学位标准仍然沿用了传统的以教育者为中心的思路,整个标准的设计没有突出强调研究生的学习者主体地位。

三、构建能力导向型的工程专业学位通用标准

这里所指的能力导向型的工程专业学位通用标准,吸收了成果导向的教育思想。成果导向的教育(Outcome-based Education,OBE)是一种以输出为导向的教育模式。倡导人人可以学有所成,学校要为学生的未来生活与工作做好准备。OBE 模式认为学习的重点不在于学生的成绩,而在于学习经历结束之后所真正拥有的能力。在这个意义上,成果不是学校提供的内容(content),而是学生的表现(performance);不是学生知道什么,而是学生实际上能够做什么。从关注时间计划、资源投入、教育流程,到关注学生成果、最终表现;从以"教"为中心,向以"学"为中心转移,这是 OBE 在教育观念上的一种根本性的改变。结合成果导向教育的基本理念和原则,我们认为基于工程性和创新性构建工程硕士专业学位标准的制定和完善应该考虑以下两点。

第一是以工程性和创新性为原则,突出工程专业人才通用标准的能力导向。工程职业是一个实践性很强的职业,工程教育标准具有导向作用,标准应该回应社会和行业对工程师知识、能力以及综合素质的需求,特别是在工程专业学位人才培养中,这种导向应该与学术型人才培养有着较大区别。正如前文所分析的,以学生的学习成果作为教育质量的检验,是欧美各国工程教育认证标准的共同特点。在这些成果表述中,competence(胜任力)、ability(能力)、skill(技能)、capacity(才能)、performance(表现)是其中的高频词语,可见能力是这些工程教育标准的核心内容。当然,强调工程教育标准的能力导向,并不是要忽视知识和综合素质方面的要求,而是强调知识储备与综合素养都要用学生最终获得的能力反映出来。

第二是从培养目标定位出发,合理体现不同类型与层次的标准上的差异。通过能力要求的不同,将工程专业学位与学术型学位的要求区别出来,将硕士与博士层次的人才培养的要求区别出来。

基于此,我们以工程性和创新性为指导,结合 ABET、国际工程联盟(IEA)等评价标准中的毕业要求(Graduate Attribute Profile)和我国工程教育专业认证通用标准中的毕业要求、"卓越工程师教育培养计划"通用标准、工程硕士专

业学位标准,并结合相关欧美工程师组织对工程师职业胜任力的要求
(Professional Competence Profile),设计了《高层次工程人才培养的能力素质规
格调查表》,从5个维度考察工程硕士的能力素质要求。5个维度包括:第1项
"工程相关的数学与自然科学知识"(简记为科学知识),第2项"本专业基础
知识和技术应用知识"(简记为专业知识),第3项"工程基础理论与技术研究
能力"(简记为研究能力),第4项"工程设计与开发能力"(简记为设计能力),
第5项"在工程实践中应用适当的技术、技能和工具解决工程问题的能力"(简
记为问题解决)。

　　针对不同层次和类型的毕业要求,课题组向50余位工程专业学位教指委
委员、培养单位负责人、研究生导师、行业企业负责人进行了调查和访谈,请他
们回答不同层次和类型的工科研究生在这些维度上的重要性进行评分,采用
五点李克特计分法。图2-1显示:在科学知识要求方面,工学博士和工程博士
没有明显差别,但均高于工学硕士和工程硕士;在专业知识要求方面,工学博
士高于工程博士,工程博士略高于工学硕士和工程硕士;在基础理论和技术研
究能力方面,工学博士要明显高于工程博士,工学硕士也高于工程硕士;在设
计开发能力方面,工程博士高于工学博士,工程硕士也高于工学硕士;在工程
实际问题的解决能力方面,工程博士明显高于工学博士,工程硕士高于工学硕
士与工程博士相近。

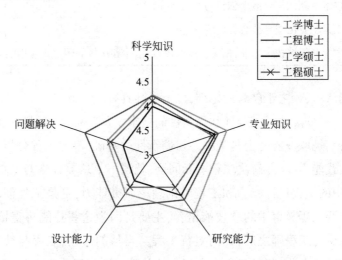

图2-1　各层次、类型工科研究生的能力素质要求分布图

基于此,可以对工程硕士的能力素质要求进行定位,我们提出以下能力导向型的工程专业学位通用标准框架(表2-8)。框架主要分为两大类别:一类是解决工程实际问题的硬能力或硬技能(Hard Skill),包括1~7项的各项能力;另外一类是工程创新所必备的软能力或软技能(Soft Skill),包括8~14的各项能力。

表2-8 工程专业学位通用标准中的能力要求建议

序号	知识、能力、素质要求
1	工程相关的数学与自然科学知识的学习与理解能力
2	本专业基础知识和技术应用知识的学习与理解能力
3	工程基础理论与技术研究能力
4	工程设计与开发能力
5	工程实际问题的识别和分析能力
6	在工程实践中应用适当的技术、技能和工具解决工程问题的能力
7	获取与应用信息的能力
8	组织管理能力
9	人际沟通与团队合作能力
10	国际视野与跨文化交流能力
11	知识更新与终身学习能力
12	技术革新意识与追求创新的态度
13	工程职业伦理与社会责任感
14	本专业领域技术标准,相关行业的政策、法律和法规的理解与应用能力

我们认为,较之于已有的标准,以上标准具有三个特点。

第一,充分反映了工程性和创新性的要求。从工程性和创新性的角度看,硬技能特别是职业胜任力是工程性与创新性的基础,没有工程分析、工程设计和工程实践能力,不能解决工程实际问题,就谈不上培养合格乃至卓越的工程师,而其中的工程设计能力和工程基础理论研究能力,更是工程创新的基础。之所以强调工程教育中的软技能培养,主要是因为这些技能将直接影响工程毕业生在成为工程师之后,如何对待工程与自然的关系,工程与社会的关系,如何处理团队合作、国际竞争中人与人的关系。这些思维方式的培养,对于工程师综合素养的形成和日后的成就具有重要影响。特别是工程专业学位教育的主体工程硕士和一部分工程博士,他们经过一定的工程实践锻炼,将逐渐成为各类工程团队的中坚力量。正如波音波音公司前任 CEO 吉姆·麦克纳尼(Jim McNerney)所指出的,在工程领域"当然需要一个人具有工程能力。但是在企业中除非一个人具备工程制造专业以外的技能,否则发展到一定阶段就会停步不前。这些工程职业胜任力以外的技能就是沟通技能、互动能力、对多元文化的应对能力,也就是他所接受的通识教育的训练"。①

第二,可以有效地实现国际对接。从标准的国际等效的角度来看,正如前文所分析的,我们判断美国 ABET 的核心工作将继续保持在本科层次,硕士层次的工程教育认证短期内不会有大的发展。中国的工程硕士学位教育的通用标准,主要应与欧洲工程教育认证网络(ENAEE)的 EUR-ACE® 相等效。这是因为,ENAEE 的组织成员正在快速发展,很多欧洲工程教育强国都在将本国的认证标准与 EUR-ACE® 标准衔接。将来中国无论是独立开展工程硕士的专业认证,建设自己的认证品牌,还是与相关组织建立协作关系,都需要重点考虑与欧洲快速发展的标准体系对照与等效问题。

第三,与国内已有标准保持了较高的一致性。从标准的国内衔接的角度来看,以上通用标准考虑了我国目前工程教育专业认证通用标准、"卓越计划"通用标准和工程硕士学位标准的中所包含的核心要素。这样做,既能够有效吸收国内工程教育认证实践中的经验,也能够有效避免工程硕士专业认证标准与现行标准的割裂,有利于将来与这些体系的主动对接。而且,无论是美国 ABET 的认证体系,还是欧洲 ENAEE 的认证体系,都强调本科与硕士层次认证标准的衔接问题,这是值得引起注意的共识。

工程教育标准的实现问题也非常重要。在工程专业学位通用标准实施的过程中,借鉴成果导向教育的理念,我们认为需要注意以下四点。

第一是以工程实践能力和创新能力为目标,反向设计教育的过程。教育过程应该为培养目标服务。工程教育标准的重要性不在于文本内容,更重要的是其在工程教育实践中是如何实现的。工程教育标准只有在具体实施中,才能体现其价值。目前我国工程教育标准的实施方式,主要是流程式或流水线式的,即根据人才培养的时间顺序,将培养标准细化到招生、制定培养计划、课程学习、中期检查(资格考试)、开题报告、论文写作、论文答辩等等具体环节

---

① 转引自杜克大学校长理查德·博海德(Richard H. Brodhead)2014 年 1 月 14 日在清华大学的演讲。

中。另外一种方式是所谓矩阵式,是根据人才培养目标的要求,将课程体系、实践环节等对应到知识、能力和素质的培养上,要求课程设置和实践环节的设定都要有合理性,与培养目标紧密结合。流程式和矩阵式都是标准制定和实现的形式,各有其合理性,前者强调培养过程管理,清晰明了;后者强调与培养目标要求相结合,针对性强。为了突出能力的培养,本处提出一种与矩阵式相类似的,但是更为突出强调能力导向的通用标准实现形式:蛛网式。① 这种形式与矩阵式的主要区别是,矩阵式的标准实现方式仍然是以目标为中心的,正如前文所指出的,目标是相对宽泛的,各个教育环节特别是课程环节与知识能力素质之间的对应关系往往是不清晰的,那些间接的环节都可能被归到培养矩阵中,在实际操作中很难判断和取舍。蛛网式的标准实现方式是成果(能力)导向的,强调在学习者经历和最终成果之间,找到能力形成的关键环节和真正基石。如果给定了能力导向的工程教育标准,院校和专业就要认真反思:为了获得学习成果中的某种能力,必须了解什么知识,具备什么能力? 哪些知识实际上是不必要的,哪些环节是需要加强的? 需要调动哪些校内外资源,同时要对哪些非必要的课程和环节有勇气和决心排除?

第二是围绕学生学习成果的达成,推动院校工程教育的综合改革。一般而言,教育机构的运行有赖于两个大部分:运行系统和支持系统。运行系统由直接涉及教学和学习过程的课程及教学等方面的要素构成。支持系统是由运行系统以外的,保障教学和学习顺利进行的行政、后勤和资源要素构成。从系统性角度看,确立了能力导向的工程教育标准,要求院校的运行系统和支持系统两个子系统的结构和功能进行必要调整。因此,实施成果导向的教育,是一种系统性的、综合性的改革,特别是人才培养模式改革。这种改革可能对以下几个方面产生重要影响。①教师。教师的角色应该从知识的传授者转变为促进学生学业成功的最直接支持者,成果导向的学习对于教师的影响最大。我国当前的院校工程教育中,教师特别是青年教师的工程实践能力严重不足,这将严重制约学生工程实践能力与创新能力的培养,因此能否真正建设起双师型教师队伍,将是学生能力培养成功与否的关键。另外,教师能否有效运用其

---

① 这一思路借鉴了美国 Lumina 基金会的学位资格要求(Degree Qualification Profile) 报告。该报告描述了一个评估的概念框架,即用蛛网图将不同类型院校人才培养中的学生能力要求用蛛网图的形式表达出来。本处借鉴了这种形式强调工程实践与创新能力在工程专业学位研究生培养中的突出地位。

专业判断和自主能力,开发出适合学生学习成功的教学方法,而非刻板地追随能力大纲,也是决定成果导向的教育成败的关键因素。②课程与实践教学环节。由于强调反向设计课程,课程和实践教学环节需要围绕最终成果的实现来设计和实施,这需要极大的专业智慧,同时也会引起很多争议。由于一些"非必要"的课程可能被取消,会影响到一些教师的利益。此外,围绕最终成果的实现,跨学科课程、基于问题、基于项目的学习,研究性学习,合作学习等学习方法急需倡导。③学生。学生成为学习的中心。专业应该对学生有高预期,最终能力的形成及其标准让学生更有方向感。符合自身特点的,更具挑战的课程也会鼓励学生的积极性。专业需要发现和挖掘学生自身的潜能,激发学生学习的志趣。④评价标准与评价方式。成果导向的教育需要明确的标准,而不是模糊的教育目标。教与学活动都要围绕最终成果展开,这将同时带来教师评价和学生评价方式的根本性改变。⑤行政与后勤。成果导向的教育对行政管理和后勤支持系统的宏观管理、资源获取与协调能力和办事效率提出了挑战。

第三是围绕学生发展,拓展学生成功获得工程实践与创新能力的机会。这意味着所有的资源投入、课程设计、教学活动、学业评估都应该指向期望学生在学校期间的最终成果产出,首先是合理配置课堂教学与实践教学的时间。全日制与在职攻读工程专业学位的学生在知识基础、工程实践经历上有很大的差异,通过有针对性的调整课堂教学、实践教学的时间、频率等,可以有助于拓展取得学业成功的机会。其次是改进教学方式方法。教师要将关注的重点从传授了多少知识转换到为学生提供取得学业成功的机会上来,根据学生的学习速度、努力程度、教学安排、及时或拖延表现等方面的情况来综合考虑,并实施适当的指导和帮助。再次是改进学生评价方式,淡化比较性、竞争性的评价标准,不以学生完成课程、取得学分为唯一标准,而是注重形成性评价与结果性评价相结合,关注学生的成长过程和最终表现。

第四是为学生获得与培养目标和学习成果相一致的能力提供丰富的跨学科课程资源和导师资源。尽量减少跨学科、跨院系选择课程的限制。

第三章　中美工程领域硕士研究生培养模式的比较研究

本章从美国和中国各选取 4 所院校的工程领域硕士研究生①培养模式进行比较分析。案例选择主要兼顾以下因素:(1)案例院校的影响力;(2)文献资料的可获取性。选择的美国院校案例研究对象包括凯克应用生命科学研究院(Keck Graduate Institute of Applied Life Sciences,后文简称凯克研究院)、斯坦福大学、康奈尔大学纽约科技校区、哥伦比亚大学等。中国院校案例研究对象包括清华大学、北京航空航天大学、中国地质大学、华南理工大学等。国内案例高校为清华大学、北京航空航天大学、中国地质大学、华南理工大学。清华大学、北京航空航天大学和华南理工大学都是"985 工程"重点建设高校,中国地质大学是"211 工程"重点建设高校。检索发现,在全国 112 所"211 工程"高校中,上述四校的工程硕士教育改革较有代表性,因此作为分析案例。

一、案例简介

(一)凯克研究院

美国凯克应用生命科学研究院建立于 1997 年,主要开展生命科学领域的研究生层次高等工程教育。在一定程度上,凯克研究院集中地体现了美国高等工程教育在研究生层次的改革思路和发展趋势。美国自然科学基金委员

---

① 本处之所以使用工程领域硕士研究生,而非工程硕士这一术语,主要是因为工程硕士在中国语境下有专业学位的特质含义。

会、美国科学院、美国工程院、美国医学研究院等机构将凯克研究院视作美国高等工程教育改革的典范,曾明确表示希望凯克研究院的模式能够被推广和复制。① 凯克研究院的核心教育活动是生物科学硕士(Master of Bioscience,MBS)学位教育。其院长 Sheldon Schuster 在接受访谈时宣称"MBS 学位是凯克研究院的王冠"②。凯克研究院的一个办学目标就是把 MBS 学位办成一种新的专业硕士学位,以改变美国高等工程教育中硕士教育从属于 PhD 教育的局面。正是因为 MBS 教育,凯克研究院自称、同时也被美国高等教育界公认为在全球首创了专业科学硕士学位(Professional Science Master,PSM)教育。以凯克研究院的 MBS 教育为范例,美国逐渐形成了拥有较大规模的 PSM 教育。PSM 因此被认为是一种非学术性、实践性的学位(professional practice degree)。面向实践,是 PSM 教育的一个核心特征。PSM 是美国高等工程教育改革的一个重要着力点。2007 年,美国国会众议院通过 2272 号法案即《加大研发创新投入、提高美国竞争力法案》,明确要求美国国家自然科学基金负责推动专业科学硕士(PSM)的发展。2008 年,美国国家研究委员会(National Research Council)出版了专业科学硕士教育改革的报告,把凯克研究院的模式向全美推广。2011 年,Nature 发表系列文章评论全球的博士研究生教育,凯克研究院被作为研究生教育改革的典型优秀案例。在过去的 10 余年里,凯克研究院是创新、推广美国 PSM 的三股重要力量之一。2012 年,美国研究生院委员会(council of graduate schools)等授权凯克研究院负责美国专业科学硕士学位的组织过程(affiliation process),并表示凯克研究院还将承担专业科学硕士学位的认证与质量评估。因此,凯克研究院不仅扮演着美国研究生教育改革的发起者、引领者的角色,还部分地扮演着推动者、组织者、联络人、监督者的角色。所以,对于凯克研究院的研究,不仅要研究其本身,更应将研究院与美国整个高等教育的改革联系起来。目前,英国、澳大利亚、加拿大等先后建立了专业科学硕士学位教育。我国台湾地区的阳明大学、中兴大学、台湾大学等也围绕凯克研究院展开了研究和交流。虽然凯克研究院的学位名称是专业科学硕士学位,但其实质基本上对应于我国的工程硕士学位。③ 基于上述

---

① http://www. highereducation. org/crosstalk/ct0198/news0198-bricklayers. shtml

② http://www. sciencemasters. com/PSMOverview/BackgroundonthePSMInitiative/tabid/72/Default. aspx.

③ 王孙禺,曾开富,李文中,张冰. 美国凯克研究院的建立与工程教育发展——兼谈近 40 年来美国研究生层次的工程教育改革[J]. 高等工程教育研究,2012(5):18-27.

原因,本研究将美国凯克研究院及其 PSM 学位作为一个重要的案例进行研究。

(二)斯坦福大学

美国斯坦福大学是著名的世界一流综合性大学,其工程教育享有盛誉。自 1891 年建校之初,工程学一直是斯坦福大学教育和研究项目的核心之一。斯坦福大学的工学院成立于 1925 年,一直位于创新前沿,研发开创的重大科学技术成果,为促进世界信息技术、交通通讯、医疗、能源、商业等多个领域的转变做出重要贡献。在美国,有一种说法是"工程师造就了硅谷,斯坦福工学院造就了工程师"。在过去的 80 多年里,斯坦福工学院培养出的工程师引领过无数次科技创新,促进了加利福尼亚地区科技产业的发展,帮助建立了数以千计的公司企业,为硅谷的成就奠定了技术和商业基础。斯坦福工学院拥有世界知名学者组成的教师队伍,先进的实验室和器材,博雅教育的氛围和对学科研究的机会与支持,以及与硅谷等工业界、企业家交流合作的机会。该工学院一直秉承多学科合作交流的优良传统,并致力于共同解决最为严峻的全球性重要问题,在教育和研究方面的成功,不仅在于培育了一代又一代领军人物、创造新知,而且也促进了科技、医疗、商业等诸多领域的革命性转变。目前,斯坦福大学工学院共设 9 个学部,拥有超过 250 位教师,80 多所实验室、研究中心等,帮助建立了将近 13 000 家公司,拥有占全校 40% 的研究生、20% 的本科生。总体而言,斯坦福大学拥有世界一流的高等工程教育,因此,本研究选择斯坦福大学作为一个重要案例。

(三)康奈尔大学纽约科技校区

美国康奈尔大学纽约科技校区是一个校地合作的案例。纽约市在 2008 年金融危机之后经济受影响比较大。纽约市市长意识到,单纯凭金融来支持一个城市风险太大,还是要有技术才行,于是有了在纽约建立科技园区的设想。纽约打算模仿斯坦福的硅谷模式办一个科技园,而科技园的壮大需要拥有大量科技人才的高校的支持。纽约市拿出罗斯福岛作为科技园区的地址,而大学资源的引入由各个学术机构上交提案,进行竞标。最后是康奈尔大学的提案胜出,由此开始了康奈尔纽约科技园区(Cornell NYC Tech,后文简称 Cornell Tech)的建设。纽约市市长迈克尔·布隆伯格曾说,Cornell Tech 有望创造一个创新和发现的蜂箱,吸引和培训能够催生新的企业、创造新的就业机会和推动纽约市经济向新的领域发展的人才。Cornell Tech 中的 Tech 一方面代表 Technology,另一方面代表 Technion(以色列理工学院),是以色列理工学院与康纳尔合作共创的科技校区。Cornell Tech 的建立和发展将集中反映了美国纽约市工业结构、大学、政府、社会网络和企业家人力资源等五个优势,是美国培养创新创业型卓越工程人才的一个大胆创新与尝试。Cornell Tech 提供独特的研究生教育模式,为根植于最新学术研究的商业应用和企业家的培养注入活力。本研究将康奈尔大学纽约科技校区的研究生教育作为一个重要案例,用以介绍美国名校与区域经济的结盟。

(四)哥伦比亚大学

美国哥伦比亚大学(Columbia University)是世界一流的研究型大学,美国常春藤联盟高校之一。哥伦比亚大学工程与应用科学学院是美国历史上第三所工程学院。该学院现有 11 个系,即应用物理与应用数学、生物医学工程、化学工程、土木工程与工程力学、计算机科学、地球与环境工程、电气工程、工业工程与运营研究、机械工业、计算机工程。而其中应用数学、生物医学工程和计算机科学等专业被认为是全美最佳之一。金融工程专业则更是被认为位列全世界前三位。哥伦比亚大学电子工程系成立于 1889 年,是由发明家和企业家爱迪生提议成立的。根据《美国新闻与世界报道》全美高校排名,近些年来哥大的电子工程系均位于全美前 20 之列,位于前列但非绝对领先水平。哥大电子工程系希望通过课程、学生培养、学生就业等方面的改革与改进,使该系工程硕士毕业生能在就业市场上更具竞争优势。因此,本研究选择哥大电子工程系作为一个案例,研究世界一流大学中的非领先学科的发展与改革思路。

(五)清华大学

清华大学是我国高等工程教育重镇,被称为中国的"红色工程师摇篮"。清华大学是我国最早开展工程硕士教育的大学之一,同时也是我国工程硕士教育的重要发起者、设计者和推动者。文献统计显示,在对工程硕士教育的研究中,清华大学发表的核心论文在全国同类机构中遥遥领先。因此,研究清华大学工程硕士教育具有重要的意义。

（六）北京航空航天大学

北京航空航天大学成立于 1952 年。与本研究中其他国内高校不同之处在于,北京航空航天大学隶属于工业与信息化部,是国防军工方面的一所重要高校。最近几年来,北京航空航天大学有很多新的改革举措。例如,中法工程师学院、大型飞机高级人才培训班等都在国内高等工程教育改革中具有重要影响。2007 年全国工程硕士专业学位教育指导委员会首次表彰"做出突出贡献的工程硕士学位获得者",在全国 60 所院校的 181 名获奖者中,北京航空航天大学有 17 位工程硕士毕业生获此荣誉称号,获奖人数位列全国第一。

（七）中国地质大学

中国地质大学是一所行业特色大学,是工程硕士学位教育的发起单位之一。中国地质大学的工程硕士教育始终注重发挥自身优势,以地质工程领域为核心,以边疆、西部和少数民族地区地矿类艰苦行业紧缺人才培养为焦点。在工程硕士培养的 10 多年里,该校在地质工程领域培养的人才占全国总数的三分之一。因此,中国地质大学的工程硕士教育在一定程度上代表了艰苦行业工程硕士培养的情况。

（八）华南理工大学

华南理工大学原名华南工学院,组建于 1952 年全国高等学校院系调整时期,是以工程教育见长的历史名校。华南理工大学是我国珠三角地区为数不多的国家"985 工程"和"211 工程"建设高校之一。由于珠三角地区经济发展和产业升级的步伐长期以来位于全国的前列,因此,华南理工大学的工程教育在区域经济发展中具有重要的作用。同时,长期以来,华南理工大学在本科层次和研究生层次的高等工程教育方面都有较深入的思考。

二、模式比较

斯坦福大学和哥伦比亚大学是传统的世界一流大学,其工程教育也是相对传统的。凯克研究院和康奈尔大学纽约科技校区都是新建的,致力于提供一种新型的工程教育。这两所新建院校的硕士层次工程教育更接近于我国的工程硕士教育。因此,我们重点对比凯克研究院、康奈尔大学纽约科技校区的教育和中国高校的工程硕士教育。总体而言,回归工程、面向产业是近年来中美硕士层次高等工程教育的一个共同特点。

(一) 培养目标

在新建的美国凯克研究院,人才培养目标被明确为产业精英。凯克研究院宣称"致力于生命科学向现实转化的教育与研究活动","与产业合作培养生物科学的领袖(leaders for the biosciences)"[①]。MBS 教育的主要设计者,凯克研究院教授会副主任 Jane G. Tirrell 和学术副校长 Thomas Gregory Dewey 则指出,MBS 教育的目的是"为制药、生物技术、医疗设备等产业的领导岗位(leadership positions)培养科学家和工程师"[②]。从这些表述可以看出,与美国传统的研究生教育主要面向学术机构不同,凯克研究院主要面向产业。如果以精英教育、非精英教育的标准来判断的话,凯克研究院明确地提出 leader、leadership positions 等目标,精英教育的成分更多一些。因此,可以认为与传统研究生教育培养学术精英相区别,凯克研究院 MBS 学位教育主要是培养产业精英。关于具体学科领域的设计,Jane G. Tirrell 和 Thomas Gregory Dewey 对 MBS 教育的设计特别提到生物技术(biotech industry)、制药(pharmaceutical industry)、医疗设备(medical device industry)、产业事务管理(regulatory agencies industry activities)等 4 个产业方向。这些方向基本可以对应 MBS 目前开设的 5 个专业(Career Focus Tracks):生物过程(Bioprocessing,BP)专业主要面向从早期研发到产业化生产的生命科学研究阶段;生命科学商务(Business of Bioscience,BB)专业主要面向商务开发、市场研究等生命科学技术的企业化发展阶段;临床药物事务管理(Clinical and Regulatory Affairs,CRA)专业主要解决生命科学研究和商务活动中所遇到的食品与药品管理政策、伦理等;医疗设备与诊断(Medical Devices & Diagnostics,MDD)专业主要面向医疗设备和诊断方法的开发研究等;制药(Pharmaceuticals,P)专业则面向药物开发、临床试验、获得药品注册批准、市场调研、销售等全过程[③]。

斯坦福大学提出,研究生教育发展的社会大背景发生了三个方面的重大

---

① http://www.kgi.edu/about-kgi/mission-culture-values.html

② Jane G. Tirrell, Thomas Gregory Dewey. Team-based learning in Keck Graduate Institute's professional Master of Bioscience programme. Journal of Commercial Biotechnology, Vol. 15,2. P151.

③ 曾开富,王孙禺,张冰,李文中. 美国凯克研究院创业型卓越工程人才培养模式研究[J]. 高等工程教育研究,2012(6):47-58、113.

变化,学校的人才培养目标也应随之予以调整。第一,在全球化大趋势下,学校培养的研究生应当在激烈的新全球市场竞争中游刃有余。第二,当今研究与教育领域的主导趋势是能够解决复杂综合问题的学科结合与发展,这也就要求研究生教育不仅要训练学生适应新的变化的环境背景,更要培养其在新形势下成为领袖精英的发展潜能。第三,研究生毕业生的职业方向日益多样化,许多学生(包括博士生)会选择在学术界之外追求自己的理想职业,因此,学校的育人目标不是为了"制造学者",而是使学生为个人的成功和生活中的实际工作做好准备。

康奈尔大学纽约科技校区的人才培养目标主要是数字科学领域内的企业家和拥有创新创业精神的卓越工程企业人才。截止到 2013 年年底,Cornell Tech 共提供 6 个学位项目,分别是计算机工程硕士(M. ENG in Computer Science)、强生 MBA 项目(Johnson MBA at Cornell Tech)、信息系统硕士项目(M. S. in Information Systems)以及 3 个 Cornell 的 PhD 项目——计算机科学 PhD、电子和计算机工程 PhD、信息系统 PhD 等。上述 6 个学位项目都是围绕着创新创业型卓越工程企业人才培养目标服务的。康奈尔大学纽约科技校区提出,其培养的人才应能够"成功地将想法转化成商业"。

清华大学工程硕士教育的人才培养目标确定为"复合式、应用型工程人才"。"'应用型'在工程硕士设置之初就已明确。随着工程技术多学科化、工程组织的不断复杂化,清华大学提出为适应现代工程新发展,(认为)应在'应用型'前加上'复合式',并在培养方案中得以体现。其中'复合式'是指理论知识与工程实践、技术能力与管理能力、工程研究与市场开拓相复合。应用型是指综合运用知识与能力解决工程实际问题。"[①]

北京航空航天大学工程硕士教育的人才培养目标是"'留得住、用得上'的高层次复合型、专业型应用人才"[②]。北京航空航天大学具有国防军工的行业特色,其教育活动主要面向二线、三线的国家重点院所。我国的航空、航天事业直到十多年前才开始经历腾飞,而该领域的重点单位一般都位于二三线城市,因此全行业面临着突出的人力资源问题——用得上的人才留不住、留得

---

① 康妮,王钰,沈岩,刘惠琴. 以工程创新能力为核心的工程人才培养探索与实践——清华大学工程硕士研究生教育创新总结[J]. 研究生教育研究,2011(6):61-64.

② 张广军,黄海军,马齐爽,彭晓霞. 立足空天信,面向国防工业和国有企业的创新型工程硕士研究生教育模式[M]//全国工程硕士专业学位教育指导委员会. 立足创新,培养一流工程硕士——工程硕士教育创新院校改革成果汇编. 北京:清华大学出版社,2012:18-25.

住的人才用不上。因此,整个行业需要实现"留得住、用得上"的人才培养目标。

中国地质大学工程硕士的培养目标是:为适应国民经济建设和社会发展需要,为地质调查、工程勘察、矿产资源的普查勘探与开发等相关的工矿企业和工程建设部门培养应用型、复合型高层次工程技术人才和工程管理人才。[①]

华南理工大学认为,"工程硕士研究生教育是培养掌握某专业(或职业)坚实的基础理论和宽广的专业知识,具有较强的解决实际问题的能力,能够独立承担专业技术或管理工作、具有良好的职业素养的高层次应用型工程人才,与工程领域任职资格相联系的专业学位研究生教育"[②]。其中,华南理工大学的人才培养目标中明确地提到了工程领域任职资格。这是其值得注意的一大特色。

通过比较可以发现,近年来,中美的硕士层次高等工程教育都有回归工程和回归产业的趋势。这一趋势是同工程教育的发展历史相关的。经过一百多年的发展,从知识的来源和类别来看,高等工程教育包括三方面的基本内容:工程实践经验(Hands-on Experience)、自然科学与技术(Science and Technology)、艺术人文与社会科学(AHS,即 Arts, Human and Social Science)。所谓"理工教育模式"有一个基本假设,即工程师职业以自然科学和数学知识为事业基础。从这一基本假设出发,美国的传统工程教育在遴选师资、招收学生等过程中主要以数学、自然科学方面的学术表现为依据,工程教育的课程主要聚焦于自然科学基础学科,培养过程中注重教学与研究相结合。改革开放以来,中国的高等工程教育基本沿袭美国的做法。尤其是在研究型大学的概念被提出和推广以来,中美高等工程教育都在一定程度上过于重视学术发表、相对忽略了工程实践,过于重视培养学者、相对忽略了培养工程师,过于重视实验室、相对忽略了企业工程现场。相对而言,中国因为创新体系的缺陷,在世界一流大学建设的大环境下,高等工程教育的工程性受到严重削弱。因此,中美两国都有一种回归工程、重返产业的呼声,但中国的这种需求更为旺盛。

同时,通过对比也可以发现,在向工程和产业回归的过程中,中美之间在

① 段红梅,张寿庭,刘大锰,纪云龙,韩东昱. 流动的风景线——地球科学领域工程硕士研究生教育创新体系与实践[M]//全国工程硕士专业学位教育指导委员会. 立足创新,培养一流工程硕士——工程硕士教育创新院校改革成果汇编. 北京:清华大学出版社, 2012:321-330.

② 孙延明,向智男,葛瑞明,陈小平,朱敏. 全日制工程硕士研究生实践能力培养体系的构建与思考——以华南理工大学为例[J]. 学位与研究生教育,2012(7):30-33.

人才培养目标方面也有一定的差异。美国相对更重视创业人才，中国则明确地提出了应用型人才的培养目标。

（二）能力标准

美国高等工程教育的能力目标总体而言注重追求科学与商业的融合；中国高等工程教育的能力目标总体而言更加强调创新与实践的融合。

美国凯克研究院主要培养一种科学与管理复合的人才，实施一种科学教育与管理教育融合的复合式教育（Hybrid Education）①。研究院判断："生命科学产业呼唤一种新的专业人才——精通科学、擅长管理的人才（scientifically proficient and managerially savvy）。"②研究院的现任即第二任校长 Sheldon Schuster 指出："生命科学产业最缺乏的不是想法和知识，而是最缺乏科学教育基础上的管理，尤其是缺乏既懂科学又懂管理的人才。"③"产业界……最迫切需要的人才是这样的：受过宽广、精深的科研训练；有很强的商业、财务、管理技能；对产业如何运作有深刻的理解、具有良好的团队工作能力。"④ Jane G. Tirrell 和 Thomas Gregory Dewey 认为："最优秀的经理人才一定是受过良好科学教育的，而受过管理培训的科学家和工程师将比技术类 MBA 更适应产业发展需求。"⑤就"科学"而言，凯克研究院希望继承美国 PhD 教育的优良传统，培养研究生具有良好的数理技能（quantitative skills）。就"管理"而言，凯克研究院希望借鉴美国 MBA 教育的教育思想，培养研究生具有良好的管理技能（management skills）。由于上述教育设计思想，以 MBS 为代表的 PSM 学位在美国高等教育界被视作自然科学与工程教育领域的 MBA。MBS 的教育目标在一定程度上可以说是 PhD 与 MBA 的综合，本身也被作为 PhD 与 MBA 的替代性学位。从指导教学活动的角度出发，"科学"与"管理"这两个概念还需要进一步具体化。凯克研究院有 5 方面的价值观。其中关于人才培养目标的具

---

① KGI Cross-Trains Biotech's Future Leaders.

② http://www.kgi.edu/about-kgi.html

③ Pharma Vision, Find out which programs will be molding future pharma professionals from the president of the Keck Graduate Institute. p102.

④ KGI Cross-Trains Biotech's Future Leaders. http://www.signalsmag.com/signalsmag.nsf/0/A3329D4C1443CD12882572D0000BB987.

⑤ Jane G. Tirrell, T. Gregory Dewey, The Professional Master of Bioscience Program at Keck Graduate Institute. Best Practices in Biotechnology Education. Edited by Yali Friedman. pp316-319.

体化表述包括:①创业与反思(Entrepreneurial and Reflective)。所谓创业包括:鼓励尝试新事物,把新事物作为一种学习机会;容忍冒险、宽容失败;学会接受冒险活动中的焦虑与不确定性;相信每一位成员都在走向成功的过程中扮演积极角色。所谓反思包括:善于从历史中反思和汲取营养、为未来做规划;鼓励通过自我反思形成变革等。②伦理与责任(Ethical and Responsible)。在学术、商业、个人活动中保持最高的道德水准和社会责任;认识到各类活动中存在的不可避免的利益冲突并具备管理这些冲突的能力;开放、诚信、坦率地与人交流的技能;认识生物科学产业所面临的社会伦理问题的能力,并能够创造性地提出解决办法。③合作与独立(Collaborative and Independent)。重点是团队合作的能力,尤其善于采取灵活的合作方式,把合作建立在信息共享、经常交流、互相尊重等基础之上。同时,具备在合作中保持学术自由、思想独立的意识和能力。①

与凯克研究院类似,康奈尔大学纽约科技校区也主张一种"科学+商业"的复合式教育。就"科学"而言,纽约科技校区的学科背景建立在"坚如磐石的学术背景之下",要求申请的学生拥有扎实的科学技术知识,工程技术能力是必需的;就"商业"而言,科技校区借鉴了美国 MBA 教育的教育思想,在科技校区同时设立与强生 MBA 项目合作的商业学位项目,商业课程以及商业思想与科技背景形成天然的融合与互补。

中国的工程硕士教育注重以"工程创新能力"作为人才培养的能力目标。清华大学认为:"工程硕士专业学位最初就是为了满足工矿企业和工程建设部门,特别是国有大中型企业对工程技术和工程管理人才的迫切需求而设立的。工程硕士教育的发展始终伴随着国家经济建设和社会发展对高层次工程人才的需求而发展。随着我国经济的快速发展,提升企业自主创新能力建立创新型企业成为建设创新型国家的决定性力量。特别是我国还处于工业化阶段的中期,在构建企业为主体的创新体系过程中,工业企业迫切需要大批具有创新能力的高层次、应用型、多样化专门人才。为适应现代工程发展需要,结合当前社会需求,清华大学将工程硕士培养定位于培养具有工程创新能力的工程

---

① 曾开富,王孙禹,张冰,李文中. 美国凯克研究院创业型卓越工程人才培养模式研究[J]. 高等工程教育研究,2012(6):47-58,113.

人才和具有工程创新活力的未来工程人才,把'工程创新能力'培养作为清华大学工程硕士培养的核心。"①

同时,实践能力也被作为中国工程硕士教育的重点。实践,也被视为区分工程硕士与工学硕士一个重要标志。例如,华南理工大学明确地提出了适用于工程硕士的"5+3"工程实践能力培养体系。

(三) 生源遴选

在招生方面,中美案例高校都采取了本国所通行的研究生招生方式。

美国,以凯克研究院的 MBS 学位为例。申请者在线递交个人陈述(personal statement)、附加论文(supplemental essay)、标准化考试(GRE、GMAT、MCAT 等)成绩等材料。收到申请材料以后,凯克研究院根据材料由招生委员会组织电话面试,招生委员会由教授和高级行政管理人员组成。②

中国工程硕士教育的招生仍然采用高度选拔性的研究生入学考试制度。在早期招生中对于学生的身份有一定的鉴别,尤其强调工作经验。但随着工程硕士教育面向应届毕业生开放,对于工作身份的强调逐渐失去意义。但由于工程硕士教育的起点不同,各院校都注重其招生的主要面向。因此,在招生环节,中国的各个高校有相对明显的特色。

从招生来看,清华大学工程硕士注重工程硕士教育的高端性和指向性。清华大学提出工程硕士教育的两大面向:非全日制工程硕士教育面向重点企业、西部地区和国防军工部门;全日制工程硕士面向若干国家重大需求行业领域。③

北京航空航天大学的工程硕士教育有"定制"传统。其中,招生是定制的第一个环节。北京航空航天大学面向国家重大需求、聚焦行业重点单位选择生源进行定制培养,把目标生源聚焦到行业内重要机构。针对航空航天产业发展快但设计生产部门人员学历普遍偏低的情况,北京航空航天大学针对重点单位实施了定向培养。例如,为沈阳飞机设计研究所培养了 85 位工程硕

①③　康妮,王钰,沈岩,刘惠琴. 以工程创新能力为核心的工程人才培养探索与实践——清华大学工程硕士研究生教育创新总结[J]. 研究生教育研究,2011(6):61-64.

②　曾开富,王孙禺,张冰,李文中. 美国凯克研究院创业型卓越工程人才培养模式研究[J]. 高等工程教育研究,2012(6):47-58,113.

士,这些人才在我国某新型飞机的设计、研制中发挥了重要作用;为哈尔滨飞机工业集团有限责任公司培养 147 名工程硕士,占其航空设计部门技术力量的 50%,为运-12 适航取证和与巴西合作的 ERJ145 支线客机的研制生产做出了重要贡献;为北京航天指挥控制中心、北京跟踪与通信技术研究所等单位培养工程硕士 114 人,他们出色地完成了载人航天工程和绕月探月工程。[①] 2012年以来,北京航空航天大学继续其"定制"传统,把生源选择的重点面向国家重大科技专项。北京航空航天大学与中航工业集团下属企业厂所正式达成合作办学协议,共同创建"航空发动机高级人才定制班"。企业参与招生工作中的复试,培养过程中根据企业的需求设置培养方案。

　　与北京航空航天大学的做法类似,中国地质大学也依托于行业办学,把工程硕士教育同行业紧密联系。截至目前,与中国地质大学合作的地勘单位已超过 50 个,其中部分已建立了多年连续培养的工程硕士基地。同时,积极响应国家政策,把地质工程领域工程硕士教育的重点放在西部及边远地区,先后在这些地区开办了地质工程领域工程硕士班,与这些地区建立订单式培养模式,例如与青海、新疆、西藏等地区已建立起基本成熟的培养链条,形成培养梯队。从校领导到院系的具体工作人员都十分重视工程硕士教育,每一期工程硕士班开学都举行有主要校领导参加的开学典礼。开学典礼既是进行培养规程、业务要求与学术道德规范宣讲的入学教育契机,也为后续的可持续培养奠定了良好的基础。截至目前,该校已先后为西藏、新疆、青海、宁夏、内蒙古、云南、海南、广西等地区培养工程硕士 300 余人。通过地质工程硕士教育,使得西部及边远地区的地质人才总体素质得到了很大的提高。[②]

(四) 导师指导

　　双导师制在工程专业学位研究生培养中被广泛采用。

　　凯克研究院在校企双方都设立指导教师或指导团队,企业导师一般由企

---

①　李未. 紧密围绕国家战略需求大力培养高层次工程技术和管理人才——北京航空航天大学开展工程硕士教育 10 周年的实践与思考[J]. 学位与研究生教育,2008(2):1-3.

②　段红梅,张寿庭,刘大锰,纪云龙,韩东昱. 流动的风景线——地球科学领域工程硕士研究生教育创新体系与实践[M]//全国工程硕士专业学位教育指导委员会,立足创新,培养一流工程硕士——工程硕士教育创新院校改革成果汇编. 北京:清华大学出版社,2012:321-330.

业 CEO 担任。在项目正式交由学生团队独立、自主执行以前,一般会由校企双方的导师围绕项目组织讲座、工作坊、案例分析等。第一学年结束的暑假带薪实习是为第二学年的团队项目(Team Masters Project,TMP)做准备的,企业一般在第一学年同凯克研究院多轮沟通商谈实习和 TMP 资助意向,然后在暑假招募实习生,暑假后进入研究院设立的 TMP 项目。虽然项目选题主要来自于企业,但并非不受研究院的引导和控制。除了多学科、多维度、多技能、重应用等要求以外,研究院导师和团队对于项目目标的修订和执行也有很大的权力。除了少数情况下企业会对目标进行更正以外,更多时候具体工作目标的分解都是由学生团队在研究院导师的指导下自主确定。①

康奈尔大学纽约科技校区对于师资做出了精心的选择。师资选择基于两方面的考虑,学术表现与创新热情。康奈尔大学纽约科技校区的教师依然受康奈尔大学本部管辖,还有一部分教师直接来自于康奈尔大学伊萨卡校区,一部分教师来自康奈尔大学强生学院(Cornell Johnson School),大巴 5 个小时可以到康奈尔伊萨卡校区。教师在两个校区之间的往来时间成本相对还比较高。很多时候会通过远程电话会议等进行一些问题的沟通和指导。康奈尔大学纽约科技校区聘请了一部分企业家导师。企业家导师给学生讲课,学生对他们所讲授的内容给予反馈。同时,企业家导师还可以给学生提供去其企业实习和工作面试等机会。

导师指导时着重学生两方面能力的培养:第一,计算机技能;第二,企业管理和做报告(presentation)的能力。同时,康奈尔大学纽约科技校区的课程设置中安排了周五实习课(Friday Practicum),请业界的创业者来做创业人生(enterpreneur life)讲座,有 1 个学分的要求。同时还有一个开放工作室(Open Studio),请公司的人来学校看学生的项目产品,并给予指导。

我们采访了康奈尔大学纽约科技校区的学生,发现他们对企业家导师的指导做出了积极评价:"在周五实习课(Friday Practicum)上,我们可以了解创业的人是怎么想的,怎么去做一个好的创业者。有系统的总结,跟我们分享这一路是怎么过来的,而不仅仅是一两个创业路上的故事。""(中国)国内的成功者习惯把成功归结为运气。其实我觉得失败者说是命,成功者说是运,也是很正常的。但是这边的老师和实习课演讲者(practium speaker)会告诉我们他

---

① 曾开富,王孙禺,张冰,李文中. 美国凯克研究院创业型卓越工程人才培养模式研究[J]. 高等工程教育研究,2012(6):47-58,113.

们当 CEO 的真正想法。""他们谈工作和家庭的平衡就会直接说,当时想让企业生存下来,家庭就需要牺牲,但是自己仍然很开心,因为在做自己想做的事情。相比之下,我在清华大学的时候,我们职业生涯教练计划(coach 计划)的教练只是很含蓄地提点了下,说找伴侣的时候要找一个不会反对自己想法的。言下之意是家庭还是要做牺牲的,不能后院起火。""我们也会谈一些很实在的东西,比如说怎么招人。是招自己熟悉的人呢,还是招很有经验的人。答案是招自己熟悉的人信得过的人。因为毕竟是一个团队,如果招过来一个专家不好好干活,自己损失就大了。有一个风投的企业家导师告诉我们说 N 多创业团队就是因为招了专家挂掉了的。""导师也会指导我们怎么去面对媒体,如何去跟媒体打交道,以及如何去回答媒体提出的问题。媒体都喜欢听故事,喜欢找到一件事与其他事情不一样的地方。我们就多多把他们往那个上面去引就好,他们就很开心。也不需要提供给媒体直接的回答。不用太注重逻辑,媒体只需要获得足够的信息可以写稿子就好。""导师也会跟我们讲如何处理上下级关系等,所以商学院性质很明显。让我们不要把事情搞砸。这些知识是比较'软',但是我们觉得很有意思。最重要的还是专业知识,就是技术。专业打好了,才能谈怎么去管理。要不然别人说啥自己都不知道。"

我国工程硕士教育也越来越多地采用双导师制,或以其他形式增加工程教育中的工程性。

清华大学工程硕士的学位论文主要采取校企双导师制和多学科导师组的指导模式。除发挥企业导师在工程硕士培养过程中的作用外,清华大学积极倡导教师深入工程一线,了解实际需求和工程前沿,促进校企"产学研"合作。同时,在很多跨学科特征明显的领域,工程硕士培养采取导师组的制度。例如,清华大学为中国航天员科研训练中心培养的航天员工程硕士,其选题涉及航天员选拔、航天环境控制、生命保障工程、航天食品工程等多个领域。因此,清华大学打破院系界限,从 6 个院系选聘 19 名校内导师、从中国航天员中心选聘 13 名导师,组成导师组进行指导。

北京航空航天大学提出建设企业基地和"双师型"导师队伍。企业基地提供企业导师,双师型导师则主要是指加强校内研究生导师的工程能力培养。截至 2012 年,北京航空航天大学共建成校企合作实践基地百余个,其中校级基地 32 个。在校外基地,学生可以带薪参与到企业的科研与生产任务中。霍尼韦尔国际公司每年选拔优秀研究生带薪实习;电信科学技术研究院每年接收电子信息学院学生进所实习,并为其配备指定研究项目、指导教师;中航工业燃气涡轮研究院每年接纳能源与动力工程学院航空工程领域学生进院带薪实习,对表现突出的学生给予奖励。同时,针对在工程硕士教育中校内导师工程经验不足、校外导师从教经验欠缺的情况,北京航空航天大学重点培养导师队伍,通过加强校内导师的企业工程经验和从校外基地选择导师的做法来形成合格的导师队伍。

总体而言,中美高等工程教育导师队伍的建设思路是基本一致的,即从工程一线引入导师力量。相对而言,美国的企业导师队伍建设既注重工程经历、又注重商业经历,而中国的企业导师队伍建设相对更加注重工程经历。

(五) 教学设计

教学活动的设计,是以人才培养目标为中心、以改善教育教学面临的主要问题为着眼点的。

首先看最具代表性的美国凯克研究院教学情况。凯克研究院 MBS 教育的学制为两年全日制学习。MBS 的课程体系(curriculum),包括 3 种主要教学形式、对应 3 个主要的教学阶段:第一学年主要是跨学科课程(interdisciplinary course)学习,总计 14 门、10.5 个学分;第一学年结束后的暑假为 400 个小时的带薪实习(internship);进入第二学年将确定具体的职业发展方向,主要教学活动是 4 学分、2 学期的团队项目(Team Masters Project, TMP)和数个学分的专业必修、选修课程等。从学科的角度开看,凯克研究院包括医学与制药、工程、生物学、物理科学、商业与管理等几大类课程。凯克研究院研究生课程的学科特色主要在商业与管理,该类课程达到 7 学分以上、占到必修课总学分的 37% 以上。这部分课程是同研究院培养"精通科学、擅长管理的产业领袖"的目标相关的。把跨度很大的几个学科放在两年学制的硕士项目中,很多学生感到迷茫和慌乱。但是,当学习进入第二学年的项目教学以后,学生逐渐反思认识到多学科课程的意义。项目(project)教学和案例(case)教学构成凯克研究院主要的教学方法,占到总学分的 40% 以上。[①]

类似地,康奈尔大学纽约科技校区计算机工程硕士的课程主要由三部分组成:技术和商业课程;企业实习;与当地组织合作完成的小组项目。

---

① 曾开富,王孙禺,张冰,李文中. 美国凯克研究院创业型卓越工程人才培养模式研究[J]. 高等工程教育研究,2012(6):47-58,113.

具体课程内容包括:8 个学分的基础技术类课程,分别是机器学习和统计(4 学分)、建筑智能设备(4 学分);6 个学分的基础商业课程,分别是技术产品发展(3 学分)、创业(3 学分);17 个学分的核心课程,分别是交互媒体的心理学和社会学分析(4 学分)、网络(4 学分)、大项目编程(4 学分)、用户体验和可用性(3 学分)、探索性项目(2 学分)、工业研讨会(0 学分);14 学分的选修课程,分别是:图像和视频(4 学分)、社会化媒体的要求和设计(3 学分)、人类语言技术(4 学分)、电子商务算法(3 学分)、计算机安全和隐私(3 学分)、现代分布式数据库(3 学分)、大数据和复杂事件处理(4 学分)、计算机图形学(4 学分)、高级媒体设备(3 学分);15 个学分的工业项目,包括学生在教员和高级专业联署公司(通常是工程师)的联合监督下应用研究和/或开发项目工作。同时要求没有成绩低于 C-的课程,平均分不低于 2.5。

康奈尔大学纽约科技校区的一个特色是为期一年的 Johnson MBA 项目。该项目为期三个学期,重心仍然聚焦在技术,暑期学期在纽约的伊萨卡(Ithaca)校区,剩下两个学期在快节奏的纽约市区,这种安排使得学生能同时享受两个校区的优点。暑期学期有为期 10 周的密集商业基础知识课程,包括定位、核心商业课程、领导力训练、创新创业作业以及专业发展作业,与伊萨卡校区的师生进行互动、发展网络技能和策略、开始着手思考创新创业的点子、了解商业团队设置的技巧、准备项目并且在纽约市的高科技公司有效开展工作。在 Cornell Tech 跨专业的方法下,可以给学生在一个项目中同时带来康奈尔大学最好的技术、创业和创新课程。结束在伊萨卡主校区 10 周的准备后,他们将搬至纽约市科技校区,在剩下的 9 个月中按照模块化的课程加速学习、在康奈尔大学纽约科技校区的科技生态系统中进行多学科学习、体验海外学习之旅、参与创新引导营、通过与纽约市的科技企业项目合作把课上所学付诸实践。每学期,学生团队与项目公司进行持续整个学期的合作。所有的项目以字母等级计算成绩,圆满结束后可以获得每学期 3 学分。项目的学分不会计入计算机工程硕士项目课程所需要的学分,但是学生必须获得 B 或更高的分数,以达到对项目所需要的学分要求。

总体而言,康奈尔大学纽约科技校区的硕士项目学制都比较短,计算机工程硕士的为期 1 年(2 个学期)的项目中,项目概念始终贯穿。由于有课程先修要求,因此在硕士项目中,没有再设置基础知识性的课程。在课程设置要求中,每个学期都有项目任务,而且持续时间长达一个学期。项目教学中注重培养学生的企业家思维模式,即像一个企业家一样去思考。由于项目是企业指导老师根据企业的真实案例需求提出,因此是真实环境下的案例操作,学生不仅在解决方法和思路上得到训练,同时项目解决过程中所承受的心理压力、心智的紧张程度、绞尽脑汁思考的模拟度等都很高,高于一般的不用承受任何实际损失的一般课堂作业项目。完成项目的是学生团队。由于科技校区的学生来源背景多样化,由此团队建设和运行对社会的磨合模拟仿真度更高。

从教学论的角度来看,工程教育教学的改革主要是回应现代工程活动和生产活动以下几方面的要求:跨学科性、多技能性、复杂性和团队性。凯克研究院与康奈尔大学纽约科技校区都是以团队式企业项目作为最主要的教学模式。

在典型的传统院校斯坦福大学,研究生层次的工程教育改革也强调跨学科性、综合性。2005 年,斯坦福大学在全球第一个开设了设计思维学院,该学院由欧洲最大的软件公司 SAP 的创办人哈索普莱特纳投资设立。由来自工学院、商学院、法学院、人文社科学院、教育学院等学院的教师和学生共同组成研究学习团队,共同探讨解决全球复杂问题的途径方法。人文价值是合作模式的核心价值观,混杂来自不同年龄段、社会经历背景(学术界、工业界等)的学生群体是其继续教育的关键所在。经过两年运行,该学院成功培养了一批优秀的创意人才,同时孕育了一系列富于创新的项目成果,设计思维学院也成为斯坦福设计思维的发源地和创意中心。设计思维教育和实践采用了革新性的跨学科团队教学模式。在当前的社会环境中,很难单靠一个人的力量,从单一的行业出发实现创新。设计思维教育主要是指在不同学科教师的指导和支持下,把许多初步受过不同领域高等教育的学生聚在一起,组成跨学科的团队小组,以工作室的形式进行学习和实践。学生针对具体项目进行研究和实验,提出解决方案或设计系统原型。整个过程采用工程学、设计学的设计思维,结合综合的想象力、创新观点,辅之以社会科学的研究方法,并在研发过程中合理融入敏锐的商业洞察视角。由于学生来自不同的专业,在教学和实践过程中自发形成各种各样的分工,做出自己独特的贡献。每个学生都可以从其他学科背景的师生身上学到很多知识。学生和教师置身于自己设计的、独立的学习空间里,其学术环境也促进其学习和交流,更容易产生创新。所研究的问题均来自于现实世界的真实社会问题,学院与企业、政府或非营利机构合作,项目时间长短不取决于课程结束与否,而是随问题解决的时间而定,短则一二个小时,长则课程结束后研究依然继续。其独特的授课形式打破了传统教学模式,将理论与实践紧密而高效地结合。设计思维教育实践用一个直观的英文字母"T"代表其创新教育理念,其中横线代表该教育模式所强调的设计思维(Design Thinking),纵线代表传统教育模式所强调的分析性思维(Analytical Thinking)。设计思维学院之所以鼓励来自不同学科背景的学生参与项目,就是因为其不仅关注传统高等教育中纵向的专业知识积累,还强调横向的跨学科扩展、交流与合作。设计思维教育实践的具体创新理念包括强调学生团队是创新的主体;强调项目与实际应用紧密结合;强调师生的创新与用户的需要相互作用的过程;强调视觉思维和环境的重要性。[①] 在更早的 1998 年,斯坦福大学创建了 Bio-X 项目。该项目是由斯坦福大学教师自发组织的旨在促进生物工程、生物医疗和生命科学领域跨学科科研与教学发展的民间机构,由人文社科学院、工学院、医学院、地球科学院和法学院合作运行。

比较而言,同为美国的院校,凯克研究院和康奈尔大学纽约科技校区更为强调创业性,斯坦福大学的工程教育更为强调创新性。

我国的工程硕士教育的教学设计主要针对知识与课程设计。其中,教学设计的一个重要出发点就是突出工程硕士与工学硕士之间的区别。

从课程来看,清华大学工程硕士教育的主要理念是"厚基础理论、博前沿知识、重实际应用"。工学硕士侧重于基础理论与学科知识,工程硕士则侧重于工程实践与专业经验。工学硕士相对欠缺实践经验,工程硕士相对欠缺知识基础。为此工程硕士的课程教学需要补知识的短板。清华大学工程硕士课程的知识结构主要包括"领域基础、技术应用、领域前沿、实用工具、交叉学科"等五大部分。其中,从领域基础、技术应用、领域前沿再到实用工具,其知识的专业性、实用性越来越强。交叉学科则注重工程硕士的人文、社会科学修养,尤其是在管理、法律等学科加强工程硕士的专业管理能力。在清华大学的工程硕士培养方案中,特别提出两个"强化"的思想。两个"强化"是指强化实践环节和强化职业素养。实践包括三类——研究型课程、项目训练型课程和企业实习。职业素养的培养主要通过行业讲座、职业素质课程等实现,总计不少于 3 个学分。针对全日制工程硕士教育,尤其针对应届本科生攻读工程硕士的情况,清华大学提出了两个重要举措。一个举措是把学生组成项目团队,每

---

① 廖祥忠,姜浩,税琳琳.设计思维:跨学科的学生团队合作创新[J].现代传播,2011(5):15.

个团队 10~20 人,从若干重大行业切入。另外一个举措是把行业企业的人力资源组成指导团队,即从重点行业中的大型企业选聘专家组成项目指导委员会,参与工程硕士的教育活动。①

北京航空航天大学的工程硕士研究生培养方案与工学硕士研究生培养方案相比(见表 3-1),更加侧重工程应用能力的培养;总学分要求低于工学硕士,并开设了管理类专题课作为必修课,为其进入单位从事专业技术或管理工作进行知识储备;要求各领域开设专业技术课、专业实验课等工程应用类课程,通过加大学分比例,实现了课程设置从理论到技术再到实践的层次化提升;设置了 3 学分的工程实践课,鼓励学生参与社会实习实践。②

表 3-1 北京航空航天大学工程硕士与工学硕士的培养方案比较③

		全日制工程硕士	全日制工学硕士
总学分		≥27 学分	≥32 学分
培养环节		工程实践(3 学分)	学术活动(1 学分)
课程设置	公共必修课	管理类专题课(1 学分)	无管理类专题课
	数学基础课	B 类数学	A 类数学
	学科必修课/专业必修课	专业课(≥3 学分) 专业技术课(≥2 学分)	一级学科基础课(≥3 学分) 二级学科基础课(≥3 学分) 专业课(≥2 学分)
	实验课	专业实验(3 学分)	公共实验(1 学分) 专业实验(1 学分)
发表论文		≥1 篇高水平报告	≥1 篇学术论文

中国地质大学工程硕士教育的课程体系由三部分构成:公共基础课、专业课和选修课。公共基础课尽量满足工程硕士长期以来由于在基础理论方面的欠缺而导致的对基础知识的渴望;专业基础课和专业课紧密结合用人单位的实际需求,在征求企业意见后,开设既满足企业要求又具有鲜明专业特色的课程;选修课涵盖内容广,以补充学生在某些方面的不足。课程的设置体现了研

---

① 康妮,王钰,沈岩,刘惠琴. 以工程创新能力为核心的工程人才培养探索与实践——清华大学工程硕士研究生教育创新总结[J]. 研究生教育研究,2011(6):61-64.

②③ 彭晓霞,郭红,马齐爽,黄海军. 全日制工程硕士培养体系的创新与实践——以北京航空航天大学为例[J]. 学位与研究生教育,2013(2):32-36.

究生水平、专业特色和工程性、实践性、应用性。在地质工程领域工程硕士研究生的课程设置、教学内容和教学计划的具体制定和实施过程中,与企业协商,重点强调:①实用性,所开设的课程是企业当前实际生产和科研迫切需要的,对企业的工作推进有直接的效果;②先进性,要对当前地球科学发展的前沿理论、新技术新方法进行传授;③实践性,根据工程硕士来源于生产单位这一特点,在课程选择上注重实践能力的培养和提高;④知识性,开设相关专题讲座,拓宽工程硕士的知识面。① 地质大学的工程硕士培养尤其重视野外实践环节。地质工程领域的工程硕士研究生全部来自野外一线,实践环节可依托所在单位承担的生产、科研项目来进行。采取与生产单位合作建立产学研基地和工程硕士基地的方式,为工程硕士研究生搭建平台,锻炼实践能力,提高理论水平。

华南理工大学的工程硕士教育有明显的两大特色。其一是实践能力培养体系的提出(见图 3-1),即完全围绕着实践能力设计人才培养方案。在课程改革中,采用 B 类课程,与工学硕士的 A 类课程相区别。较之于工学硕士的 A 类课程,B 类课程有三大特点:第一,公共基础课中加入专业与实践特色,例如政治课中侧重分析社会现象中的经济意义与行业影响;第二,专业课中减少知识推导而加强知识应用,例如在很多专业课中增加软件等行业工具的学习;第三,在课程中穿插案例。在实操模块,共同的一些特征包括:综合性与设计性,即大量减少验证性的实验,增加让学生自主实施工程设计的比重;团队性和合作性,即大量减少个人工程行为,增加团队合作实施工程项目的比重。华南理工大学工程硕士教育的第二大特色是引入社会培训与资格认证体系。在当前很多高度专业化的企业,职业资格认证成为工程师最基本的准入门槛。华南理工大学从企业的角度倒推,认为有必要将社会的一些培训课程引入到工程硕士教育中。特别是一些与工程师职业资格证书相联系的课程,例如思科认证体系、华为认证体系等。通过类似课程体系的引入,华南理工大学的工程硕士毕业生一般在毕业时拥有三证(毕业证、学位证、职业资格证),区别于其他高校的两证(毕业证和学位证)。②

---

　①　段红梅,张寿庭,刘大锰,纪云龙,韩东昱. 流动的风景线——地球科学领域工程硕士研究生教育创新体系与实践[M]//全国工程硕士专业学位教育指导委员会,立足创新,培养一流工程硕士——工程硕士教育创新院校改革成果汇编. 北京:清华大学出版社,2012:321-330.
　②　宁更新,李尧辉,聂文斐,凌丽娟. 基于理论与实际操作相结合的"5+3"全日制工程硕士生实践能力培养体系[J]. 学位与研究生教育,2011(10):7-11.

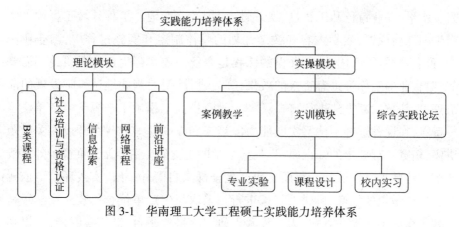

图 3-1 华南理工大学工程硕士实践能力培养体系

总体看来,中美两国高等工程教育的改革都注重教学设计。美国新建院校的教学设计重视企业参与度高的基于项目的教学,学生在项目中"真题真做"。美国传统院校的工程教育教学设计注重历史传承,强调文理交叉、理工结合。中国的工程硕士教育教学设计主要通过实践要求的差异来突出其与工学硕士的区别。

(六) 毕业环节

毕业环节是一个综合运用知识、能力的过程。因此,毕业环节需要同时对学生的创新能力、工程能力、管理能力等提出较高的要求。

美国凯克研究院的毕业要求是完成团队项目(TMP)。TMP 取代了传统研究生教育的毕业论文(thesis),作为凯克研究院的毕业设计(capstone experience)。TMP 融合学与用、动脑与动手、个人与团队、科学与管理等多种要素,构成凯克研究院最大的教学特色。TMP 项目要求必须是企业生产活动中的"真题",并且由企业资助。因此,TMP 项目既是凯克研究院的毕业环节,也是资助企业的生产环节。2009—2010 学年,每个 TMP 项目的最低资助额度为 5.5 万美元。除了"真题"要求以外,TMP 项目的选题要求具有多学科、多维度、多技能、重应用的特征。"(TMP)项目必须是多学科性的,从科学/技术和管理/伦理等多个方面反映凯克研究院的整个课程体系。理想状态下,项目主要面向科学、技术的应用,而不主要面向新的科学发现。同时,项目要尽可能的复杂和富有挑战性,而不是单一的测试问题或者计算问题。"[1]TMP 项目及其他"真题"项目

---

① 曾开富,王孙禺,张冰,李文中. 美国凯克研究院创业型卓越工程人才培养模式研究[J]. 高等工程教育研究,2012(6):47-58,113.

主要有成果质量和知识产权两方面的要求。首先,要求成果必须可直接交付企业使用(deliverable)、能够为客户提供确切的问题解决方案。常见的 TMP 项目成果是一份综合性的报告。资助企业还可以自主提出其他成果要求,例如,要求提供原始数据、实验结果、竞争力分析、商业策划等。其次,项目成果的知识产权属于资助企业,要求参与项目的教师、学生等须严格保护企业知识产权。毕业设计团队项目(TMP)分别要形成学生的 book-end,实现研究院对学生入学时知识、兴趣、技能等方面的观察与评估(凯克研究院称之为形成学生的 book-end,可以引申翻译为学生核心竞争力档案)。[①]

类似地,康奈尔大学纽约科技校区也不要求毕业论文,而代之以更具挑战性的工程成果(注册一个公司、设计一些产品等)。

较之美国新建院校的毕业设计,我国工程硕士的毕业设计仍然主要表现为论文形式。与工学硕士的区分在于,工程硕士的论文选题主要参考企业的工程实践经验,强调与工作经验相结合。以中国地质大学为例。中国地质大学要求工程硕士学位论文选题必须与研究生的工程实践背景密切关联,坚持"选小题目,做大文章"的原则,要求论文工程背景明确,应用性强。在学生自拟论文题目的基础上,与企业联合把关,由学校导师和企业导师共同落实论文题目。工程硕士的论文选题 90% 以上均来自于企业生产项目。学校规定工程硕士研究生的开题报告、中期考核、中期报告以及论文答辩均要在学校进行,程序规范,材料齐全,开题报告和论文答辩的时间间隔要保证在 1 年以上。学位论文在进入答辩程序以前,实行校企双向评审制度,只有工程硕士研究生的校内导师和企业导师都同意答辩时,研究生才可以向研究生院学位办公室提出答辩申请。从这些流程可以看出,中国工程硕士教育的一条基本经验是在毕业论文训练的全流程中引入企业的力量来加强工程性。

三、小结

从中美高等工程教育的比较可以看出,回归工程、面向产业是近年来工程教育的一个重要发展趋势。在中国高等教育和美国很多传统的理工名校看来,"创新"是指新的学术理论和科学发现,由此造成工程教育工程性的削弱。在这一背景下,中美都有较大的改革力度。美国以新建院校来带动整个工程

---

① 曾开富,王孙禹,张冰,李文中. 美国凯克研究院创业型卓越工程人才培养模式研究[J]. 高等工程教育研究,2012(6):47-58,113.

教育从学术模式、理工模式向专业模式、工程模式转变。中国则设立了工程硕士这一专业学位。通过这种转变，强化工程教育的工程性与创新性，并达到适当的平衡，是各个院校希望达到的一种良好状态。

实际上，对于创新的不同理解造成了中美院校之间的巨大差异。美国的凯克研究院、康奈尔大学纽约科技校区等新建院校所理解的工程创新，是同企业、商业紧密相结合的，更接近于创业，其工程教育更加强调创业。而中国大多数高等学校认为，工程创新能力不足的症结在于工程实践的削弱。为此，中国的工程硕士教育更加强调实践。在教学等主体活动中，中美高校都引入了企业来参与高等工程教育。虽然形式上相差无几，但是我们可以通过资金、人力等方面的投入看到，美国凯克研究院、康奈尔大学纽约科技校区等新机构中企业参与的积极性以及校企合作培养工程人才的紧密性，远远超过我国高校。

第四章　我国高层次工程人才培养的"立交桥"

一、概念界定

在 21 世纪日益激烈的国际竞争中，工业的重要性不断上升。工业化在某种意义上意味着从不发达经济向发达经济的演化，因此，工业化已经成为很多发展中国家追赶发达国家，确立其国际地位的关键。

中国目前正处于工业化进程的关键阶段，快速的工业化进程对工程人才提出了大量需求。近些年来，一方面，随着"创新型国家"战略的逐步推进与深入，普通工程技术人员已无法很好地满足现阶段国家工业发展的基本要求，国家对工程技术人才的要求逐步提高，需求重心出现了培养层次上移的趋势。作为新时期培养高层次、创新型工程人才的主要场所，高等院校以及工程院所需要承担起更为重要的使命。另一方面，随着经济、社会的飞速变革，知识生产方式的转型，在教育系统内部，以往以"学术型"工程人才为主的培养格局，已经无法适应我国现代工业化的节奏，大力培养高层次应用型工程人才，必将成为未来研究生层次的高等工程教育的主要趋势。

"学术型"工程人才的培养与"应用型"工程人才的培养具有一定共性，但又有明显区别，它们往往属于两条相对独立的人才培养轨道，具有各自的鲜明特征。然而，培养轨道的相对封闭，往往会造成整个人才培养体系的僵化，缺乏灵活性。在这一背景下，如何构建高层次工程人才培养的"立交桥"，使高等工程教育在不同层次间有效衔接，在不同类别间有效沟通，在学位标准与职业资格间有效联系，就成为一个关键问题。

（一）"立交桥"与学制

本处所指的高层次工程人才培养，主要是指工程类硕士与博士教育。本处重点研究工程类硕士层次人才培养的相关问题。

《国家中长期教育改革和发展规划纲要(2010—2020 年)》(以下简称《纲要》)中提到,要搭建终身学习"立交桥"。促进各级各类教育纵向衔接、横向沟通,提供多次选择机会,满足个人多样化的学习和发展需要。健全宽进严出的学习制度,办好开放大学,改革和完善高等教育自学考试制度。建立继续教育学分积累与转换制度,实现不同类型学习成果的互认和衔接。①

《纲要》首提"立交桥"的概念,主要是从大力发展继续教育和终身教育的角度出发,重点是建立学分积累和转换制度,目标是实现不同类型学习成果的互认和衔接。对于工程学位教育,"立交桥"的概念同样适用。在本研究中,我们将高层次工程人才培养的"立交桥"定义为——在各学位层次间有效衔接,在各学位类型间有效沟通,且学位标准能与工程师职业资格有效对接的多元、有序、灵活的高层次工程人才培养体系。搭建高层次工程人才培养的"立交桥",能为受教育者提供充分的选择自由,能满足社会对不同层次类型工程人才的需求。搭建"立交桥"在我国高等工程教育的人才培养中,尤其重要和必要。

"学制是学校教育制度的简称。它规定各级各类学校的性质、任务、办学层次与类型、入学条件、学习年限以及彼此之间的关系。学制是一个国家整个教育制度性质的集中体现"②。鉴于本研究的关注重点,这里的"学制"特指工科研究生层次的"学制"。具体而言,它指明了"学术型"工科研究生(以工学硕士与工学博士为主体)与"专业型"工科研究生(以工程硕士与工程博士为主体)的性质,表明了二者之间的交叉、比例关系,规定了不同类型工科学位的培养任务、入学条件、修业年限、培养过程、学位标准等要素。合理的工科研究生层次的"学制",对于高层次工程人才培养"立交桥"的搭建具有至关重要的意义。

(二)"立交桥"概念的内涵与外延

如何理解高层次工程人才培养的"立交桥"?它由哪几个部分组成?这一概念的内涵与外延各是什么?

① 中华人民共和国教育部网站 http://www.moe.edu.cn/publicfiles/business/htmlfiles/moe/moe_177/201008/93785.html
② 秦惠民.学位与研究生教育大辞典[M].北京:北京理工大学出版社,1994:89.

高层次工程人才培养的"立交桥"由三个重要部分构成。一是"入口",即高等工程教育的招生与选拔机制。"立交桥"的理想入口应具有"宽口径,多渠道"的特性,它可以为适宜且愿意的考生提供充足的入学机会。二是"纽带",即高等工程教育的学位类型衔接与转换机制。理想的"立交桥"纽带,既能满足不同层次学位间的有效衔接,也能使同一层次间不同类型的学位进行自由转换。三是"出口",即工程学位与工程师职业资格的衔接机制。理想的"立交桥出口",能在不同层次、类型的工程学位与不同层次、类型的工程师职业资格之间建立起对应关系。工程学位应在一定程度上体现工程师职业资格对职业资格申请者的知识、能力、道德等各项要求,而工程师职业资格,应对获得某一层次、某一类型工程学位的职业资格申请者予以一定程度上的认可,并使其在职业资格获取的过程中具有一定优势,如免除某项考试等。

根据上面的分析,高等工程教育人才培养的"立交桥",既体现了教育系统的内部关系,也体现了教育与外部的社会人才系统之间的联系。一方面,立交桥的"入口"与"纽带"主要在教育的内部体系中完成,它包含高等工程教育的目的、定位、手段、过程等要素,体现了教育的内部属性,是"立交桥"概念的内涵;另一方面,立交桥的"出口"又体现了高等工程教育与工程人才技术系统之间的联系,它包含工科学位获得者与职业工程师的供求关系,工程学位标准与职业资格之间的衔接、对应关系等要素,是"立交桥"概念的外延。

(三) 以工程硕士为中心的"立交桥"

除了明确"立交桥"的内涵和外延,我们还需要确定"立交桥"的中心,即以何种学位类型作为"立交桥"的核心部分,起到承上启下的作用,并使得各层各类学位相互沟通。

在我国现行的工科教育体系中,具有专科、本科、研究生三个层次,工学学士、工学硕士、工程硕士、工学博士、工程博士五个学位类型。我们将工程硕士作为"立交桥"的中心点,基于此搭建各层次间相互衔接,各学位类型间相互转换,学位与职业资格相互联系的人才培养体系。

为什么以工程硕士为考察的中心? 主要有两方面原因。

第一是工程硕士处于本科、硕士、博士三个学位层次的中间位置,可以起到承上启下的作用。一方面,工程硕士相较于工学学士层次更高,知识体系更为完善,能力素质更为完备,更能达到高层次工程人才对知识、素质、能力的需求。对于一部分想进一步提升自己，并计划在硕士毕业后进入工程师行业的本科毕业生而言，工程硕士无疑是最好的选择，它可以作为终结性学位，引导学生就业；另一方面，工程硕士相较于工学博士与工程博士层次较低，但它能为学位攻读者在专业基础知识、专业理论、实践能力等方面的培养，为博士阶段培养打下了坚实的基础。对于想进入学术、科研机构工作，并有志于攻读工科博士的学生来说，工程硕士又可以作为过渡性学位。

第二是工科研究生教育教育结构正在加快调整，工程硕士占比持续提高。随着未来我国经济社会发展对高层次工程实践人才的需求快速增加，工科研究生的教育结构必然随之调整，"到2015年，积极发展硕士层次专业学位研究生教育，实现硕士研究生教育从以培养学术型人才为主向以培养应用型人才为主的战略性转变"[①]，届时，工程硕士将成为我国工科研究生教育的主体，工程硕士将成为我国未来工程实践人才的主要"储备库"，为广大的工程领域提供大量高层次人才。

二、入口：工程硕士招考制度

（一）"工程硕士"招考中的核心问题

工程硕士的"招生选拔"是培养具有"工程性"与"创新性"工程人才的重要环节。理想的工程硕士招考制度，应该具有宽口径、多渠道、灵活的特征，它可以为适宜且愿意的申请者提供充足的入学机会。一方面，好的工程硕士招考制度应为申请者提供多次、多类申请机会，给他们充分的选择自由，充分尊重其意愿；另一方面，好的工程硕士招考制度应具有好的选拔效度，应该能明确剔除出那些能力达不到，或明显不适合的申请者，并为具有明确工程职业导向的申请者提供足量机会。

如何把握"工学硕士"选拔与"工程硕士"选拔之间的区别与联系，是招考制度设计中的关键问题。对于这一问题，实践中有两种不同的思路，我们将之称为"差异性理念"与"共通性理念"。

"差异性理念"强调学术型学位与专业学位在招考环节的差异性，认为二者在生源特征、考试内容、选拔标准等方面应存在显著区别。从我国现有的政

---

① 中国学位与研究生教育信息网，《硕士、博士专业学位研究生教育发展总体方案》http://www.cdgdc.edu.cn/xwyyjsjyxx/zxkb/hyxx/yyxz/267719.shtml

策导向看,进一步强化学术型学位与专业学位在招考上的区别,是主要趋势。2010 年由国务院学委员会第 27 次会议审议通过的《硕士、博士专业学位研究生教育发展总体方案》明确指出:"对学术型和专业学位研究生招生,采取'分类报名考试、分别标准录取'的方式进行,按照'科目对应、分值相等、内容区别'的原则设置专业学位研究生招生考试科目和内容。考试内容突出考查考生运用基础知识和基本理论分析问题和解决实际问题的能力。"①因此,工程硕士与工学硕士在生源上应有所区分。从考试内容上看,"工程硕士"的入学考试应更注重对专业知识运用与解决实际工程问题能力的考查,而"工学硕士"的入学考试应更注重对专业知识理论积累与科学研究方法的考查。从选拔标准看,解决工程问题的综合能力是工程硕士录取的核心指标,本科阶段所参与的工程实践项目以及实践报告、所接受的工程师职业素质培训、发明专利等是除考试成绩外的重要录取依据;学术研究能力则是工学硕士选拔的核心指标,本科阶段专业理论课程成绩、所发表的学术论文、学科竞赛所获奖项是除考试成绩外的重要的录取依据。

与"差异性理念"相对应的是"共通性理念"。"共通性理念"并不强调学术型学位与专业学位在招考环节的区分,它把二者作为一个有机整体看待,合并为一个大类进行招考,强调考生与所申请的大类相关的基本能力与素质。如美国的 GRE 考试,除少量学科设有专项测试外,大多数学科都只对申请者的"写作、阅读、数学"能力进行考察。对于美国的工程类科学硕士与工程硕士而言,二者在招考过程中都只需要申请者提供 GRE 的一般测试(General Test)成绩,除此之外还需要提交个人陈述、本科成绩单以及推荐信等,没有在入学考试环节上对科学硕士与工程硕士做特定区分。这种理念,虽然与我国对于工学硕士与工程硕士"分别考试、分别录取"的导向不同,但仍然具有可借鉴的地方。一方面,按大类考试极大丰富了生源类型,使跨专业、跨学科甚至跨领域的申请成为可能;另一方面,对申请者所共有的知识结构与素质能力的一般要求,使不同的培养模式有共同的起点,不会造成在学位类型之间的"孰优孰劣"之分。

---

① 中国学位与研究生教育信息网,《硕士、博士专业学位研究生教育发展总体方案》http://www.cdgdc.edu.cn/xwyyjsjyxx/zxkb/hyxx/yyxz/267719.shtml

（二）美国"工程硕士"招生概况与案例分析

美国的工程硕士教育有悠久的历史。其路径选择能为我们的制度改革与设计提供借鉴意义。现对美国工程硕士招生情况做简要概述。

美国工程硕士招生方式主要有三种。①

一是从本校本科生中直接选拔，来进行5年制"本—硕"连贯式培养，即用5年的学习拿到学士学位与工程硕士学位。对于这部分学生，一般来说他们在大学本科二、三年级向本校的专门委员会提出攻读"工程硕士"的计划，由该委员会进行批准，并负责组织学生制定合适的计划。

二是招收具有学士学位的学生。对于这类考生的招生，工程硕士的招生与其他学位类型的招生是基本一致的。即考生须取得学士学位，在申请时必须提交GRE成绩与本科阶段成绩单，还有的学校要求推荐信。材料提交后，有的学校还要求申请者参加面试。面试一方面考察申请者是否为硕士阶段学习做好准备，另一方面考察考生是否真正达到攻读硕士学位的基本能力与素质要求。

三是招收外国留学生。在招收外国留学生时，除了提交上述申请材料，还需要提交TOFEL或IELTS成绩，有的学校还要求远程面试。

总体来说，美国的工程硕士招生具有较强开放性与多样性，包括在校生、毕业生与在职人员，而且在年龄上也没有过多限制。学校根据自身状况招收不同类型的学生。

为了进一步说明美国高校工程硕士招生的具体情况，选取以下案例进行分析。

麻省理工学院（MIT）工程硕士的招收主要面向本校学士（除物流学面对社会以外），一般接受工学院或理学院的学士，这些学生本科三年级末根据学习成绩提出申请，获准后在第5年进行工程硕士的教育。除满足MIT硕士生入学要求（学士学位、GRE及本科成绩和推荐信）外，申请工程硕士的学生还必须满足各自不同领域的要求，其要求主要集中在专业熟悉度上。相对而言，科学硕士的入学限制较少，只对电气工程与计算机科学领域的科学硕士有所要求，即必须以攻读其哲学博士学位为前提。MIT工程硕士各领域招生要求详见表4-1。

---

① 上官剑.中美两国工程硕士教育比较研究[D].长沙.湖南师范大学博士论文,2005.

表 4-1　MIT 工程硕士各领域招生要求①

领域	工程硕士招生要求
生物医学	本校工学院或理学院学士
电气工程与计算机科学	仅面对本校本系学士
工程系统	所有学科学士
材料科学与工程	选修过委员会指定的与此学位相关课程的本校学士
机械工程	需另外提交补充申请阐述学习目标和经历
海洋工程	不限学科背景,但学士必须对所申请的领域熟悉或学过相关课程

康奈尔大学的工程硕士不仅仅是本校生源,招生范围更大。其研究生院规定学生申请硕士学位时必须上交下列材料:②

通常需要 GRE 成绩,个别领域需要 GMAT 成绩,国际申请者需要符合英语语言能力要求,通常需要托福成绩;通常需要 2~3 封推荐信,一般必须是熟悉所申请领域的专业指导教师的推荐;个人自述材料;大学成绩单,国际学生需要提供被认可的国际成绩单。

加州大学伯克利分校的工程硕士学位项目则面向本科毕业生和专业工程人员,课程项目也分为全日制学生和半脱产学生两种。学校共有 7 个专业开设工程硕士学位,大致的申请要求是一致的:拥有本科学位或者具有同等效力的学历程度;被认可的学术水平,通常要求 GPA3.0 以上;具有充分的在所申请专业领域开展研究生工作的本科学术训练。③

伦斯勒理工学院工程硕士也是面向校内外学生,申请要求与学术性研究生项目的要求基本一致:具有相关学科的本科学位;学习背景和目标自述;成绩单;推荐信;GRE 成绩;论文或出版物的摘要;国际申请者托福成绩至少 600分。校内学生不需要提供成绩单。④

从工程硕士学位的入学要求来看,应该说美国各所大学的要求大致类似,与科学硕士的入学要求也大体一致。但很多学校的科学硕士项目优先录取准

---

① 数据来源:根据 MIT 工程硕士网页整理 http://web.mit.edu/catalogue/degre.engin.dlist.shtml

② http://www.gradschool.cornell.edu/admissions

③ http://bioeng.berkeley.edu/meng

④ http://www.rpi.edu/academics/engineering/files/mane/applicants.pdf

备攻读学术型学位的申请者,而工程硕士项目则对申请者有着较明确的职业发展意向要求。

(三)我国工程硕士招考概述与突出问题

当前我国工程硕士的招考主要分为"全日制工程硕士"招考与"非全日制工程硕士(在职)"招考两种方式。这两种方式在招考对象、考试选拔、生源录取等方面均存在差异,下面我们将分别对其进行简要概述,并指出其中所存在的问题。

1. "全日制工程硕士"招考

2009年,教育部开始增加招收主要面向应届本科毕业生的"全日制"专业学位硕士研究生。由此,"全日制工程硕士"作为工程硕士的一种重要类型,登上历史舞台。它的出现,打破了之前工程硕士全部为"在职培养"的单一格局。由于"全日制工程硕士"自身的特点,其招考既不同于"工学硕士",也不同于"非全日制工程硕士",具有一定独特性。

(1)招生对象

全日制工程硕士的招生对象分为以下几类。①国家承认学历的应届本科毕业生;②具有国家承认的大学本科毕业学历的人员;③获得国家承认的高职高专毕业学历后,经2年或2年以上,达到与大学本科毕业生同等学力,且符合招生单位根据本单位的培养目标对考生提出的具体业务要求的人员;④国家承认学历的本科结业生和成人高校应届本科毕业生,按本科毕业生同等学力身份报考;⑤已获硕士、博士学位的人员。① 全日制工程硕士的招生对象主要是应届本科毕业生,一般不要求工作经历(项目管理领域除外)。这使得一大批缺乏实际工作经验,但又想继续求学的应届生获得了深造的机会,在一定程度上将使未来我国具有硕士学位的工程师队伍年轻化。

(2)考试方式

"全日制工程硕士"的考试主要采取"全国统一初试+院校自主复试的"两段制考试。其中,"全国统一初试"指每年一月份举办的"全国硕士研究生统一入学考试"(即所谓的"全国统考")。初试采取笔试的形式。"院校自主复

---

① 中国学位与研究生教育信息网 http://www.cdgdc.edu.cn/xwyyjsjyxx/gjjl/szfa/gcss/267599.shtml

试"指各校划定初试分数线后,对上线考生的自主复试,复试一般采取"笔试+面试"的形式,时间一般在每年的3~4月。除此之外,某些院校还开展了接收"推荐免试生"攻读"全日制工程硕士"的工作。如清华大学机械系①、中国人民大学信息学院②等,推免生复试时间一般在每年的9~10月。但这一工作还并未全面铺开。

(3)考试内容

"全日制工程硕士"的初试(全国统考)主要考察四个科目,即两门公共基础课(外语、政治)与两门业务课,满分为500分。业务课一一般是数学,业务课二一般为招生单位自命题科目或计算机学科专业基础综合。初试不仅考察学生的基础知识水平(如英语、政治、数学),也在一定程度上测试学生的专业知识能力(自命题科目)。复试一般设置专业基础考试与专业综合考试两项。专业基础考试一般为笔试,考察考生专业领域内的专业基础知识;专业综合考试一般为面试,主要考察考生的专业学习潜力与综合素质。

(4)录取规则

根据初试成绩与复试成绩,择优录取。在总成绩中,初试成绩一般占有较大比例,占总成绩的50%以上。

2. "非全日制(在职)工程硕士"招考

"非全日制(在职)工程硕士"一直是工程硕士中的主力军。2009年之前,工程硕士仅招收"非全日制(在职)"类型。2009年之后,"非全日制工程硕士"也占了很大比例。"非全日制工程硕士"的招生也具有其自身特点。

(1)招生对象

"非全日制工程硕士"的招生对象主要为:①具有三年及以上工作经验,且具有学士学位的在职工程技术或工程管理人员,以及在学校从事工程技术与工程管理教学的教师。②具有四年及以上工作经验,且获得国民教育序列大学本科毕业证书的在职工程技术或工程管理人员,以及在学校从事工程技术与工程管理教学的教师。③ 考生一般分为两类:A类考生指来自企业与高校已

---

① 清华大学机械系官方网站 http://www.tsinghua.edu.cn/publish/jxx/4051/20130930204708275 342023/2014.pdf

② 人民大学信息学院官方网站 http://info.ruc.edu.cn/static/recruit/gcshuoshi/index14.html

③ 中国学位与研究生教育信息网 http://www.cdgdc.edu.cn/xwyyjsjyxx/zzgs/zzsslk/gcss/258731. shtml

签订单独组班委托培养协议的考生生源;B 类指来自未与高校签订单独组班委托培养协议的单位报考考生。

(2)考试方式

"非全日制工程硕士"的招生考试主要采取"全国联考"+"培养单位自主复试"的两段制考试。"全国联考"指每年 10 月底举行的全国"硕士学位研究生入学资格考试",简称为 GCT 考试。成绩有效期为两年。"培养单位自主复试"指培养单位对达到 GCT 初试分数线(分为总分数线与单科最低分数线)的考生组织的复试,复试方式一般采取笔试+面试的形式,笔试主要考察专业基础知识,面试主要考察综合素质。复试时间由招生单位自主确定,时间并不统一。有的单位安排在当年 12 月底,有的单位安排在来年的1~3 月。

(3)考试内容

GCT 考试的内容主要分为四部分,即语言表达能力测试、数学基础能力测试、逻辑推理能力测试、外语运用能力测试,每部分分值各为 100 分,满分 400分,考试需在 3 小时内完成。GCT 考试测试考生的综合知识与能力,一般不涉及对专业知识以及职业胜任力的测量。自主单位复试的内容一般分为专业基础知识测试与专业综合能力测试。专业基础知识考察考生在所报考的工程领域的职业胜任力,专业综合能力测试考察考生的专业综合能力(含英语)、创新能力以及政治思想状况。复试成绩由招生单位的招生小组核定给出。

(4)录取规则

根据初试成绩与复试成绩,择优录取。在总成绩中,初试成绩一般只占有很小比例,还有的学校不计入初试成绩,只将其作为复试的一般资格。因此,"在职工程硕士"的复试成绩几乎 100%决定了考生录取与否。此外,国家还出台相关规定,"录取具有四年及以上工作经验,且获得国民教育序列大学本科毕业证书的在职工程技术或工程管理人员,以及在学校从事工程技术与工程管理教学的教师的人数不得超过该单位总指标的 10%"。

3. "工学硕士""全日制工程硕士""非全日制工程硕士"招考的对比分析

我们将从招生对象、考试方式、考试内容、录取规则等四方面对三种类型的招考做简要对比。

从招生对象上看,"工学硕士"与"全日制工程硕士"差别不大,均以应届本科生为主要招生对象,不要求实际工作经历;而"非全日制工程硕士"的招生对象主要是具有三年以上工作经验,具有大学本科学历及以上的在职工程人员或学校教师。除个别领域外(如集成电路工程领域、软件工程领域),不接受达不到工作经历年限数的考生。

从考试方式上来看,"工学硕士"与"全日制工程硕士"基本一致。初试方式为"全国统考",时间为每年1月份,或"推荐免试"。复试为"报考单位自主复试",时间为每年3~4月。而"非全日制工程硕士"的初试则为"全国联考"(即GCT考试),采取单位推荐与自主报考相结合的方式,时间在每年10月底。复试为"报考单位自主复试",时间由报考单位自主决定,从当年12月到来年3月。

从考试内容上看,"工学硕士"与"全日制工程硕士"有一定区别,但区别不大。二者的初试(全国统考)均既考查基础知识,也考察专业知识。一般而言,二者在初试科目的设置上,仅存在较小差别:除了有的学校区分"数学一"(工学硕士)与"数学二"(全日制工程硕士),"英语一"(工学硕士)与"英语二"(全日制工程硕士),其他的两门科目,即政治与专业课的试题一般都相同。"数学一"与"数学二"、"英语一"与"英语二"在考察的知识点的覆盖范围,以及试题难度上有所差别,但大体内容基本保持一致。而复试科目,二者也基本相同。例如,某一工程硕士专业学位的工程领域所对应的工科类一级学科,如"机械工程领域"与"机械工程",由学院所开具的复试参考书,以及复试考试科目,二者基本都保持一致。唯一的区别是,由于"一级学科"下设多类二级学科以及研究方向,因此复试专业课的考试具有多种选择;而"工程领域"一般不分方向,因此其复试科目是固定的。但"工程领域"的复试专业课考试科目,一般都包含在其所对应的一级学科的可供选择的多个复试专业课考试科目之内。因此,无论是从初试还是复试来看,"工学硕士"与"全日制工程硕士"在考试内容上基本一致,只是难度上略有差别:"工学硕士考试"略高于"全日制工程硕士"考试。有的院校甚至在二者的考试科目与内容上未做区分,如清华大学。① "非全日制工程硕士"的考试内容则与前两者有较大差别。首先,其初试为"GCT"考试,考察内容为语文、英语、数学、逻辑四部分,考察的

① 见清华大学招生网 2014 年清华大学硕士研究生招生专业目录 http://yz.tsinghua.edu.cn/docinfo/board/boarddetail.jsp? columnId = 02902&parentColumnId = 029&itemSeq = 5654 对彼此相近的工程领域与一级学科的考试科目作比较,可发现许多学院在二者的考试科目设置上都无任何差别。

是综合能力,而不涉及专业知识;其次,笔试虽考查专业知识,但难度相对"工学硕士"与"全日制工程硕士"都更低。

从录取方面来看,三种类型的硕士都是择优录取。最大的不同是:①"非全日制工程硕士"对未取得学士学位的录取人数做了限定,其他两种类型的考试则未受限定。②"非全日制工程硕士"的初试一般仅作为资格考试,复试成绩占总成绩的很大部分,录取与否主要取决于复试,而其他二者的初试成绩一般占总成绩的50%以上,占有较大比重。③"全日制工程硕士"与"工学硕士"分开划线,分别录取。一般而言,"全日制工程硕士"比"工学硕士"录取分数线低。

现将三种类型硕士在招考方面的差别进行归纳,如表4-2所示。

表4-2 "工学硕士""全日制工程硕士""非全日制工程硕士"招考的比较

对比内容	工学硕士	全日制工程硕士	非全日制工程硕士
招考对象	以应届本科毕业生为主	以应届本科毕业生为主	以具有三年以上工作经验的、具有学士学位的工程人员以及高校教师为主
考试方式	初试:推荐免试或全国统考 复试:笔试+面试	初试:推荐免试或全国统考 复试:笔试+面试	初试:全国联考(GCT) 复试:笔试+面试
考试内容	初试(全国统考):政治+英语一+数学一+专业课(既考查基本知识,也考查专业知识,难度最大。) 复试:专业知识、能力考核	初试(全国统考):政治+英语一/英语二+数学一/数学二+专业课(既考查基本知识,也考查专业知识,难度比"工学硕士"稍低。) 复试:专业知识、能力考核	初试:语言表达、逻辑推理、英语能力、数学能力(仅考查基本素质、能力,不考察专业知识,难度最低。) 复试:专业知识与专业综合能力
录取	复试分数线较高,初试成绩在总成绩中占比较大	复试分数线相对"工学硕士"较低,初试成绩在总成绩中占比较大	初试成绩在总成绩中占比很小;对未获得学位者的录取名额做了限定(一般不超过10%,某些领域放宽至20%)

我国工程硕士招考中存在的问题主要包括以下七个方面。

一是报考条件设置不合理。这主要体现在"在职工程硕士"的报考环节中。它规定报考者必须具有本科学历及以上。考虑到许多企业业务骨干年龄偏大,他们接受高等教育的阶段大学本科教育还未进入大众化阶段,因此这一报考条件限制了众多有丰富工程实践经验的人员报考。

二是考试定位不清,缺乏对"工程实践能力"的考查。"工程硕士专业学位侧重于工程应用,主要是为工矿企业和工程建设部门,特别是国有大中型企业培养应用型、复合型高层次工程技术和工程管理人才"[1],因此,对于工程硕士的选拔,应在考查基本素质与专业知识的基础上,进一步着重考查考生的"工程实践"能力、潜力与创新力,这样才能在入口处与培养目标有效对接。然而,现在的问题是,"工程硕士"的选拔,特别是"全日制工程硕士"的选拔定位不清,仍然以考查"专业理论知识"为主,与"工学硕士"混为一谈,几乎不涉及对考生"工程实践"能力、潜力与创新力方面的考查。这种含糊不清、定位不明确的选拔方式,造成在入口处人才分流与选拔的模糊与低效。

三是生源质量不高。"工学硕士"与"工程硕士"本是同一层次,不同类型的两种学位。因此,二者在生源上的差别不应基于"生源质量",而应基于"生源特征"。即有的学生具有较高的学术研究的潜力与能力,而有的学生则具有较强的工程实践能力。二者只是特征不同,而不存在质量上的高下之分。然而,当前我国的问题是,"工程硕士"生源质量明显低于"工学硕士"生源质量。主要表现在如下四方面。

四是"工学硕士"接收推免生的比例远高于"全日制工程硕士"接收推免生的比例。推免生作为应届本科生中的优秀代表,生源质量较高。接收推免生的比例的高低,可以从很大程度上反映生源质量。然而,"工程硕士"接收推免生的比例远远低于"工学硕士"招收推免生的比例。例如,在2014年清华大学机械工程系录取的13名外校推免生(直硕生)中,仅有一名推免生被录取为"工程硕士",其余12名均为"工学硕士"。[2] 很多学校甚至不接收推免生攻读

---

①　中国学位与研究生教育信息网《工程硕士专业学位设置方案》http://www.cdgdc.edu.cn/xwyyjsjyxx/zzgs/zzsslk/gcss/258714.shtml

②　清华大学机械工程系官方网站 http://www.tsinghua.edu.cn/publish/jxx/4051/20130930204708275342023/2014.pdf

"工程硕士",如北京师范大学①。推免生接收比例过低,从侧面说明"工程硕士"生源质量问题。

五是"工程硕士(全日制)"考试难度略低于(或等于)"工学硕士",但录取分数线却一般不会高于"工学硕士"。如华南理工大学、西安交通大学、大连理工大学等,"工学硕士"与"工程硕士"的复试分数线相同。还有的学校出现"工程硕士(全日制)"分数线远低于"工学硕士"分数线的情况。以清华大学环境学院2014年硕士招生为例,其"环境工程领域"工程硕士的初试科目与其相对应的一级学科"环境科学与工程"的初试科目完全一致,但复试录取分数线高出15分之多。难度较小的考试反而划定不高于或更低的分数线,从另一方面说明"工程硕士"相较于"工学硕士"生源质量较低。

六是"工程硕士(全日制)"中,"调剂生"居多。由于各种原因,各校的"工程硕士(全日制)"几乎都接收"调剂生"。所谓"调剂生",指报考某学院的硕士研究生,初试分数未达到学术学位复试分数线要求,但达到了专业学位复试分数线要求;或达到学术型硕士复试分数线要求并参加复试,但复试未通过的考生。在工程硕士的录取中,这类学生占有很大比例。例如,清华大学精密仪器系2013年录取的23名"机械工程领域"专业硕士中,仅有一人是主动报考,其余22人都是从未被录取的学术型考生中调剂而来。② 有的院校在招生录取章程中明确指出只录取"调剂生"。如西安交通大学机械工程学院明确规定其苏州研究院专业学位指标50人应全部"在报考机械学院工科学术型、过机械学院分数线、参加复试未被学术型录取且愿意申请调剂的考生中,按总成绩排名录取"。③ 茅艳雯曾对三所学校的全日制工程硕士做了问卷调查。调查发现,在上海交通大学、清华大学、浙江大学被录取的"全日制工程硕士"中,调剂生的比例分别为61%、100%、45%。种种情况表明,虽然"工程硕士"与"工学硕士"分开划线分开录取,但"工程硕士"的生源质量低于"工学硕士",成为部分报考"工学硕士"学生的"保底方式"。④

---

① 北京师范大学研究生院官方网站《2014年双证专业学位硕士研究生招生简章一览表》http://graduate. bnu. edu. cn/ReadNews. aspx? NewsId=130902080226

② 清华大学精密仪器系官方网站《2013 精密仪器系统考硕士拟录取名单》http://www. dpi. tsinghua. edu. cn/publish/dpi/5113/2013/20130325175337395314744/20130325175337395314744_. html

③ 西安交通大学机械工程学院官方网站《2014年机械学院各类硕士研究生录取流程》http://mec. xjtu. edu. cn/index. php? m=content&c=index&a=show&catid=166&id=3685

④ 茅艳雯. 全日制工程硕士培养模式研究[D]. 上海交通大学硕士论文,2009.

七是院校对"在职工程硕士"的录取环节规定不合理。部分院校对未获得学士学位的录取人数做了限定,我们认为这并不合理。通过了"二段制"考试的考生,理应达到了攻读"工程硕士"的基本要求,应该都给予录取。而现有规定,在一定程度上限制了一批有丰富工程实践经验,且能力达到基本要求,但暂缺学士学位的在职人员攻读"工程硕士"。

综上所述,在工程硕士的招生环节中,一方面由于"工程硕士"的选拔定位不清,导致选拔标准不合理,具有"工程性、创新性"特质与潜力的考生无法被选拔出来;另一方面由于被录取的"工程硕士(全日制)"有很大一部分来自于报考"工学硕士"的"调剂生","工程硕士"由此成了"工学硕士"的次一级。即工程硕士中的很大一部分来源于不那么出色的"学术型人才",而非我们期待选拔出的具有较强工程实践能力与潜力的"应用型人才"。这造成了人才选拔的低效率。

(四) 入口改革:为适宜且愿意的考生提供充足的入学机会

针对以上"工程硕士"招生中存在的问题,我们试图按照两种不同的招考理念,提出两种不同的改革方案,力求从入口处搭建我国高等工程教育人才培养的"立交桥"。工科类硕士招生的入口改革可以有两种思路:基于差异性理念的双轨制以及基于共同性理念的单轨制。所谓双轨制,是指明确区分工学硕士和工程硕士招生;所谓单轨制,是指将工学硕士和工程硕士招生初试进行合并。

1. "双轨制"招生方案

按照我国"分类报名考试、分别标准录取"的政策导向,以及前文所介绍的"差异性理念",我们在工科研究生的招考中设置"双轨制"招生方案。具体的思路是,明确区分工学硕士与工程硕士的招考,建立两条轨道,两种考试。一种考试为"全国工学硕士入学考试",另一种考试为"全国工程硕士入学考试"。二者在考试时间、考试内容、招生名额分配、录取标准等方面应做出明确区分。考试时间应有先后顺序。工程硕士入学考试在每年10月,工学硕士入学考试在第二年1月。考试内容应有显著区别。工学硕士入学考试侧重于考察学生的理论素养与科研能力,工程硕士入学考试应考察考生的基本素质、理论运用能力、解决工程实际问题的能力以及职业发展潜力。招生名额应继续保持分开划拨的原则,并进一步加大工程硕士的招生份额。在录取环节中,工学硕士的录取应结合其本科阶段学术表现;工程硕士的录取应结合其本科阶段的工程实践经历。

具体的方案设计如下。

(1)建立新的"全国工程硕士入学考试"。

将现行的全日制工程硕士招考与非全日制(在职)工程硕士招考实行并轨,建立新的"全国工程硕士入学考试"。并轨后的工程硕士招生考试可在每年10月进行,实行"两段制"考试。初试为全国统考,旨在考察考生作为未来高层次、复合型工程实践人才的基本素质与专业知识运用能力。初试的考试内容可分为三部分:一、语言理解、表达能力测试(含中文与英文);二、逻辑与数学能力测试;三、工程实践基本能力测试。前两部分考察考生的基本素质,实行全国统一命题;第三部分旨在考察考生的专业知识运用能力,由各招考单位按考生所报工程领域自主命题,也可由国家统一命题。"工程实践基本能力测试"在考察一定量的基本专业知识的前提下,着重考察考生应用专业知识解决实际工程问题的能力与潜力。在选择、填空等题型的基础上,以案例分析题为主体。案例选自于真实的工程项目,在试卷中为考生给出相应的背景信息,让考生以此为依据进行案例分析,发现问题,运用专业知识给出解决方案。初试结束后,国家依据当年初试情况划定统一复试分数线(少数学校可自行划定复试分数线)。

(2)复试由招生单位自主进行

复试采取笔试与面试相结合,以面试为主的考核方式。复试着重考察考生作为未来工程师的职业发展潜力,也需要进一步考察考生的专业知识运用能力与创新能力。

鉴于在职人员与应届本科毕业生具有不同的自身特点,复试分数线可分开划定,复试中所考察的侧重点也可有所区别。

工学硕士入学考试继续沿用当前的招考方式,考试时间为每年1月,考试科目、录取规则均保持不变。

(3)对于攻读全日制工科(工程+工学)硕士学位的考生,原则上可考虑每年两次报考机会

既可参加"全国工程硕士入学考试",也可参加"全国工学硕士入学考试"。考生根据其自身意愿以及入学考试情况,最终决定自身选择。考生最终

只能被一家招生单位的某一种硕士类型录取。对于在职人员申请攻读工程硕士者,建立与应届本科生相类似的"推荐免试"制度,以此丰富在职人员的报考途径。

(4)严格控制"工程硕士"与"工学硕士"之间的跨类型"调剂生"名额

在院系做好初步录取名单,并且招生计划名额有空缺的情况下,方可接收跨类型"调剂生"。报考"工程硕士"而未被最终录取,但分数线达到"调剂"标准,并有意愿申请调剂到"工学硕士"的考生,需参加学院组织的"专业知识与理论"加试(面试或笔试)后择优录取;报考"工学硕士"而未被最终录取,但分数线达到"调剂"标准,并有意愿申请调剂到"工程硕士"的考生,需参加学院组织的"工程实践基本能力"加试后择优录取。在此之前已签订录取协议的考生,不得申请"调剂"。

"双轨制"招考方案有以下合理性:

第一,强调工程硕士的应用性特征,与专业学位招生改革要求相契合。教育部、人力资源与社会保障部的具体政策导向是,"积极推进专业学位与学术学位硕士研究生分类考试、分类招生。建立符合专业学位研究生教育特点的选拔标准,完善专业学位研究生招生办法,重点考查考生综合素质、运用基础理论和专业知识分析解决实际问题的能力以及职业发展潜力。拓宽和规范在职人员攻读硕士专业学位的渠道"①。

第二,统一工程硕士的入学筛选标准,体现对于申请者的底线要求,进而保证生源质量。并可以使"全日制专业学位和在职申请的专业学位的培养目标基本相同,但是招生条件的差异与培养方式不一致造成了人才培养结果的差异,使社会工作岗位对人才的选取造成了不同程度的困惑"得到初步解决。②这样做也与国家提出的"对全日制与非全日制的招生计划实行统一管理"③的要求相契合。此外,采取双轨制简化了工程硕士招生单位工作流程,在一定程度上减轻了招生单位的工作负担;在此之前,已经有研究者提出了类似的将在

---

①　《教育部、人力资源社会保障部关于深入推进专业学位研究生培养模式改革的意见》,全国工程专业学位研究生教育网 http://www.meng.edu.cn/publish/gcss/277/2013/201311221007028605625618/2013112210070286056256218_.html

②　裴金宝,李岩.我国专业学位研究生招生考试制度探析[J].中国成人教育,2013(19).

③　《教育部、国家发展改革委、财政部关于深化研究生教育改革的意见》,全国工程专业学位研究生教育网 http://www.meng.edu.cn/publish/gcss/277/20130708125649642920504/1.pdf.pdf

职联考与全国统考并轨的想法①,也在一定程度上说明了它的合理性。

第三,每年两次报考机会,在一定程度上增加了考生被录取的可能性。随着报考机会增多,也扩大了工程硕士本身的潜在的报考人数,为工程硕士的培养提供了更为广阔的"生源库"。

在考试内容上对两种考试进行显著区分,以及对跨类型"调剂生"的严格控制,有助于缓解工程硕士生源质量相对较低的不利局面。

2. "单轨制"招生方案

与双轨制招生方案相对应,在共同性理念的指导下,可以设计出一套"单轨制"招生方案。其主要思路是,不对工程硕士与工学硕士的招生考试做区分,将二者的入学考试合并为同一个大类的考试,即"全国工科研究生入学考试"。并轨后的入学考试,应对考生的综合素质,专业基础知识,解决实际问题的能力进行较为全面的考查。考察的范围较广,涉及的知识面较为丰富。旨在全面考查考生作为工科人才的能力与潜质。

并轨后的"全国工科研究生入学考试"实行"二段制"考试方式。初试为全国统考,于每年1月进行。考试科目分为四部分。一、语言理解、表达能力测试(含中文与英文);二、逻辑与数学能力测试;三、工程基础理论测试;四、工程实践能力测试。其中前两部分为全国统一命题,考查考生的基本素质;后两部分由招生单位按其一级学科或培养领域自主命题,考查考生的职业胜任力。

初试过后,国家根据当年初试情况,统一划定复试分数线(少数高校可以自主划线)。复试由招生单位自行组织。招生单位可按本单位的培养特色,对考生进行复试。复试进一步考察考生的专业知识运用能力,还要兼顾对职业发展潜力的考查。招生录取遵循综合性评价标准,对于具有明显能力短板的学生,原则上不予录取。

对于全日制报考与在职报考,实行分开划线、分开录取的政策。每名考生可填报多个志愿,增大其被录取的概率。拟录取工作结束时,培养单位应结合初试、复试情况,对每名考生的在学培养方向(学术型培养还是职业型培养)给出参考意见,并对考生的初步培养意向做调查备案。

---

① 裴金宝,李岩. 我国专业学位研究生招生考试制度探析[J]. 中国成人教育,2013(19).

考生在录取时并不区分为工程硕士或工学硕士。学生在进入培养单位后,根据自身意愿及培养情况,自行选择最终所获得的学位。

"单轨制"招生方案的优势在于,对考生的知识、能力、素质有更为系统、全面的考查。并且由于在招生时不设置学术轨与职业轨两条轨道,它给予学生在培养环节充分的选择自由。

除以上两种总体方案而外,我们还可以借鉴美国的经验,尝试建立"工学学士—工程硕士五年一贯制培养"招考方式以及"工学学士—工程博士九年一贯制培养"招考方式,以此丰富招考途径,从在学工科本科生中挖掘有潜质的高层次、复合型工程实践人才。

三、纽带:以工程硕士为中心的学位类型衔接制度

(一) 美国研究生层次工科人才培养的学制结构

在美国,工科研究生的培养分为两条轨道、三个层次。两条轨道指"学术轨"与"职业轨",三个层次指硕士层次、博士层次以及硕士与博士之间的层次。

在美国的工科研究生培养中,专业型学位与学术型学位的培养沿着两条不同的路线进行。学术型学位(学术轨)致力于培养将来从事研究的高层次研究人才。在博士层面,其主要培养对象是哲学博士(Ph. D)或科学博士(Sc. D)。在硕士层面,其主要培养对象是学术型硕士,即科学硕士(S. M)。值得注意的是,科学硕士只是作为博士的一个过渡性学位,是为攻读学术型博士做准备的阶段。对于不想从事学术研究工作,而打算进入职业市场的工科学生来说,美国高等教育体系中有种类丰富的职业型学位(职业轨)可供选择。在硕士层次,有工程硕士;在博士层面,有工程博士;在博士层次与硕士层次之间,还有工程师学位。不同层次、不同学校提供的工科学位教育的名称、学制、课程、培养要求也不尽相同。具体来说:

科学硕士(S. M):在工程领域中,与我国的工学硕士相对应。它是哲学博士的过渡阶段,学制一般为1~1.5年,包括一套相关联的课程,配之以综合性考试和一篇论文,或与其相当的一个有创见的设计。课程相对工程硕士专深,重视研究工作。

工程硕士(M. Eng):与我国的工程硕士相类似,但不能完全对应。主要是为培养企业专业工程人员而设立。有两种学制,一种是5年学士—硕士贯通

培养,另一种是本科毕业后的一到两年单独培养。包括一套课程和一篇侧重实际应用的论文或一项综合的、创新实用的设计作业。课程设置较宽,强调工程实践。

工程师学位(Engineers Degree):此类学位比较有特色,我国目前还缺乏与之类似或对应的学位类型。它以培养职业工程师为目标,学制通常为 2 年或 2 年以上,层次介于硕士与博士之间。

哲学博士(Ph.D)/科学博士(Sc.D):哲学博士与科学博士除了在称谓上不一致,其他方面均相同。[①] 它们与我国的工学博士相对应。主要培养从事教学或专深研发的人员。学制通常为 3 年以上,包括课程、资格考试、博士论文。至少一年"研究见习期",大多是在校内进行学术研究。课程较专深,强调理论性和分析性;博士论文要求有创新性研究成果,做出学术贡献。

工程博士(Eng.D):与我国的工程博士相对应。由少数高校开设(如加利福尼亚大学伯克利分校、加州理工学院等)。主要培养在工商业和政府部门从事工程设计开发和管理的高端专业人才。学制一般为 3 年。课程较哲学博士宽广,强调实用性和综合性;要求有创新的设计论文,或围绕适宜的工程问题提出有独到见解的解决途径。至少一年"工业见习期",参加研究和设计开发的工作。

美国研究生层次工科主要学位可以归纳为表 4-3。

表 4-3　美国研究生层次工科主要学位[②]

学位	培养目标	学习年限、培养环节及其他特点
科学硕士	哲学博士的过渡性学位	1~2 年。包括一套相关联的课程,配之以综合性考试和一篇论文,或与其相当的一个有创见的设计。课程相对工程硕士专深,重视理论研究工作
工程硕士	工业企业专业人员	5 年学士—硕士连贯式或 1~1.5 年单独设置。一套课程,一篇侧重实际应用的论文或一项综合的、创新实用的研究设计。课程设置较宽,强调工程实践
工程师学位	职业工程师	2 年以上。比硕士学位具有更深入宽广的工程学科知识,比博士学位在研究深度方面要求低。要求与硕士水平相当的论文

① MIT 官方网站 http://web.mit.edu/admissions/graduate/pdfs/MIT_department_info.pdf
② 周晓娅,康飞宇.中美工程硕士教育比较[J].清华大学教育研究,2001(3).

续表

学位	培养目标	学习年限、培养环节及其他特点
哲学博士/科学博士	教学、研究人员	3 年以上。包括课程、资格考试、博士论文。至少一年"研究见习期",大多是在校内进行学术研究。课程较专深,强调理论性和分析性;博士论文要求有创新性研究成果,做出学术贡献
工程博士	在工商业与政府部门从事工程设计与管理	3 年。课程较哲学博士宽广,强调实用性和综合性;要求有创新的设计论文,或围绕适宜的工程问题提出有独到见解的解决途径。至少一年"工业见习期",参加研究和设计开发的工作

各高校在硕士层次工程学位的设置及培养模式上有一定差别。

1. MIT 工科类硕士培养中的学制衔接与学分要求

MIT 研究生办公室对科学硕士、工程师学位和工程硕士的培养模式有统一的规定。

总体而言,在学制上,工程硕士的学制较短,工程师学位较长;从学分来看,工程师学位学分要求最高(162 学分),其次是工程硕士(90 学分),再次是科学硕士(66 学分);三者的学习方式也不一样,具体见表 4-4。

表 4-4　MIT 工科硕士生培养模式比较①

学位	学制	学习方式	培养计划	特殊要求
科学硕士	1 或 2 年	至少一个学期住校全日制学习	66 学分(42 学分为 H-level 课程),论文一篇	34 个学分属于单一学科则授予特定学科学位
工程硕士	1~1.5 年	至少一个学期住校学习	90 学分(42 学分为 H-level 课程),论文一篇	90 学分含论文,其中 60 学分为课程论文
工程师学位	2 年	至少两个学期住校学习	162 学分,论文一篇	162 学分不含论文

除上表中所列的由研究生办公室指定的工科硕士生培养模式外,工学

---

① 资料来源:http://web.mit.edu/gso/gpp/degrees/masters.html 网站整理

院少数院系对不同的学位也有一些自己的规定,分别在学制和学分或课程设置上有特殊要求(详见表 4-5)。特别是机械工程学院,它对所有的硕士生都设置了写作要求,因为他们认为对于高学历工程师而言,写作能力是最基本的技能。另外在某些专业(土木和环境工程),只要达到一定条件,学生还可以从工程硕士转向科学硕士学习,但一般科学硕士不可以转为工程硕士。

表 4-5　MIT 工科硕士生培养模式领域特殊要求①

领域	学位	特殊要求
土木与环境工程	工程硕士	学制 9 个月、114 学分(7 个独立课题和 1 个小组课题及其论文)
材料科学与工程	工程硕士	81 学分、论文
机械工程	科学硕士	72 学分、论文、写作能力、发表论文、GPA>3.5
	工程师学位	162 学分、写作能力、论文、项目设计、考试
	工程硕士	90 学分(6 个独立课题和 1 个小组课题及其论文)、写作能力、GPA>3.5

2. 康奈尔大学工程硕士培养中的学制衔接与学分要求

(1) 5 年本硕连贯计划,硕士生阶段完成 30 学分的课程量,包括 6~9 学分的设计作业,学生可以与教师合作完成一项感兴趣的设计,或接受公司委托的设计,或自选一项设计,然后寻求教师和工业导师的帮助。

(2) 用 6 年而不是通常的 7 年取得学士、工程硕士和工商管理硕士(MBA)三个学位,运筹学与工业工程的学生对这种计划特别感兴趣。

(3) 20 世纪 80 年代后期新开发的计划,在公司企业的资助下,在第 5 学年的两个学期之间插入一年有薪的工业实习期。

其中第一种形式是目前主流形式。康奈尔大学不统一规定研究生培养方案,而是将权力下放到院系。在制定培养计划时,工学院各系从学习需求出发,设置了如表 4-6 所示的培养方案。

---

① 数据来源:根据 MIT 工程硕士网页整理,详见 http://web.mit.edu/catalogue/degre.engin.dlist.shtmlhttp://www-me.mit.edu/GradProgram/GradGuide.htm#Section4

表 4-6　康奈尔大学工科硕士生培养模式比较①

工程硕士领域	科学硕士	工程硕士
应用及工程物理	硕博连读	1 年,30 学分(6~12 学分修于设计项目)
生物环境工程	至少两个学期的全日制学习	论文考试、至少辅修其他领域课程一门,30 学分(24 学分修于工学院,3~9 学分用于项目设计,至少 9 学分修于生物环境工程)
生物医学工程	至少两个学期的全日制学习	研究论文、答辩 30 学分,项目设计
化学分子工程	无语言要求	无语言要求
土木和环境工程	论文、口试	9 个月,30 学分,项目设计
计算机科学	硕博连读	1 年,全日制,GPA>2.5,等级全在 C 以上,30 学分(3~6 学分修于设计项目且得分 B 以上,15 学分修于研讨、独立研究等)
地球与大气学	硕博连读	1 年
电子与计算机工程	硕博连读	1 年,30 学分、工程项目设计(书面报告)
材料科学与工程	硕博连读	1 年、工程设计项目
机械航空工程	硕博连读	30 学分、工程设计项目
理论及应用机械学	硕博连读、至少辅修其他领域课程一门	1 年、至少辅修其他领域课程一门
运筹学与工业工程	无此学位	30 学分,全日制、完成指定课程学习
系统工程	无此学位	30 学分

3. 加州大学伯克利分校工程硕士培养中的学制衔接与学分要求

加州大学伯克利分校在 7 个专业领域开设工程硕士项目,本部分主要以电子工程与计算机科学系的工程硕士培养方案为例来研究。

加州大学伯克利分校的电子工程与计算机科学系分别提供了面向工业和面向研究的研究生学位类型,其中面向工业产业界的学位有:工程硕士(脱产

---

① 资料来源:根据康奈尔大学工程学院各系网站及工程硕士和科学硕士学位领域网站整理。

1年与非脱产2~3年),集成电路先进研究硕士(在线学习),面向伯克利本科生的五年一贯科学硕士(详见表4-7)。①

表 4-7　加州大学伯克利分校电子工程与计算机科学系研究生学位项目

工业产业为导向的			科学研究为导向的		
工程硕士 全日制1年 半脱产2~3年 校内学习 技术课程+ 工程领导力 课程	集成电路 先进研究 硕士 半脱产2年 在线学习 特殊集成 电路设计 课程	五年制 科学硕士 伯克利 本科生 全日制1年 校内学习 继续研究 项目	科学硕士 全日制1~2年 校内学习 产业研究与 发展或哲学 博士导向	科学硕士/ 哲学博士 面向以读博 为目标的 硕士生 全日制5~7年 校内学习 研究与 教学经历	哲学博士 全日制3~5年 校内学习 研究与 教学经历

全日制一年制工程硕士,每年的秋季学期入学,学生必须在一年内两个学期完成学业,每个学期至少完成12学时的课程学习。其课程安排如下:

夏季领导力强化课程;

秋季学期(12学时)——工程领导力(3),技术选修课1(3~4),技术选修课2(3~4),顶点设计(2),顶点设计综合(1),创新系列讲座(1,可选);

春季学期(13学时)——工程领导力(3),技术选修课3(3~4),技术选修课4(3~4),顶点设计(3),顶点设计综合(1)。

顶点设计项目是一门综合课程,两个学期共5学时,旨在让学生综合运用所学的工程领域核心知识,从跨学科的群体中组成3~5人的小组,解决工业产业中面临的实际问题,课程的效果由工业界的合作人进行鉴定。

半脱产工程硕士,每年秋季学期入学,每个学期完成1~3门课程学习,并在计划的2~4年时间内完成学业。

非全日制学生与全日制学生的课程学习要求完全一样,非全日制学生班级每周一至周五白天一起上课一次或两次。非全日制学生先上技术选修课,然后再上一年的工程领导力和顶点设计课程。持国际签证的学生不可以申请非全日制项目。

---

① http://www.eecs.berkeley.edu/Gradadm/

非全日制学生每学期至少要完成6学时课程,才有资格获得助学金,包括联邦贷款。表4-8即为半脱产工程硕士课程安排时间表的一个样本。[1]

表4-8　加州大学伯克利分校半脱产工程硕士课程安排时间表示例

学制	秋季学期	春季学期
2年制	技术选修课1、2(6学时)	技术选修课3、4(6学时)
	工程领导力(1学时),顶点设计(1学时),顶点设计综合(6学时)	工程领导力(2学时),顶点设计(2学时),顶点设计综合(7学时)
3年制	技术选修课1(3学时)	技术选修课2(3学时)
	技术选修课3(3学时)	技术选修课4(3学时)
	工程领导力(1学时),顶点设计(1学时),顶点设计综合(6学时)	工程领导力(2学时),顶点设计(2学时),顶点设计综合(7学时)
4年制	技术选修课1(3学时)	技术选修课2(3学时)
	技术选修课3(3学时)	技术选修课4(3学时)
	工程领导力1(3学时)	工程领导力2(3学时)
	顶点设计(1学时),顶点设计综合(3学时)	顶点设计(2学时),顶点设计综合(4学时)

4. 伦斯勒理工学院工程硕士培养中的学制衔接与学分要求

伦斯勒理工学院的工程硕士项目课程共包含30个学时。申请这一学位的候选人要获得相关学科的科学学士学位。该学位没有项目或论文要求,但学生可以根据指导教师的意见建议,选择完成一个3学时或6学时的项目或论文。

获得工程硕士学位的有关要求:①学业课程以B等级以上成绩完成(GPA3.0及以上);②完成指定的有关责任,包括研究助理任务;③获得既定的研究目标,完成选定的研究项目。此外,还要填写研究生院提供的研究生毕业调查问卷。[2]

具体来说,以生物医学工程硕士的培养方案为例,共包括26学分的课程学习:一门3~4学分的高等数学或统计学课程;一门3~4学分的高级生物学课程;5~7门共计18~20学分的专业深度课程,这其中最少5门课程要优先选择生物医学工程系课程,4门课程要上6000水平,可以包含1门专业发展课

---

① http://www.funginstitute.berkeley.edu/berkeley-master-engineering

② http://rpi.edu/academics/engineering/files/cee/cee_ms.pdf

程,剩余的要在工程或科学课程中选择;再加上 0~4 学分的工程研究设计项目或额外的生物医学工程专业课程。①

5. 加州理工学院工程师项目培养中的学制衔接与学分要求

加州理工学院的工程师项目有别于其他学校的工程硕士项目,介于硕士与哲学博士之间。

航空工程和电子工程两个领域可授予工程师学位。获得工程师学位必须在这两个领域开展更高层次的学习和研究,并满足获取该学位的要求,有关要求由设立该学位的教师成员协商决定。获得工程师学位的学生通常不可能获得博士学位的录取。

(1)校内学习要求

为了获得工程师学位,学生通常需要至少完成由学校提供的 8 个学期的研究生学习,这其中,至少有三个学期必须在加州理工学院。这是最低要求,学生通常需要更长的研究生学习时间。

为了获得工程师学位,学生必须完成其导师委员会规定的工作,研究生平均学分绩必须在 1.9 以上。研究生工作和学位论文必须不少于 55 个学时。某些项目可能需要超过 55 学时。

(2)学位候选资格的获得

在学生希望获得学位的学期的中期前,他必须在相关部门主席的协商下,填写一份研究计划,并由该部门遴选三位教师组成委员会指导学生工作并确认其工作的完成。委员会中必须有一人来自学生专业领域之外。之后学生必须与该委员会咨询商定学业工作的细节安排。研究计划的确定成为获得学位的要求。任何研究计划的修改必须获得委员会认可,最晚不得迟于学位授予的两周前。

当指导委员会认为学生达到以下要求时,该学生将会获得候选资格:①学生已经完成了学位要求的相关要求;②论文已经很好地开展并可以在预定的时间完成;③候选者展示了其足够的英语口语和写作能力。

候选资格的获得必须在学位授予学期的中期前完成。

(3)论文

最迟在学位授予的前两周内,每个学生必须根据博士论文准备的有关规

---

① http://www.rpi.edu/academics/engineering/handbooks/bme.pdf

定提交个人论文,有关要求可以在研究生学习办公室网站获得。

(4)考试

根据相关学位授予的要求,最终考试可能是需要的。考试的监督由学生指导委员会指定的委员会来实施。[①]

综合以上各校的工程硕士或工程师学位培养方案,美国大学的工程硕士项目培养计划差别还是很大的,各个学校都有自己的特色或要求。但共同点也很清楚,此类学位项目的实践性和技术性很强,都强调学业与工程技术实际的衔接,面向工程实践来培养学生,课程中涉及工程实际的内容都很多,且多要求学生在学习中完成面向工程实践的项目设计安排,并由产业界专家来评价学生的学习成果。

总体而言,美国现阶段研究生层次工科学位多种多样,除了工程硕士(M. Eng),还有科学硕士(S. M)、工程师学位(Engineers Degree)、哲学博士(PhD)、科学博士(Sc. D)和工程博士(Eng. D)等,特殊的还有硕博连读学位。有的大学着重发展工程硕士,有的大学以工程师学位为主,有的大学则在大力发展工程硕士的基础上两者兼顾。美国工程硕士并无统一模式,因为美国大学享有很大的自主权,各院校工程硕士的培养模式也不尽相同,构成了如图4-1所示的美国高等工程教育学制结构。

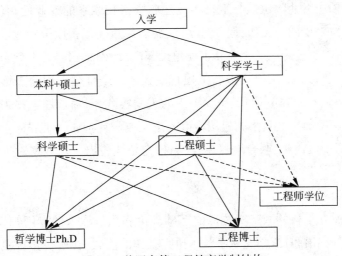

图 4-1　美国高等工程教育学制结构

(注:图中虚线表示对招生的学位要求未做明确说明,只是可能存在的情况。)

---

① http://catalog. caltech. edu/pdf/catalog_13_14_part4. pdf

（二）我国研究生层次工科人才培养的学制结构

我国研究生层次的工科教育,分为两条轨道、两个层次。两条轨道指学术轨与职业轨,两个层次指硕士层次与博士层次。其中学术轨以工学硕士—工学博士为主要路径;职业轨以工程硕士为主要路径。

值得注意的是,我国研究生层次工科教育的分轨时间不长。从1991年工程硕士学位设立以来,双轨制才得以建立。2009年,全日制工程硕士才得以设立;2011年,工程博士才得以正式设立。可以说,我国研究生层次的工科教育中,"职业轨"还相对较新,不太成熟,处于探索阶段,长期以来以"学术轨"培养为主。这与美国较为成熟的职业学位体系形成了鲜明对比。

我国研究生层次工科教育的学位类型主要有四种。

（1）工学硕士

掌握较为深入的学科理论基础与前沿知识,并有能力从事学术研究。培养年限一般为2~3年,由一系列课程、若干次学术会议或活动,外加一篇具有一定理论性的论文构成。旨在培养高校教师与科研人员。工学硕士的培养一般实行校内导师制。

（2）工程硕士

工程硕士专业学位是与工程领域任职资格相联系的专业性学位,它与工学硕士学位处于同一层次,但类型不同,各有侧重。工程硕士专业学位侧重于工程应用,主要是为工矿企业和工程建设部门,特别是国有大中型企业培养应用型、复合型高层次工程技术和工程管理人才。全日制工程硕士培养年限一般为2~3年,由一系列课程、至少半年的工程实践,一篇选题直接来源于生产实际或具有明确生产背景和应用价值的论文或设计构成。工程硕士的培养一般实行"高校—企业"联合培养模式,高校与企业各出一名专家对工程硕士进行联合指导。

（3）工学博士

掌握所在学科领域坚实宽广的基础理论和系统深入的专门知识;熟练地掌握一门外国语;具有独立从事学术研究工作的能力;在所在学科领域做出创造性的成果。培养年限一般为3年及以上,由一系列课程、一系列学术活动、博士生资格考试、一定量的学术研究成果以及一篇具有理论创新性的论文构成。一般实行校内导师制。

（4）工程博士

工程博士专业学位获得者应具有相关工程技术领域坚实宽广的理论基础和系统深入的专门知识；具备解决复杂工程技术问题、进行工程技术创新以及规划和组织实施工程技术研究开发工作的能力；在推动产业发展和工程技术进步方面做出创造性成果。培养年限一般为 3～5 年；由一系列课程、研讨、企业调研，一篇与解决重大工程技术问题、实现企业技术进步和推动产业升级紧密结合且能反映学位申请者的贡献及创造性成果的学位论文组成。工程博士专业学位研究生由经国务院学位委员会授权的高等学校与企业联合培养。

现将我国研究生层次的工科教育学位类型概括如表 4-9 所示。

表 4-9　我国当前研究生层次工科教育学位类型

学位类型	培养目标	学习年限,培养模式及其他特点
工学硕士	教学科研型人才	2.5～3 年。一系列课程、若干次学术会议或活动，外加一篇具有一定理论性的论文。校内导师制
工程硕士	应用型、复合型高层次工程技术和工程管理人才	2～3 年。一系列课程、至少半年的工程实践，一篇选题直接来源于生产实际或者具有明确的生产背景和应用价值的论文或设计。"校—企"联合培养，双导师制
工学博士	比硕士层次更高的教学科研人员	3～5 年。一系列课程、一系列学术活动、博士生资格考试、一定量的学术研究成果以及一篇具有理论创新性的论文。校内导师制
工程博士	具有坚实宽广理论基础和系统深入专门知识，能够在工程领域进行研发，并在工程领域做出创造性成果与贡献的高层次应用型、复合型工程技术、管理人才	3～5 年。一系列课程、研讨、企业调研，一篇与解决重大工程技术问题、实现企业技术进步和推动产业升级紧密结合且能反映学位申请者的贡献及创造性成果的学位论文。"校—企"合作培养，双导师制

在培养环节上，"工学硕士"与"工程硕士"既有联系，也有区别。联系在于二者均要求一系列专业基础与专业领域的相关课程，且课程学分基本类似；同时所修课程重合度很高，以上海交通大学材料工程学院的工学硕士与工程

硕士所修课程为例,课程重合度达 86.5%。[①] 二者在培养环节的区别在于:①有的院校专门为工程硕士开设了职业素养课程,并有学分要求(如清华大学),而对工学硕士无此要求。②工程硕士实行"校—企联合培养",实行双导师制,而"工学硕士"则是高校单独培养,实行校内导师制。③"工程硕士"要求具有半年以上的工程实践,并获得相关学分,而对工学硕士无此要求,取而代之的是学术活动与学术报告。

还有一点需要指出,在我国现行招生制度中,报考工学博士者应具有硕士学位,可以是在职人员,也可以是应届硕士毕业生。而报考工程博士者不仅应具有硕士学位,而且还必须是在国家重点行业或重大工程项目中承担技术骨干相关职位的在职人员。

综上所述,我们勾勒出我国工程类研究生层次学制结构示意图,如图 4-2 所示。

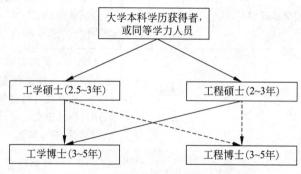

图 4-2　我国工程类研究生学制结构

(三) 纽带一:工程硕士与工学硕士的转化

1. 当前我国工程硕士与工学硕士的学位类型衔接机制

我国当前工程硕士与工学硕士还是相对独立的两种学位类型。一旦成为某种类型的研究生,就要沿着这条既定轨道一直走下去。即一旦被录取为工程硕士,就必须按照制定好的培养方案进行学习、参加工程实践,最终只能拿到工程硕士学位。一旦被录取为工学硕士,则必须修完相应课程、参加学术活

---

① 茅艳雯.全日制工程硕士专业学位培养模式[D].上海交通大学硕士论文,2009.

动,最终只能拿到工学硕士学位。二者之间缺乏相应的转换机制,"立交桥"缺乏相应的中间出口。这种僵化状态,不利于学生的自由选择,不利于培养过程中的反馈与调节,不利于工程人才的培养。因此,我们需要通过制度设计建立打通二者之间的桥梁,建立起使两种学位能够相互转化的机制。

2. 基于"工程性"和"创新性"的学位类型衔接机制

为了打通"工学硕士"与"工程硕士"之间的通道,建立起高层次工程人才培养的立交桥,我们将以"学分互认机制"为核心,构建起两种学位类型间的学位衔接机制。

(1)基于双轨制招生方案的学位类型转换机制

基于工程硕士与工学硕士分开招生、分开考试、分开录取的招考方案,我们设计如下学位类型转换机制。

在研究生第一学年结束之后,在学院内开展"工学硕士—工程硕士学位互转项目"。即一方面对于最初被录取为工学硕士,但在一年的学习后转而想接受工程硕士培养,获得工程硕士学位的学生,为其提供转换机会;另一方面对于最初被录取为工程硕士,但在一年的学习后转而想获得工学硕士培养,并获取工学硕士学位的学生,为其提供转换机会。之所以把"学位互转"的时间定在第一学年结束之后,是因为第一年学生们的主要精力放在课程学习上,工程实践以及学术研究、报告活动一般并未开始,非常有利于转换后的安排。

对于申请"学位互转"的学生应做出如下规定:①课程学分上的规定。对于提出申请的学生,其第一年结束时所修课程学分应达到所要转换的学位类型培养计划中所规定的课程总学分的三分之二以上,且达到其每一模块中所要求的学分的一半以上。平均成绩应在80分以上。②对于想转为工程硕士的学生,应要求其提交一份工程实践计划书;对于想转为工学硕士的学生,应要求其提供一份研究计划书。组织校—企导师共同答辩。只有课程学分以及课程成绩达到要求且答辩通过,方准许转换。

学位类型转换完成后,将实施新的培养方案。鉴于同一学院工程硕士与工学硕士培养方案中所规定的学习课程有很大一部分重叠,因此我们将采取"学分互认机制"。即已在第一年修过的课程,且该课程在两种培养方案中均有设置,可直接获得该课程学分与成绩,不需要再次学习。已在第一年修过的课程,但未在所要转换的学位类型培养方案中设置的,不予计入学位课学分中;新的培养方案中未修过的课程,需补修完成学分要求。

对于转为工程硕士的,需在第二学年参加工程实践实习,并聘请企业导师。毕业论文应从生产实践领域出发,进行应用性研究。对于转为工学硕士的,需在第二年参加学术报告活动与课题研究。原来的企业导师不再担任其导师。毕业论文应该侧重于理论性。

(2)基于单轨制招生方案的学位类型选择机制

基于单轨制的招生方案,由于其所招收的学生并未在入学时进行分轨,因此其培养应充分尊重学生自身意愿,让学生自主选择所修课程、必修环节以及论文方向,毕业答辩时应按学生自主意愿以及所完成的培养内容颁发特定学位。

为每名学生配备1~2名导师。导师分为学术导师与职业导师。学生可根据自身学业情况及其职业发展意愿自主选择导师的数量、类型。

学院为学生提供完备的培养环节。培养实行学分制,培养环节分为课程学习、学术报告、工程专业实践以及毕业论文(或设计)四部分。学生可自主选择培养环节。但规定获得任何一种学位的必要条件之是完成至少三部分的培养环节。

课程分模块进行设置。结合当前学术型学位与专业型学位的课程设置情况,拟将课程设置为四个模块。一是公共必修课,含思想政治课、公共英语课等。二是专业基础课,含工程数学、工程专业英语、信息检索以及其他概论性课程。三是专业课,专业课应涵盖本领域内的核心知识点,为课程体系中的主干课程,包含如工程原理、工程学、工程技术设计、工程技术应用等课程。四是选修课,选修课由培养单位自主设定,既涵盖一系列学术性课程,也涵盖一系列职业素养课程。学术性选修课的设定将为选择学术轨的学生提供更为深入、完备的知识体系与研究方法训练;职业素养课程将为学生进入工程师职业领域进行有效培训与指导,职业素养课还旨在拓宽学生的知识面,可适当加入经济管理类课程。

毕业时,考生根据自身意愿、课程学习情况、必修环节完成情况以及毕业论文(设计)类型自主申请学位类型。

申请工程硕士学位的学生:①应完成规定课程学分的学习,且在课程总学分中,工程技术应用类课程、职业素养类课程应达到最低学分要求;②必须参加至少半年的工程实践,获得相应学分;③毕业论文(设计)的选题应主要来自与工程实践有关的问题,以应用型论文为主。

申请工学硕士学位的学生:①应完成规定课程学分的学习,且在课程总学分中,工程理论类课程、学术性选修课程应达到最低学分要求;②必须参加若干次学术活动,做至少一次学术报告;③毕业论文(设计)的选题应主要来自与工程理论有关的问题,以理论型论文为主。

达到上述标准者,可获得所申请的相应学位。若同时达到两种学位的授予要求,可申请同时获得两种学位。

(四) 纽带二:从工程硕士到工程博士(学分互认+招考)

工程硕士与工程博士属于同一轨道中不同层次的两种学位。在理想状态下,工程硕士与工程博士的衔接应该是一脉相承的。工程硕士学位获得者在申请工程博士学位时相较于其他申请者应具有一定优势。

我国于 2012 年才开始工程博士的招生①,且招生标准较高。招考标准一般为:第一,已获得硕士学位,或获得学士学位并达到硕士同等学力;第二,具有多年工程实践经验,硕士学位申请者一般要求五年以上实践经验,学士学位获得者一般要求八年以上实践经验;第三,申请者一般应主持或参与过国家重大工程专项,且为所在单位的工程技术骨干。工程博士的招考实行资格审核与院系自主招考相结合的方式,工程博士的培养采取校企联合培养的模式。

由于工程博士专业学位于 2011 年刚设立,从目前来看,工程博士与工程硕士之间的衔接还不够紧密。主要表现在:①除个别高校之外(华南理工大学于 2014 年开始招收少量应届硕士毕业生攻读工程博士②),大多数高校未设立工程硕士应届毕业生直接申请攻读工程博士的渠道;②与其他类型的申请者相比,工程硕士学位获得者在工程博士招考、培养中并不存在优势。

为了有效解决上述问题,我们将以招生考试和学分认证为基础,构建工程硕士与工程博士之间的衔接机制。衔接机制主要分为两部分。

---

① 《国务院学位办负责人就工程博士专业学位研究生教育有关情况答记者问》,教育部官方网站 http://www.moe.gov.cn/publicfiles/business/htmlfiles/moe/s271/201207/139517.html

② 《华南理工大学 2014 年工程博士招生简章》,中国考研网,http://www.chinakaoyan.com/info/article/id/39715.shtml

（1）招生考试

适当降低工程博士招生门槛，探索"工程硕士—工程博士连读项目"；进一步建立工程硕士应届毕业生直接攻读工程博士的招生渠道，并限制其他学位类型的直接攻读。工程博士的招生采取资格审核与入学考试相结合的方式。其中，入学考试部分，采取笔试与面试相结合的形式。入学考试内容，原则上应以该领域的工程硕士学位标准作为蓝本予以制定，在考察专业知识的基础上，着重考察考生的专业实践经历与能力、工程实践创新能力。对于部分较为优秀的且具有工程硕士学位的申请者，可免去其笔试科目，直接参加综合面试。在录取环节，录取政策应适当向工程硕士学位获得者倾斜。

（2）硕士学分认证

根据工程博士学位申请者提供的硕士阶段成绩单，开展对硕士阶段必修学分的认证工作。学分认证主要分两部分。一是对硕士阶段的课程学分进行认证，实现硕士已修课程与博士课程的有效衔接。由于同一工程领域内的硕士课程与博士课程存在一定重叠性，为使学生避免重复的课程学习，使课程学习更具效率，可对学生已修过的硕士课程学分进行认证。申请学分认证的硕士已修课程，需在内容和难度上与学院所开设的博士课程保持基本一致。每个工程博士培养单位需根据自身情况，制定本领域的学分认证标准，确定被认证的硕士课程名称以及开设单位，列出名单并予以公示。学生可根据自身硕士阶段课程学习情况提出课程学分认证申请，通过课程学分认证后，学生可免修博士阶段的该门课程，并直接获得该课程的学分。二是对硕士阶段的工程专业实践学分进行认证。这主要针对的是工程硕士学位获得者的认证。工程博士培养单位需依据自身情况制定工程实践学分认定标准，并根据学生提供的硕士阶段工程实践鉴定、工程实践报告，组织工程实践学分认证答辩会，据此确定是否通过实践学分认证。通过工程实践学分认证后，学生可获得博士阶段工程实践环节的减、免权利。

综上所述，通过构建"工程硕士—工程博士连读机制"以及"工程硕士直接攻读工程博士机制"，使工程硕士在工程博士的招考中具有一定优势；通过建立硕士学分认证机制，使得工程硕士学位获得者在工程博士培养过程中具有一定便利条件。通过招考与学分认证制度设计，使工程硕士与工程博士得以有效衔接。

（五）纽带三:从工程硕士到工学博士(招考+学分互认+补偿机制)

工程硕士与工学博士属于不同轨道、不同层次的两种学位类型。工程硕士与工学博士之间的衔接,应充分考虑到不同培养轨道之间的不同培养特点,在衔接过程中要实现"查缺补漏"。

目前,我国在工学博士的招考与培养环节中,未对不同类型的工科硕士毕业生做区分。在报考条件、考试科目与内容、培养环节等方面,对工学硕士与工程硕士的要求基本一致。这既不利于工学博士的人才选拔效率,也不利于人才培养效率。由于工程硕士的理论能力与科学研究能力相对工学硕士较弱,而处于学术轨的工学博士对这两方面能力要求较高,因此在招生与培养中应为具有工程硕士的工学博士候选者在招生与培养环节设置补偿机制,以此使得工程硕士与工学博士进行有效衔接。

我们将以招生考试、学分认证以及补偿机制来构建工程硕士与工学博士之间的衔接机制。其中,补偿机制指博士招生入学考试时的专业加试以及博士入学培养过程中的补修课程。

具体来说,工学博士的入学考试可大体沿用现在的模式,但对于工学硕士报考、工程硕士报考应做区分。对于工程硕士报考者,除了需参加学院组织的初试,还需要进行两门科目的加试。加试科目为:工程专业理论测试与工程科学研究方法测试。加试不宜过难,主要是筛选掉在这两方面存在明显短板的工程硕士申请者。

在培养环节,同样开展硕士学分认证项目。由于工学博士的培养不强调工程实践,因此该项目主要认证的是课程学分。即对在硕士期间修过的,并在内容、难度上与博士课程相近的硕士课程学分,予以认证。认证的侧重点在专业基础课与专业理论课。认证标准需由博士培养单位自行确定,并对认证结果进行公示。通过认证的课程,可免除博士阶段的相应课程学分。除此之外,对于具有工程硕士学位的工学博士候选人而言,硕士学分认证的另一个目的是检查其硕士阶段的知识课程体系。工学博士的培养对申请者在硕士阶段的课程与知识体系有一定要求,有许多重要课程,特别是专业理论课程可被视为工学博士的先选课,必须在硕士阶段予以学习,这样才能为工学博士的学习与研究打下坚实的基础,保证培养质量。因此,通过学分认证项目,博士培养单位应确定硕士阶段必修的若干门重要的先修课程,并予以公示。博士生若在硕士阶段未修过与先修课程相同或相近的必要课程,必须在博士阶段予以补修。补修课程成绩计入成绩单,但不算入学位课学分。

就此,通过加试与补修这两种补偿机制,我们构建了工程硕士与工学博士之间的有效衔接。

四、出口:工程硕士与工程师职业资格的衔接机制

(一) 美国工程教育与工程师职业资格的衔接

美国的工程专业学位教育与工程师职业资格的衔接,是通过工程教育专业认证制度作为中介实现的。

"美国全国工程和测量考试委员会(NCESS)规定,要成为一名合格的'注册工程师',首先需要接受工程专业高等教育。一般情况下,'成为专业工程师的第一步是获得经过美国工程技术教育认证委员会(ABET,the Accreditation Board for Engineering and Technology)认证的工程专业的学位'。然后再参加由该委员会组织的工程基础考试,接下来还需要在工作中积累足够长时间的工作经验,然后通过由 NCEES 组织的工程原理和工程实践考试,方可成为注册工程师。"[1]

具体来说,成为"注册工程师"需要分为两个阶段。第一阶段,需申请成为"实习工程师"。"实习工程师"可在"注册工程师"的指导下从事一定的工程业务,但没有独立开业的资格。成为"实习工程师"的条件与要求为:①经 ABET 下属的工程教育认证委员会(EAC,the Engineering Accreditation Commission)认证的工程专业在读的高年级本科生,或者从这样的专业毕业的学生;以及经 EAC 认证的工程硕士专业毕业生。②参加 NCEES 的工程基础考试(FE,the Fundamentals of Engineering Exam)。通过了 FE 考试,且能提供所受教育证明者,即可获得实习工程师执照或注册成为实习工程师。

第二阶段,申请成为正式的"注册工程师"。"注册工程师"是"实习工程师"的晋升阶段,"实习工程师"在积累足够长时间的教育过程与工作经验,并通过了工程原理与工程实践考试(PE,the Principles and Practice of Engineering Exam)后,便可成为拥有独立开业资格的"注册工程师"。申请参加 PE 考试者

---

① 王瑞朋.论美国工程教育专业认证制度与工程师注册制度的衔接[D].清华大学硕士论文,2013.

需满足以下四方面要求之一：①是拥有工程专业学士学位的实习工程师，并且有四年以上工程工作经验，有良好的品质以使申请人能够胜任工程实践。②是一名满足以下教育与经验要求之一的实习工程师：A、获得经过 ABET 认证的工程专业的学士学位，拥有工程专业的硕士学位，拥有 3 年以上的工程工作经验，有良好的品质以使申请人能够胜任工程实践；B、获得经过 ABET 认证的工程专业的硕士学位，拥有 3 年以上的工程工作经验，有良好的品质以使申请人能够胜任工程实践。③获得工程博士学位的实习工程师，拥有 2 年以上工程工作经验，有良好的品质以使申请人能够胜任工程实践。④获得工程博士学位的申请者，拥有 4 年以上的工程工作经验，有良好的品质以使申请人能够胜任工程实践。[①]

由此可见，在美国，获得某种类型的工程学位，是申请工程师职业资格的基本条件。工程学位认证制度作为中介，将工程学位教育与工程师的职业资格联系起来。申请者必须拥有一个经 ABET 认证的学士或硕士学位，或工程博士专业学位。学位层次上的区别主要体现在对工作经历年限的要求上。总体而言，美国的工程专业学位主要是作为职业工程师的一项重要的准入门槛与必备条件，获得经认证的工程学位者，必须参加 FE 和 PE 两项考试，才能获得职业资格。

（二）英国工程教育与工程师职业资格的衔接

英国工程教育通过工程教育专业认证作为纽带，和工程师注册制度是紧密联结在一起的，因此，要将工程教育专业认证放在引导和帮助学生走上注册工程师道路的位置来理解工程教育专业认证的意义，以及工程教育专业认证标准的制定与各型工程师注册标准的关系。

英国工程委员会(Engineering Council)及其下属的各领域工程专业学会，既负责工程教育专业认证，也负责各类注册工程师的管理工作。英国工程教育专业认证手册里也明确提到：手册里提到的认证基于的输出标准需要在英国工程职业能力标准(UK-SPEC)中提出的特许工程师和技术工程师能力和承诺的一般陈述的背景中解读。

---

① 王瑞朋.论美国工程教育专业认证制度与工程师注册制度的衔接[D].清华大学硕士论文.2013.

英国的注册工程师分为工程技术员（EngTech）、信息和通信技术员（ICTTech）、技术工程师（IEng）和特许工程师（CEng）四类。其中需要说明的是,信息和通信技术员（ICTTech）的设立,是基于21世纪这个知识经济时代里日益增长的移动、数据驱动的世界,对设计、发展、安装和操作信息通信客户解决方案,信息通信技术服务以及产品赖以建立的重要基础设施的信息和通信技术员的需求。① ICT技术员可以从事涉及支持或帮助其他人使用信息和通信技术设备和应用的大范围工作,工作领域诸如信息和通信硬件、软件或系统的建立、操作、维护、事故/改变/问题管理。② 2008年工程委员会代表英国工程职业群体第一次发表ICT技术员标准,该标准经过2013年的修改,在2014年1月发表了第2版。③

除了新设立的ICT技术员有其特定的从业领域,具有特殊性之外,对其余三种较为成熟的注册工程师类型——工程技术员（EngTech）、技术工程师（IEng）和特许工程师（CEng）,英国工程委员会对其从业范围、能力标准都有明确的要求。特许工程师是技术界和工程界的引领者,要求其具有开发和创造新技术、新方法、新思想并将这些技术、方法、思想恰当地应用于解决实际问题的能力;技术工程师是现有技术的解说者,要求其能管理和维持技术的使用,参与方案的设计和开发;工程技员是已有技术和方法的应用者,负责产品的设计、开发、生产、委托制作、操作和维护,负有监督和安全责任,在特定的领域可以发挥其创造性。④

想要申请成为这三种类型的注册工程师的人员,必须达到UC-SPEC规定的各类工程师的能力标准,并成为相关受许可的职业工程学会的会员,申请人必须证明自己有这一类注册工程师必备的符合条件的教育基础和适当的职业经历,在面试时,需要证明其职业能力达到了既定的标准。

尽管工程委员会认为这三种类型的注册工程师对于英国经济发展都是必不可少的,他们体现的是类别和分工的差异而非层次的差异。但是,在英国社

---

①③ NFORMATION AND COMMUNICATIONS TECHNOLOGY TECHNICIAN (ICTTech) STANDARD, second edition http://www. engc. org. uk/工程委员会 documents/internet/document% 20library/ICTTech% 20Standard% 20second% 20edition. pdf, p1

② http://www. engc. org. uk/icttech. aspx

④ 韩晓燕,张彦通. 英美注册工程师制度的级别划分研究[J]. 高等工程教育研究. 2008(5):39-42,56.

会中,工程技术员、技术工程师和特许工程师依然体现着工程从业人员发展道路中的三个阶段。尽管成为工程技术员并非成为技术工程师或特许工程师的必要条件,只要具备相应的条件,申请者可以直接申请技术工程师甚至特许工程师,但通常情况下工程技术员经过几年的工作积累之后,都会向技术工程师和特许工程师发展。① 这体现了英国注册工程师制度对工程师职业能力和学历经历的层级性和发展性要求。体现在学习经历上,对特许工程师和技术工程师有明确且不同的学习经历要求。②

1. 特许工程师(CEng)

下述资格说明了特许工程师需要的知识和理解。

(1)或者拥有一个认证的工程或技术的荣誉学士学位,外加或者一个被许可的成员认证的合适的硕士学位或工程博士(EngD)学位,或者合适的未来硕士水平的学习;

(2)或者拥有一个认证的综合型工程硕士学位(integrated MEng degree)。研究生文凭在 UK-SPEC 标准下并不是示范着资格,虽然它们可能在一个单独的基础上因为符合未来学习要求的部分或全部要求而被接受。③

2. 技术工程师(IEng)

下述资格示范了技术工程师需要的知识和理解。

(1)或者拥有一个认证的工程或技术的学士或荣誉学位;

(2)或者拥有一个认证的工程或技术的高等国家证书(HNC)或高等国家文凭(HND)(对于从 1999 年 9 月前开始的项目);

(3)或者拥有一个 1999 年 9 月后开始的高等国家证书(HNC)或高等国家文凭(HND)(但是如果是 HNC 的话,要在 2010 年前开始),或者一个工程或技术的基础学位,外加合适的达到学位水平的未来学习;

(4)或者拥有一个已被许可的工程学会批准的国家职业资格 4(NVQ4)或苏格兰职业资格 4(SVQ4)。

---

① 韩晓燕,张彦通. 英美注册工程师制度的级别划分研究[J]. 高等工程教育研究. 2008(5):39-42、56.

② THE ACCREDITATION OF HIGHER EDUCATION PROGRAMMES,http://www.engc.org.uk/工程委员会 documents/internet/document%20library/AHEP%20Brochure.pdf,P9-10

③ 参考工程委员会学术认证的指导性说明,www.engc.org.uk/ukspec

可以看出,成为特许工程师的学习经历要求要明显高于技术工程师,且对这两类注册工程师所接受的教育项目通常都要求经过专业认证。由此,就将学生所接受的工程教育项目的专业认证与学生毕业后进入工程职业领域所必需的注册工程师资格紧密联系在一起。并且由于特许工程师和技术工程师存在的实质层级性和发展性特征,以及这两类注册工程师要求具备的学习经历的层级性,给工程师和未来想要成为工程师的学生提供了一个终身学习不断进步的框架。

(三) 我国工程教育与职业资格的衔接

我国已在某些工程领域建立起了工程硕士教育与职业资格的有效衔接,它们都以工程教育专业认证作为前提与中介。

在项目管理领域,已有 56 所高校与全国工程硕士教育专业指导委员会(SCME)和项目管理协会(PMI,Project Management Institute)开展了国际项目管理专业资质认证合作。在项目管理领域工程硕士与国际项目管理专业资质的对接中:①获得合作许可的培养单位的项目管理领域工程硕士可直接申请获得国际项目管理专业资质认证 D 级证书("认证的国际助理项目经理",CPMA,Certified Project Management Associate),同时免去 D 级笔试的考核。D 级笔试的总分计算中,笔试成绩依据经评估委员会认可的六门项目管理专业课程的平均成绩进行折算,折算方法为专业课平均成绩满分 100 分对应于国际项目管理专业资质认证笔试成绩满分 160 分,以此折算专业课程平均成绩得出 D 级笔试成绩。项目管理领域工程硕士参加国际项目经理资质认证(IPMP,International Project Manager Professional)的收费,可按照 IPMP 校园行活动执行,认证费用为 780 元(含报名费)(全国统一认证费用 D 级为 1200 元)。②符合国际项目管理专业资质认证 C 级("认证的国际项目经理",CPM,Certified Project Manager)申请资格的项目管理领域工程硕士,只需参加案例讨论和面试,免去 C 级笔试的考核。C 级笔试的总分计算中,笔试成绩依据经评估委员会认可的六门项目管理专业课程的平均成绩进行折算,折算方法为专业课平均成绩满分 100 分对应于国际项目管理专业资质认证笔试成绩满分 160 分,以此折算专业课程平均成绩得出 C 级笔试成绩。且项目管理领域工程硕士只需交纳全国统一认证价格 C 级 3200 元(含报名费 200 元)的 70% ,即 2240 元。③符合国际项目管理专业资质认证 B 级("认证的国际高级项目经理",CSPM,Certified Senior Project Manager)申请资格的项目管理领域工程硕士,只需提交项目报告并参加面试。且项目管理领域工程硕士只需交纳全国统一认证价格 B 级 5200 元(含报名费 200 元)的 70%,即 3640 元。④符合国际项目管理专业资质认证 A 级("认证的国际特级项目经理",CPD,Certified Projects Director)申请资格的项目管理领域工程硕士,只需提交项目群管理报告并参加面试。且项目管理领域工程硕士只需交纳全国统一认证价格 A 级 7200 元(含报名费 200 元)的 70%,即 5040 元。①

在物流工程领域,全国共有 33 所高校与英国皇家物流与运输学会(CILT,The Chartered Institute of Logistics and Transportation)开展了专业资质认证合作。在物流工程领域专业硕士与物流专业资质的对接中:①获得合作许可的合作培养单位的物流工程领域工程硕士研究生申请 CILT(UK)物流运营经理证书(三级证书),原则上可以获得所规定的所有 4 门考试科目的免试。但需提交一份 5000 字以上的案例报告(中文或者英文),案例报告题目应符合所规定的要求。通过评审后获得物流运营经理证书(三级证书)。②获得合作许可的合作培养单位的物流工程领域工程硕士研究生申请 CILT(UK)物流战略经理证书(四级证书),原则上可以获得所规定的所有 4 门考试科目中 2~3 门的免试。但需通过未免试科目的考核,并提交一份 8000~10 000 字的基于实际工作的英文论文,论文题目应由 CILT(UK)同意。通过评审后获得物流战略经理证书(四级证书)。②

在设备监理方向,已有 7 个工程领域(机械工程、材料工程、冶金工程、动化学工程、动力工程、控制工程、交通运输工程)接受中国工程硕士专业学位教育指导委员会与中国设备监理协会的专业教育认证。通过认证,具有设备监理方向工程硕士培养资质的培养单位有机械工程领域 4 家,材料工程领域 3 家,冶金工程领域 1 家,动力工程领域 3 家,控制工程领域 3 家,化学工程领域 1 家,交通运输工程领域 1 家。在与职业资格的对接中,对于那些由具有培养资质的培养单位所培养的工程硕士:①取得工程硕士(设备监理)专业学位

---

① 项目管理领域工程硕士与职业资格对接的主要条件,全国工程专业学位研究生教育网 http://wzpt. cic. tsinghua. edu. cn/publish/gcss/510/2013/20130607161519989328825/20130607161519989328825_. html

② 物流工程领域工程硕士与职业资格对接的主要条件,全国工程专业学位研究生教育网 http://wzpt. cic. tsinghua. edu. cn/publish/gcss/510/2013/20130607131456069501053/20130607131456069501053_. html

（设备监理），且取得注册设备监理工程师执业资格并经有效注册，承担过 2 项设备监理项目且业绩优良者；或取得工程硕士（设备监理）专业学位，且在设备监理岗位工作满 5 年，承担过 3 项设备监理项目且业绩优良者，无须参加中国设备监理协会组织的培训考核，只需参加该协会组织的有关面试，且成绩合格，可获得高级设备监理师资格。②取得工程硕士（设备监理）专业学位满 1 年者，无须参加中国设备监理协会组织的培训考核，只需参加该协会组织的有关面试，且成绩合格，可获得设备监理师资格。①

综上所述，我国工程硕士教育与职业资格的对接，主要采取"免试"（主要是免笔试）、"减费"的形式，且以工程教育专业认证作为前提和中介。

（四）工程硕士专业学位教育与工程师职业资格的衔接机制构建

1. 明确工程教育专业认证的重要作用

在吸取国外成功经验的基础上，需进一步明确能力导向的工程教育专业认证在工程学位教育与工程师职业资格的衔接中所起到的重要作用，构建以工程硕士专业学位为起点，工程师职业资格为终点，以工程教育专业认证为中介的有机的衔接体系。一方面，工程教育专业认证对工程硕士专业学位教育提供了质量说明，为职业资格与工程硕士专业教育的衔接提供了质量保障；另一方面，工程教育认证又在一定程度上反映了工程师职业资格对工程专业学位教育的内在要求，可以进一步指导高校开展与职业资格紧密联系的工程专业学位教育。

2. 完善衔接体系的组织机构建设

构建以全国工程专业学位研究生教育指导委员会为中心，各工程专业学位培养单位、中国工程教育认证协会、全国工程师注册管理机构及其委托单位（行业协会）为三方的完备的组织架构。之所以全国工程专业学位研究生教育指导委员会为中心，是因为其可以有效联系其他三方，整合各方资源，形成有机整体。具体来说：全国工程专业学位研究生教育指导委员会（简称"教指

---

① 7个工程领域设备监理方向教育认证职业资格对接条件，全国工程专业学位研究生教育网 http://wzpt. cic. tsinghua. edu. cn/publish/gcss/510/2013/20130607124918329747516/201306071249183 29747516_. html

委")可以结合职业资格与行业标准,对各培养单位对工程专业学位研究生的培养进行咨询与指导;它可以联合中国工程教育认证协会,开展工程专业学位的教育认证工作,制定工程硕士专业学位评估标准、程序和办法,监督工程硕士专业学位研究生培养质量[①];它可以联系企业与行业协会,共同制定工程师职业资格与工程专业学位研究生教育的衔接方案(机构组织图4-3)。需要指出的是,依托教指委开展工程硕士专业认证是我国当前制度条件下的一种考虑,如果将来考虑国际认证问题,需要考虑在这种机制之上,建立起专门的非政府认证机构,这个机构可以是扩大中国工程教育认证协会的职能,也可以单独设立机构进行认证。如果是前者,则需要将图4-3中的教指委和中国工程教育认证学会进行对调,如果是后者,则需要以工程硕士教指委为基础,建立起中国工程硕士教育认证协会这一专门机构。无论是采取哪种方式,认证机构都需要建立起有效的协调机制、标准体系和认证专家志愿者队伍。

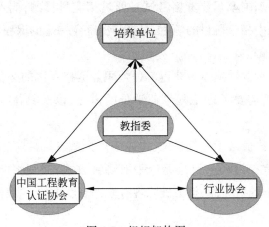

图 4-3　组织架构图

3. 构建多种工程专业学位教育与工程师职业资格的衔接模式

(1)完全对接模式

学生在学期间,所学课程和培养要求,得到职业资格考试的认可,学生毕业时,既获得学位证书,也获得职业资格证书,即所谓的"文凭工程师"模式。

---

① 国务院学位委员会、教育部关于全国工程硕士专业学位教育指导委员会章程的批复,全国工程专业学位研究生教育网,http://www.meng.edu.cn/publish/gcss/277/2013/20130422112837527821484/2013042211283752782 1484_.html

这种模式并不强调对工作实践经历的要求。在我国,我们可在集成电路工程、软件工程领域实施此模式。因为这两个领域对工程实践的要求相对较低。①

(2)部分考试科目豁免模式

在校学生或毕业生,可具备参加国际、国内职业资格考试的条件,并可豁免一定的考试科目,降低一定的考试费用。如我国在项目管理领域、物流工程领域以及设备监理方向的现行制度。

(3)缩短职业资格考试对实践年限要求的模式

学生如获得相应专业学位,可提前一定时间具备参加职业资格考试的资格。由于工程硕士的培养中大都设有至少半年的工程实践环节(在职人员不设特定的工程实践环节,但其进校不离岗的培养模式保证了其工程实践的时间),因此这一模式具有一定合理性与可行性,可以考虑试点和推广。

(4)课程学分豁免模式

在校学生参加国家职业资格考试且通过相应科目的,或入学前已通过国家职业资格考试中相应科目的学生,可视情况豁免一定的课程学分。

(5)准入门槛模式

将获得相应专业学位作为获得工程师职业资格考试的必备条件之一。是否采用这一做法,需要考虑工程专业学位的占比,以及具体专业领域的实际情况。

以上这些模式通常不是互斥的,可以采用先试点、再推广,稳妥推进,不断提高适用性,不宜一刀切。但是无论采取哪种方式,必须将能力导向放在首位,突出认证标准的指导性,努力破除现有职称制度中的一些体制机制障碍。

---

① 对工程实践的要求相对较低主要体现在对在职人员的招生、培养上:"报考集成电路工程、软件工程领域的考生可不受年限限制,被录取为工程硕士的,须修完研究生课程并结合集成电路工程或软件工程任务完成学位论文(设计)后,方可进行硕士学位论文(设计)答辩。"见《非全日制攻读工程硕士报考条件》,中国学位与研究生教育信息网,http://www.cdgdc.edu.cn/xwyyjsjyxx/zzgs/zzsslk/gcss/258731.shtml

第五章　我国工程硕士教育主动适应社会需求的分析

准确认识目前我国社会发展对工科人才在工程性和创新性方面的能力差距,对未来教育改革具有重要意义。本章主要从规模上和能力要求上分析我国工程专业学位研究生教育是否满足社会发展的需求。

一、工科高层次应用型人才规模分析

(一) 第二产业就业现状

2009 年,中国学位与研究生教育学会课题研究报告《我国工科研究生教育现状及发展对策研究》对我国到 2020 年的高等工程人才结构规模进行了预测。按照研究经费的增长趋势,到 2020 年,我国对工程人才的需求量将由 2008 年的 340 万增加到 571.3 万,年均增长率将达到 14%。事实上,随着在近几年我国经济发展保持较高增速的情况下,我国工业发展对人才的需求已达到 800 万以上。经对全国 105 个城市的公共就业服务机构的市场供求信息进行统计,近八年的产业分组需求如表 5-1 所示。结果显示,我国就业需求以第三产业为主,总数在 1200 万左右;第二产业次之,总数在 800 万左右;第一产业需求比重较小,仅在 30 万~40 万之间。

究竟第二产业新增的劳动力需求中,有多少是面向研究生的就业岗位呢?对第二产业研究生就业情况进一步分析,表 5-2 显示了 2007 年、2011 年我国采矿业、制造业、电力、燃气及水的生产和供应业以及建筑业的就业人数均不同程度的呈现增长,其中 2011 年的制造业就业规模达到了 4088.3 万人,电力、燃气及水的生产和供应业的就业人数较少,2011 年为 334.7 万人。

在各行业中研究生层次的就业人员比例有所不同,表 5-3 显示 2011 年制造业中具有研究生学历的就业人员比例最高,为 9.5%,采矿业最低,为 0.7%。

表 5-1 三大产业就业人员需求构成(2004—2011 年) ①

年份	劳动力市场需求人数(人)		
	第一产业	第二产业	第三产业
2004	333 085	4 628 263	9 143 279
2005	330 936	5 001 582	10 278 082
2006	351 503	4 818 961	9 487 544
2007	394 596	6 068 337	10 194 312
2008	468 439	687 2057	10 843 897
2009	488 588	8 148 137	12 296 576
2010	419 851	9 049 831	1 3890 068
2011	362 106	8 143 816	12 174 641

表 5-2 我国第二产业中分行业的就业人数(万人)

行业	2007 年	2011 年
采矿业	535.0	611.6
制造业	3465.4	4088.3
电力、燃气及水的生产和供应业	303.4	334.7
建筑业	1050.8	1724.8

数据来源:中国人口和就业统计年鉴

表 5-3 第二产业中分行业城镇就业人员中具有研究生学历的人员比例(%)

行业	2007 年	2011 年
采矿业	0.4	0.7
制造业	8.8	9.5
电力、热力、燃气及水生产和供应业	5.9	2.2
建筑业	1.3	1.1

数据来源:中国人口和就业统计年鉴

---

① 数据来源:(1)分学科毕业研究生数来源于 2004 年至 2011 年《中国统计年鉴》;(2)劳动力市场需求人数来源于 2004 年至 2009 年的全国部分城市劳动力市场供求状况分析,分析报告来自国家人力资源与社会保障部网站 http://w1.mohrss.gov.cn/gb/zwxx/node_5433.htm

将表 5-2 的对应项乘以表 5-3 中的各项占比,可以得到各行业内研究生的就业人数,如表 5-4 所示。数据显示,2007 年制造业中具有研究生学历的就业人数 304 万,到 2011 年上涨至 388 万人,4 年增长了 83.43 万人,平均每年新增 20 万人。

表 5-4　第二产业中分行业的具有研究生学历的就业人数

行业	2007 年 (万人)	2011 年 (万人)	4 年新增 (万人)	年均新增 (万人)
采矿业	2.14	4.28	2.14	0.54
制造业	304.96	388.39	83.43	20.86
电力、热力、燃气及 水生产和供应业	17.90	7.36	−10.54	−2.64
建筑业	13.66	18.97	5.31	1.33
合计	338.66	419.00	80.34	20.09

数据来源:中国人口和就业统计年鉴

(二) 教育系统对工科研究生的供给

从我国 2007—2011 年所授予的工科学位来看(见表 5-5),5 年间共授予 86 万多个研究生层次的工科学位。其中,工程硕士超过 21 万人,工学硕士超过 56 万人,工学博士超过 8 万人。

表 5-5　分年份的硕士层次工科学位的授予数

年份	工程硕士	工学硕士	工学博士	研究生层次工科学位授予数
2007	33 605	105 075	15 124	153 804
2008	38 633	112 946	16 096	167 675
2009	46 022	115 849	17 208	179 079
2010	41 042	112 882	17 535	171 459
2011	57 390	115 442	17 152	189 984
合计	216 692	562 194	83 115	862 001

数据来源:根据教育部发展规划司提供的数据整理

关于供需匹配,我们没有找到严格的追踪数据,暂时只能使用以上统计数据进行估计。2007—2011 年共增加了 80 万左右的研究生岗位,平均新增约

20万人;从我国教育系统所培养出的工科人才来看,2007—2011年新增86万左右的研究生,平均每年新增17万左右。从数量上看,实际新增研究生就业人数与毕业研究生人数大致相当,由于中国工科研究生的就业市场主要是国内劳动力市场,从以上的分析可大致得出结论,工科研究生中的绝大多数最终进入了第二产业。我们也考察了就业率问题,一项调查显示(表5-6),工科研究生毕业生就业落实率大约为90%,说明大多数工科研究生毕业后,都能够找到工作或者找到满足自己意愿的去向(出国、创业等)。而2009年的数据相较于2007年,有10个百分点的降低,这可能与金融危机的影响有关。

表5-6 工科毕业研究生的就业状况判断(2007年、2009年)

年份	2007	2009
就业落实率	99.2%	89.1%

数据来源:北京大学"高等教育规模扩展与毕业生就业"课题组分别在2007.2009年的全国范围高校毕业生调查问卷

需注意的是,学位授予的时间与就业统计的时间存在着一定的差异,以上数据中,新增的就业人数的统计时间为当年年底,为4个整年,而学位授予的统计时间为当年年中,共统计了5次学位授予数。

二、工科高层次应用型人才能力要求

(一)能力需求总体描述

通过回顾我国设立工程硕士学位的历史与发展可以看出,工程硕士专业学位的设立主要是为了满足我国社会在快速发展过程中日益增长的对工程人才的实际需要。

1. 社会对工程硕士人才的需求

(1)知识与专业技术的基础性

德国电子和信息技术协会(VDE)的研究表明"德国的企业所期望的工程师典型特质之一:技术能力,在自然科学、工程科学、工程专门技术方面的技术知识以及应用现代信息和通信技术的能力,不断增长的信息与通信技术的影响强调了应用计算机科学的重要性"①。通过访谈我们发现,无论是信息技术工程领域还是电力规划产业,对于工程硕士毕业生应当具备的能力要求中均强调了基础知识的扎实程度以及专业技术过硬的要求,尤其强调了数理基础与学科基础的重要性。

(2)工程实践性

英国皇家工程院发表的《亨利报告》认为,"来自欧洲德国和法国的工程师确实有竞争力,一是缘于工程教育中强调数学和理论知识,二是这些国家的课程时间更长,尤其德国教育领域与工业界合作的传统,至少半年的工业实践和工业实习的双轨制培养学生的教育特点使得实践能力大大提高"②。对实践性的重视是国际高等工程教育的普遍发展趋势,中国也不例外。访谈中我们发现,无论是用人单位从事人力资源工作的人员还是从事具体业务的工程师都认为在实践中分析、解决实际工程问题能力尤为重要。并且,考虑到工程硕士本身的优势即为具备一定的实际生产与实践经验,这也反映出社会对于工程人才实践能力的需求。

(3)思维的灵活性与创新性

科学家发现未知世界,工程师创造已知的世界。工程师所应具备的创造精神从其诞生之日起就是不可或缺的。在工程实践中,无论是微小的电子器件的设计还是庞大到事关民生大计的工程,都体现了工程师的创造力。本次调查也发现了用人单位对工程人才的创新和灵活性等能力要求,被访者均认为,创新性和灵活应变能力对于工程领域的人才而言是非常必要且重要的能力。

(4)解决问题的系统性

工程是整体的、统一的。工程本身所具备的系统性,要求工程人员在解决问题时同样需要具有全局的观念,要具有系统的思想。这一点也在实际的访谈中得到了印证,被访者均认为整体性观念以及系统性分析、解决问题的能力非常重要。

(5)整体素质的综合性

美国工程院在研究报告《培养 2020 工程师》中将情境分析能力(contextual competence)作为未来工程师的三大特质之一,他们认为情境分析能力即学生理解社会、文化、环境、政治及其他方面的因素对工程问题解决的制约和影响

①② 杨立军,王玮,蒋琴雅. 我国信息工程人才社会需求的应然、实然与教育对策[J]. 工业和信息化教育,2013(4):10-15.

的能力。香港工程师学会在工程师的专业认证(professional accreditation)准则中也明确了这方面的相关要求,如要求学生具有宽广的知识面,其中包括管理、经济、法律、历史、财政、外语、卫生、安全、环境以及人际交往等。[①] 这些体现了对工程人才人文社会性综合素质的要求。在访谈中我们发现,与人沟通的能力、团队协作能力等综合素质的要求同样体现在了实际的工作中,是用人单位对于工程硕士人才能力提出的需求之一。

2. 案例一:信息技术行业和能源行业人才能力需求

为了解信息技术行业对工程硕士能力需求的现状,我们对信息技术行业的代表性企业百度公司进行了案例研究,百度联盟研发部总监沈先生接受了我们的访谈。以下从对工程硕士毕业生知识与专业技术的基础性、工程实践性、思维的灵活性与创新性、解决问题的系统性以及整体素质的综合性这五个方面进行总结提炼。

(1)知识与专业技术的基础性

在谈及信息技术领域对工程硕士的能力需求时,沈先生表示,相较于社会招聘人员而言,他们在招聘应届毕业生时更看重学生本身的基础知识与基本专业技术是否扎实。看重这一点的原因在于,信息技术行业本身具备技术更新快的特点,这使得他们需要新入职人员具备良好的学习能力。而他们在实际工作中发现,基础知识扎实的学生有着更强的学习新技术与新知识的能力,而且在工作经验方面工程硕士与其他学位毕业生之间并没有实质上的差距,因此会对毕业生的知识与专业技术基础提出较高的要求。

(2)工程实践性

除了专业知识和技术的基本功,沈先生在谈及对工程硕士的能力要求时还提到,从实际工作需要的角度出发,需要毕业生具备实际做工程的能力,这样才能尽快适应他们做具体项目的节奏与强度。

(3)思维的灵活性与创新性

沈先生站在用人单位的立场提出,信息技术行业的工程硕士毕业生,不仅要有紧跟时代前沿的能力,更要有引领前沿的能力,而这就要求工程师思维灵活、敢于创新,且有能力去创新。

---

① 杨立军,王玮,蒋琴雅. 我国信息工程人才社会需求的应然、实然与教育对策[J]. 工业和信息化教育,2013(4):10-15.

（4）解决问题的系统性

对于工程硕士人才应当具备的能力，除了业务领域，沈先生还提到了管理领域的问题，他认为一个优秀的 IT 工程师，在更高的层次上还需要能够对现实中的问题有系统的把握，在解决问题时要有全局观。具体而言就是管理与协调的能力、分析问题与解决问题的能力。

（5）整体素质的综合性

对于其他方面能力的需求，沈先生认为，他们希望工程硕士毕业生们能够对自己所在的行业有足够多的了解，诸如沟通能力、合作能力等较为综合的整体素质，这些也是非常重要且基本的能力要求。

3. 案例二：能源电力行业人才能力需求

为了解能源电力行业对工程硕士的能力需求，我们访谈了四方继保自动化股份有限公司（以下简称"四方"）。该公司是一家致力于电力系统自动化，以及相关元件的生产设计的电力行业公司。访谈对象为人力资源部招聘主管李女士。该部分将从用人单位招聘工程硕士的角度出发进行总结分析。

（1）知识与专业技术的基础性

四方的李女士在访谈中强调了专业素养的重要性，并且认为职业胜任力代表了学习能力。对用人单位来说，虽然可以在招聘时考虑聘用不同专业出身的毕业生，但是其本专业的学习情况必须足够优秀才能达到他们的需求。

（2）工程实践性

实践能力是企业非常重视的能力之一，李女士认为项目经验对于能否胜任实际工作非常重要，并且被视为职业胜任力的一部分。学生在项目中的主动性、动手能力、角色扮演的能力等都是工程实践性的体现。

（3）思维的灵活性与创新性

在谈到工程硕士思维灵活性，李女士表示他们很看重毕业生在学生阶段是否有创新性的成果，比如论文发表情况、参与过的课题性质、有无研发的实践经验等，以此来了解学生的创新能力，并认为依据创新能力可以推断出该生未来可能取得的成绩与高度。

（4）解决问题的系统性

对工程硕士的能力需求，李女士还特别强调了系统思维。她认为高水平的工科人才往往在企业中承担一定的研发任务,会遇到很多实际的技术难题。这需要他们具备系统思维,具备全局观。

(5)整体素质的综合性

在被问及其他重要能力时,李女士提到了沟通表达能力对任何工作岗位而言都很重要。其次是学生对工作本身的认识、态度与动机,还有团队合作方面的能力都是需要具备的。

(二) 能力差距总体描述

从质量上看,我国的工科研究生培养与社会需求基本一致,如表5-7所示,我国的工科研究生的学校培养标准能够较大程度上对应社会方面的能力需求。尤其在专业基础知识方面的培养很好地契合了社会的实际需要,同时在综合素质、实践性和创新性的培养方面也给予了很大的重视,而解决问题的系统性反映的相对较少。值得注意的是,在社会需求能力的五个项目当中,专业基础知识是最容易实施培养和量化评估的一项,其他四项由于自身的宽泛性和灵活性,较难在研究生培养中制定确切的标准及评估手段。

表 5-7　我国工程硕士培养规格与社会需求的匹配性

序号	社会方面能力需求 / 学校培养通用标准	知识与专业技术的基础性	工程实践性	思维的灵活性与创新性	解决问题的系统性	整体素质的综合性
1	工程相关的数学与自然科学知识	√				
2	本专业基础知识和技术应用知识	√				
3	工程基础理论与技术研究能力	√	√			
4	工程设计与开发能力		√	√	√	
5	工程实际问题的识别和分析能力		√	√	√	
6	在工程实践中应用适当的技术、技能和工具解决工程问题的能力		√	√	√	

续表

序号	社会方面能力需求 学校培养通用标准	知识与专业技术的基础性	工程实践性	思维的灵活性与创新性	解决问题的系统性	整体素质的综合性
7	获取与应用信息的能力					√
8	组织管理能力					√
9	人际沟通与团队合作能力					√
10	国际视野与跨文化交流能力					√
11	知识更新与终身学习能力					√
12	工程职业伦理、环保意识与社会责任					√
13	技术革新意识与追求创新的态度			√		√
14	本专业领域技术标准，相关行业的政策、法律和法规	√				√

因此,从国家标准和学校自身制定的培养方案来看,我国工程硕士的培养规格和社会对工科高层次人才的能力素质需求存在着较强的匹配性。但需要注意的是,国家标准和学校相关专业的培养方案仅仅是理论上的培养规格,并不能真正体现我国实际培养出的工程硕士的能力素质水平,因此我们将以信息技术行业和能源行业中的工科人才实际体现的质量与企业对其的评价为案例来展现我国工程硕士在质量上的供需匹配度。

1. 案例一:信息技术行业和能源行业人才能力差距

以百度公司沈先生访谈材料为例进行分析,仍从知识与专业技术的基础性、工程实践性、思维的灵活性与创新性、解决问题的系统性和整体素质的综合性 5 个方面作为切入点。

（1）知识与专业技术的基础性

在专业基础知识方面，沈先生对公司招入的硕士毕业生基本满意，认为他们的专业知识非常扎实。同时他还强调名校培养的硕士生在这一方面的优势尤为明显，学校的教育质量很大程度反映在其毕业生的专业知识上。

（2）工程实践性

在工程实践性方面，沈先生认为毕业生在这一方面较为欠缺，实践能力普遍较弱，同时难以配合团队的进度，无法在项目中保持专注。部分学校不鼓励学生做项目实习，更严重的是学校培养的知识技能与社会需求存在一定的不对等，很多市场上非常重要的技术在学校却没有对应课程，如数据挖掘、App程序等。因此学生在工作中的实践能力存在很大的漏洞。

（3）思维的灵活性与创新性

沈先生在人才的创新性角度上评论了工科硕士毕业生的创新能力，认为虽然在这一方面个体之间存在很大的差异，但是总体上欠缺。他还强调创新思维的培养非一朝一夕，需要长时间的栽培，家庭教育、基础教育在这方面的作用更大。

（4）解决问题的系统性

在解决问题能力方面，沈先生认为毕业生这方面的能力同样缺乏，但是仅仅由学校来培养是远远不够的，需要个人在工作实践中多加锻炼学习。

（5）整体素质的综合性

沈先生认为工程硕士在该方面的最大问题是企业文化和环境的适应能力差，无法跟上公司的节奏。另外还存在三点较大的欠缺：一是沟通能力欠佳，二是团队合作能力差，三是学生对所从事行业的了解不够，与现实业界的接触少。这些都严重制约了工程硕士的职业表现。

2. 案例二：能源电力行业高层次人才能力差距

以四方公司李女士的访谈材料为例进行分析。

（1）知识与专业技术的基础性

李女士强调了这一方面能力的重要性，对公司招收的工程硕士专业知识能力较为满意。但是他们对知识的掌握程度不够深入，片面注重应试，分数高并不代表专业知识水平掌握得好。还表示，学校教的知识与业界需求联系较少。

（2）工程实践性

在工程实践性方面，李女士认为工科硕士的项目经验普遍缺乏。学校的教育注重书本知识和应试，对实践能力的培养机会不多。

（3）思维的灵活性与创新性

思维的创新性方面，李女士更看重学生在科研方面的创新成果，对学生的创新能力较为满意。认为现在的学生越来越有独到的想法。但是缺乏一定的行动力。

（4）解决问题的系统性

在这一方面，李女士认为工科硕士这一方面的能力欠缺。首先对自己未来的发展没有一个系统性的规划，读书期间对自己的定位不清；其次在科研上没能很好地把握重心，在其研究领域上不够深入。

（5）整体素质的综合性

李女士认为，目前的工科硕士在这一方面既有值得肯定的地方，也有需要提升的方面。值得肯定的地方，一是工科硕士的表达能力有了显著提高，而且逻辑条理清晰，二是其知识结构更为全面，对事情都有自己的独到见解；需要提升的方面，一是对自己专业的行业情况了解肤浅，研究不深入，二是学生做事情不够踏实肯干，较为浮躁，吃不了苦，难以在实践锻炼中有所坚持。

通过对比工程硕士人才能力的供需现状可以看出二者间存在的差距与问题。

首先，在知识与技术层面，毕业生的数理基础基本得到了认可，但对于行业中最新技术的应用缺乏了解，从而影响工程人员在实际工作中创新能力的发挥以及对行业未来发展方向的基本判断。这与工程硕士培养过程中课程内容的更新没有紧跟时代与行业的发展有一定关系，全日制工程硕士尤其在对新技术的了解上存在明显的不足，这同时制约了工作中的创新与开拓精神。

其次，实践能力与系统思维能力的不足在全日制工程硕士身上体现得尤为明显。学生缺乏工程实践能力与系统思维能力已经成为不可忽视的问题，成为阻碍实际工作开展的主要因素。全日制工程硕士多为本科应届毕业生继续攻读，相较于在职人员而言缺乏实际工作经验，工程实践能力薄弱；加上对于工程系统性的认识不足，在实际工作中把握全局、系统思考的能力也相对较差。但受访者也表示，这是毕业生进入社会后几乎必然会出现的与社会在职人员的差距，假以时日的在岗培养与训练，能在一定程度上弥补这一缺陷，让毕业生丢掉"学生气"，在实际的工作中逐渐积累经验。同时，校企联合培养、为在校生提供实习与实践的机会，也是弥补这一不足的可行方法之一。

最后，受访者普遍认为工程硕士的综合素质尤其是沟通能力、团队协作能力有待提高。由于工程本身与社会文化、环境、道德等方面因素的联系愈加紧密，如今的社会对工程人才素质的要求，已经不仅仅局限于具有一定专业知识和技术的范畴，而是越来越强调人才在文化、道德、人际交往等方面的综合素质和能力。因此在工程硕士人才的培养过程中需要同时考虑综合素质的养成，才能适应社会对于工程人才的能力需求。

三、工科高层次应用型人才培养规格

工科专业高层次人才培养的通用型标准　前文关于工程硕士能力标准的研究中，针对不同层次和不同类型工程学位研究生的能力要求，设计了《高层次工程人才培养的能力素质规格调查表》。

工科专业高层次人才培养的行业标准　全国工程硕士专业学位教育指导委员会提出的工程硕士专业学位标准即为工科高层次人才培养的行业标准。

因行业和专业的不同，本研究选取了 3 个专业（电子与通信工程专业、环境工程专业、电气工程专业）作为案例，从知识结构（体系）、能力要求、素质要求三个方面列出了人才培养在信息技术和能源行业相关的行业标准。

（一）电子与通信工程专业

1. 知识结构

（1）基础知识

本领域的工程硕士不仅要求掌握工科大学毕业生所必须掌握的数学和物理知识，还要根据电子与通信工程领域的特点及自己的研究方向，通过有选择性地学习高等代数、矩阵理论、随机过程与排队论、计算方法、应用泛函分析、数值分析、优化理论与方法等高等工程数学，提高科学思维和逻辑推理能力；能够运用数学语言，描述工程实际问题，建立适当的数学模型，运用必要的计算软件，进行科学与工程的分析和处理。

（2）专门知识

本领域的工程硕士要求掌握电子与通信工程领域某个学科方向较为系统

深入的专业基础知识及较为全面先进的专业技术知识。

获取本领域专业基础知识的核心课程有:应用信息论基础、统计信号处理、数字通信、通信网理论基础、数字信号处理、信号检测与估值理论、微波电路理论、高等电磁场理论、导波原理与方法、导波光学、半导体光电子学导论、半导体器件物理、集成电路设计基础、电路的优化设计、电子设计自动化、VLSI系统设计基础、固体电子学、电子信息材料与技术、液晶物理、液晶化学与材料、现代材料分析技术等。

随着领域外延的进一步扩大,学科与领域间的交叉进一步加深,工程硕士研究生还可以根据自身的特点,从其他专业基础课程获取所需的专业基础知识以及与自己的研究方向容易形成交叉的学科知识。

(3)人文知识

本领域的工程硕士要求通过学习自然辩证法、科学社会主义理论和管理科学等人文社科知识,培养工程硕士的人文精神、哲学思维和科学方法,用科学发展观指导工程实践。

(4)工具性知识

包括:①外语知识。本领域的工程硕士要求具有较熟练的阅读理解能力,一定的翻译写作能力和基本的听说交际能力,以适应在本学科研究中查阅国外文献和进行对外交流的需要。②计算机知识。本领域的工程硕士要求至少掌握一种计算机程序语言及编程方法,同时还要求能够熟练运用计算机操作系统和文献检索工具浏览与查询技术文献和资料。

2. 能力要求

电子与通信工程领域的工程硕士要求具有以下 5 个方面的能力:

(1)获取知识能力

要求本领域的工程硕士具有从书本、媒体、期刊、报告、计算机网络等一切可能的途径快速获取能够符合自己需求的信息,并善于自学、总结与归纳的能力。

(2)应用知识能力

要求本领域的工程硕士能够综合运用所学的知识,解决电子与通信工程领域的工程实际问题。

（3）工程实践能力

要求本领域的工程硕士能够解决电子与通信工程领域的工程项目、规划、研究、设计与开发、组织与实施等实际问题。

（4）开拓创新能力

要求本领域的工程硕士能够在工程技术发展中善于进行创造性思维、勇于开展创新试验、创新开发和创新研究。

（5）组织协调能力

要求本领域的工程硕士具有良好的协调、联络、技术洽谈和国际交流能力，能够高效地组织与领导实施科技项目开发，解决科技开发项目进展过程中所遇到的各种问题。

3. 素质要求

要求本领域的工程硕士具有高度的社会责任感和历史使命感，坚决维护国家和人民的根本利益。

具有科学精神，掌握科学的思想和方法，坚持实事求是、严谨勤奋、勇于创新，富有合作精神。

具有强烈的事业心，爱岗敬业，诚实守信，遵守职业道德和工程伦理，能够正确处理国家、单位、个人三者之间的关系。

具有良好的身心素质和环境适应能力，注重人文精神与科学精神的结合，保持平和的心理状态，能够正确对待成功与失败，正确处理人与人、人与社会及人与自然的关系。

（二）环境工程专业

1. 知识体系

环境工程领域知识体系包括公共基础知识和专业知识。

（1）公共基础知识

公共基础知识包括：外语、高等工程数学、数值分析、中国特色社会主义理论与实践研究、自然辩证法、信息检索、知识产权、行业内常用计算机系统和应用软件、计算机程序设计、法律基础、信号与信息、技术经济学、环境化学、环境生物技术、环境工程设计规划和标准使用方法、流体力学及现代检测技术等知识。

（2）专业知识

根据环境工程领域特点和技术发展方向，并针对不同应用研究方向和行业或工作性质，构成专业知识体系，分成不同的课程群，可根据自身特色进行选择。如：水污染控制工程课程群，大气污染控制课程群，固废污染控制工程课程群，物理性污染控制课程群，生态修复技术课程群，环境规划与管理决策课程群，安全供水技术课程群等。环境工程领域工程硕士专业研究生至少应掌握一个课程群的知识体系。

2. 能力要求

（1）获取知识能力

环境工程领域工程硕士专业学位研究生应能通过检索、阅读等手段，利用书本、媒体、期刊、报告、计算机网络等一切可能的途径获取本领域相关信息，了解本领域的热点和发展动态，具备自主学习和终身学习的能力。

（2）应用知识解决工程问题的能力

能够运用高等工程数学、环境工程原理（包括：水、气、固体废物及物理性污染物控制原理及技术）、环境影响及风险评价、环境规划与管理和资源保护等方面的专业知识及计算机技术，解决各行业的相关环境工程问题的能力。

（3）组织协调能力

环境工程领域工程硕士专业学位研究生应锻炼和提高组织协调能力，具备在团队和多学科工作集体中发挥作用的能力；能够有效组织工程项目的实施，并解决实施进程中所遇到的各种问题。

3. 素质要求

环境工程领域工程硕士专业学位研究生应具有社会责任感和历史使命感，维护国家和人民的根本利益。

具有科学精神，掌握科学的思想和方法，实事求是、严谨勤奋、勇于创新，富有合作精神。

遵守科学道德、职业道德和工程伦理，爱岗敬业，诚实守信。

具有良好的身心素质和环境适应能力，正确处理人与人、人与社会及人与自然的关系。

（三）电气工程专业

1. 知识要求

电气工程领域知识体系包括公共基础知识和专业知识。

（1）公共基础知识

公共基础知识包括：自然辩证法概论、高等工程数学、文献检索、知识产权、外语和计算机等。

（2）专业知识

包括：电网络理论、电磁场理论、非线性电路理论、线性系统理论与智能控制基础、电气电子材料物理性质和现代电力电子技术等专业基础知识和电力系统分析、电力系统继电保护、电力系统规划、高电压绝缘技术、智能化电器、控制电机、电气设备故障诊断、工程电介质物理学、绝缘在线检测技术、电能质量控制技术、电气测量技术、电工理论与新技术等专业知识。

2. 能力要求

（1）获取知识的能力

电气工程领域工程硕士专业学位研究生应能通过检索、阅读和参观等方法，获取本领域相关信息和知识，及时了解本领域的热点和发展趋势，具备自主学习和终身学习的能力。

（2）应用知识解决工程问题的能力

能够运用高等工程数学、电磁场理论、电网络理论、电力电子技术、自动控制理论、信息处理技术、计算机技术、电器智能化技术及现代测试技术，解决电力系统的运行和管理、电力设备制造、自动化、电子与计算机技术应用等领域的工程实际问题。

（3）组织协调能力

电气工程领域工程硕士专业学位研究生要不断加强组织协调能力的锻炼和提高，要具备在团队和多学科工作集体中发挥作用的能力；能够有效地领导和组织工程项目的实行，并解决项目进展过程中分析问题与解决问题的能力，包括撰写科技论文、技术总结的能力以及提出专利申请和撰写申请书的能力。

3. 素质要求

电气工程领域工程硕士研究生应具有社会责任感和历史使命感,维护国家和人民的根本利益。

具有科学精神,掌握科学的思想和方法,坚持实事求是、勤于学习、勇于创新,富有合作精神。

遵守科学道德、职业道德和工程伦理,爱岗敬业,诚实守信。

具有良好的身心素质和环境适应能力,善于处理人与人、人与社会及人与自然的关系,能够正确对待成功与失败。

能用可持续发展的观点、综合分析的方法来处理电气工程领域的生产实践问题。具有终身学习的专业素质。

四、典型高等院校工程硕士培养要求

高等院校工程硕士培养方案中均规定了工程硕士的培养要求,这些要求可视为院校培养标准。本研究选取了若干不同类型院校的工程硕士的培养方案进行分析。

(一) 清华大学全日制工程硕士培养要求

清华大学全日制工程硕士研究生的培养特色在于能力和素质方面的两个"强化",兼顾应届本科毕业生的特点以及国家对工程人才的需求。一是强化实践能力培养,这其中既包括开发研究型课程和项目训练型课程,调动研究生自主学习的积极性,学以致用;也包括培养方案中明确列入相关工业界实习的实践环节(3/6 学分),帮助学生了解企业需求、企业运作方式、体验企业文化,培养研究生发现问题、分析解决问题和评价问题的能力。二是强化职业素质培养,该校在培养方案中专门列入职业素质课程(不少于 3 学分),如行业讲座、管理类、知识产权、职业道德、人文课程等方面课程,加强学生经济与管理技能、法律意识、工程职业道德、职业行为习惯、团队精神和沟通交流能力等方面职业素质的培养。[①]

---

① 康妮,王钰,沈岩,刘惠琴.以工程创新能力为核心的工程人才培养探索与实践——清华大学工程硕士研究生教育创新总结.研究生教育研究,2011 年第 6 期,pp61-64.

具体到计算机技术领域，工程硕士的培养目标是面向大中型企业、西北地区、国防军工部门，培养复合式、应用型高层次工程技术和工程管理人才。

培养要求：

工程硕士学位获得者应较好地掌握马克思主义、毛泽东思想和邓小平理论；拥护党的基本路线、方针和政策；热爱祖国，遵纪守法，有良好的职业道德，积极为我国社会主义建设服务。

工程硕士学位获得者应掌握所从事计算机技术领域坚实的基础理论和宽广的专门知识以及管理知识；掌握解决工程问题的先进技术方法和现代化技术手段；具有创新意识和独立担负工程技术和工程管理工作的能力。

掌握一门外国语，要求熟练地阅读专业领域的外文资料。

具有健康的体魄。

（二）北京航空航天大学软件工程硕士培养要求

培养目标：

面向国民经济信息化建设和发展需要、面向企事业单位对各类软件工程人才的需求，培养高层次、实用型、复合型软件工程技术和软件工程管理人才。

培养要求：

较好地掌握马克思主义、毛泽东思想和邓小平理论；拥护党的基本路线和方针、政策；热爱祖国；遵纪守法，具有良好的职业道德和创业精神，积极为我国经济建设和社会发展服务。

应面向产业和领域需求，具有坚实的基础理论、系统的专业知识，具有创新和理性的创新创意创业冒险意识，具有运用先进技术方法和现代技术手段解决工程问题的能力，具有独立从事软件与工程研发，以及承担工程项目的组织与管理能力。

较好地掌握一门外语，具备良好的阅读、理解和撰写外语资料的能力和进行国际化交流的能力。

（三）华北电力大学机械工程硕士培养要求

培养目标：

培养掌握机械工程领域坚实的基础理论和宽广的专业知识，具有较强的解决实际问题的能力，能够承担专业技术或管理工作，具有良好的职业素养的高层次应用型、开发型、复合型高级工程技术人才与管理人才。

培养要求：

拥护党的基本路线和方针政策，热爱祖国，遵纪守法，具有良好的职业道德和敬业精神，具有科学严谨和求真务实的学习态度和工作作风。

了解机械工程学科的发展动向，基础扎实、素质全面、工程实践能力强，具有一定的创新能力。掌握机械工程领域的基础理论、先进技术方法和现代技术手段。在该领域的某一方向具有独立从事技术研究与开发、设计与实施、工程管理等能力。

熟练掌握一门外语，能够顺利阅读本领域国内外科技资料和文献。

身体健康。

（四）重庆邮电大学电子与通信工程硕士培养要求

培养目标：

培养从事通信与信息系统、信号与信息处理、电路与系统、电磁场与微波技术、物理电子与光电子学、微电子学与固体电子学等学科从事光纤通信、计算机与数据通信、卫星通信、移动通信、多媒体通信、信号与信息处理、通信网设计与管理，集成电路设计与制造、电子元器件、电磁场与微波技术等领域从事管理、研究、设计运营、维修和开发的高级工程技术和管理人才。

培养要求：

掌握本领域扎实的基础理论和宽广的专业知识以及管理知识，较为熟练地掌握一门外国语，掌握解决工程问题的先进技术方法和现代技术手段，具有创新意识和独立承担工程技术或工程管理等方面的能力。

（五）大连工业大学工程硕士培养要求

培养目标：

工程硕士专业学位是与工程领域任职资格相联系的专业性学位，培养应用型、复合式高层次工程技术和工程管理人才。

培养要求：

拥护党的基本路线和方针政策，热爱祖国，遵纪守法，具有良好的职业道德和敬业精神，具有科学严谨和求真务实的学习态度和工作作风，身心健康。

掌握所从事领域的基础理论、先进技术方法和手段，在领域的某一方向具有独立从事工程设计、工程实施、工程研究、工程开发、工程管理等能力。

掌握一门外国语。

五、增强工科高层次应用型人才培养的适应性

2010 年 10 月,国务院颁布了《关于加快培育和发展战略性新兴产业的决定》,做出了将战略性新兴产业加快培育成为先导产业和支柱产业的重大战略部署。而具有鲜明行业特色的工程类大学在满足为社会经济发展和国家战略需要培养人才的同时,也在培育战略性新兴产业的科学研究和社会服务中起到了引领和支撑的作用。作为教育部直属高校中唯一以能源电力为特色的大学,华北电力大学在能源电力工程高等教育方面具有鲜明的办学特色。因此,我们选取这所学校进行了实地调研访谈,从学校管理、研究生工作站、政产学研和学科建设及课程设置几个方面对工程硕士的培养模式进行了分析。

(一) 通过学校理事会搭建校企合作平台

在对华北电力大学进行调研时,其极具行业特色的学校理事会首先给我们留下了深刻的印象。1958 年建校的华北电力大学,其建校历史充分体现了我国工科高等教育的不断发展和电力体制改革的不断深入。华北电力大学经历了先由原水利水电部、后由电力部管理的阶段,于 2003 年 3 月正式划归教育部管理,并与由国家两大电网公司和五大发电集团公司组建的校董会共同建设。首届校董事会主席由原国家电网公司总经理担任,理事长单位为国家电网公司。

理事会章程规定校理事会成员单位可以参与学校管理,对学校发展规划、学科建设、专业设置、培养目标、招生就业等方面提供意见,并优先获得学校最新的科研成果和技术,优先选择优秀毕业生等。校理事会的建立为学校搭建了良好的校企合作平台,加强了企业与高校的联系,推进了企业与高校的产学研合作创新,使得工程类大学能够积极发挥自身行业特色优势,从工程教育、管理以及社会实践等方面主动适应社会需求。

(二) 实行"两段式双导师制"和研究生工作站

在专业学位研究生教育方面,华北电力大学以研究生工作站为载体,推行"两段式双导师制"的研究生培养模式。在此校企联合培养模式下,工程硕士

接受学校导师和企业导师的共同指导,并依托企业课题提高自身的工程实践能力。学校的第一个研究生工作站是 2005 年 11 月在河北电力科学院成立的。后又在 2008 年 5 月与云南电网公司合作建立了研究生工作站。云南电网公司研究生工作站依托南方电网公司特高压试验基地、重点实验室和重大科研项目,安排研究生学习工作计划,并从学术论文、工作实践和科技创新三个方面体现出研究生工作站所具有的行业特色的培育人才的优势。目前来看,顺利毕业出站的同学均以良好的业务素质及较强的工程实践创新能力得到了用人企业的肯定和认可。"每年 5 月,各单位课题就纷纷找上门来,我们的学生很受欢迎。"学校专业学位教育中心副主任赵黎明分析说:"如果只是单方受益,这件事肯定长久不了。现在,建立研究生工作站,一方面使企业可以借力学校带动科技创新,另一方面也可以更好地留住人才。"①

目前,华北电力大学已在华北电力科学院、国家电网公司北京经济技术研究院、湖南电力科学院、许继集团等国内研究机构和企业设立了 60 余个研究生工作站,实现了科研和人才培养的实质性校企合作。2008 年,北京市首批产学研联合培养基地也落户华北电力大学,现已资助数十名博士生到电力企业开展产学研联合培养,为企业技术攻关做出了贡献,同时研究出了一批优秀成果。近年来,华北电力大学本科生就业率稳定在 96% 以上,研究生就业率保持在 97% 左右。

(三) 促进"政产学研"合作培养人才

在"政产学研"结合方面,2010 年 7 月 11 日,华北电力大学和苏州市人民政府全面合作成立了华北电力大学苏州研究院。苏州研究院是集科学研究、科技成果转化与产业化、高层次人才培养为一体的高等教育科研机构。随后,为了加快科技成果转化,推动当地经济和社会的全面发展,2012 年华北电力大学又与苏州工业园区签订了联合共建"苏州智能电网大学科技园"项目的协议。

2009 年教育部科技发展中心推出的"蓝火计划"是推进高校与地方政府及企业深入开展"产学研用"结合、加速高校创新科技成果向社会转移及产业化而实施的一项重大行动。这也为"政产学研"相结合的模式提供了有力的政

---

① 华北电力大学. 在实战中锤炼学生工程实践能力[N]. 中国教育报,2013-10-12.

策保障。自该计划实施以来,为助推地方经济社会发展、提升区域经济核心竞争力发挥了重要作用。

而以前隶属各大部委的工程类高校可以充分发挥自身行业特点的优势,紧密结合区域经济及地方产业发展的特点和需求,有针对性地与地方政府开展产学研合作。整合政府、高校、企业三种资源,实现"政产学研"相互融合,推动地方经济快速发展。

(四)适应社会需求优化学科建设与课程设置

在调研中,我们对华北电力大学的工程教育学科建设和课程设置是否与目前我国工程领域需求相匹配做了重点关注。被访者介绍,在依托优势学科基础上,华北电力大学根据当前我国能源电力行业发展趋势,对重点领域紧缺人才专业方向进行了灵活设置,优化调整学科建设和新课程设置。2005年学校受国家电网公司委托实施"特高压本科人才培养计划",一批毕业生直接进入这一新兴领域成为特高压技术骨干,为我国特高压电网建设做出了贡献。2006年学校设立了我国第一个风能与动力工程专业,2007年成立了我国第一个可再生能源学院。随着国家电网公司2008年提出建设"坚强智能电网"的战略后,学校在原有的电子信息工程专业基础上增设了智能电网信息工程专业。2010年学校新设置的"新能源材料与器件""新能源科学与工程"等4个专业获得了教育部的批准。

随着近几年我国产业结构调整,工程类高校研究生教育科类结构不断发生着变化。在企业逐渐成为工科研究生就业的主体后,高校在复合型应用型人才的培养上逐步加大力度。

这一方面体现在学科建设和学科结构调整上。如吉林大学,在不断加大应用学科建设的基础上,增设了多个方向的专业,由原来的14个专业增设至29个,并积极与企业建立研究生实习实践基地,不断争取校外富有实践经验的导师资源以推行"双导师"制度。再如哈尔滨工业大学,除在培养方案中设置更多的实践性较强的课程外,在研究生培养过程中与企业联合建立培养基地,构建以课题、大型项目为依托的培养模式,增强研究生的实践、应用能力。

另一方面体现在对研究生培养环节和过程的调整上。如对培养方案的修订、培养计划的调整、培养课程体系的设置、毕业考核环节的调整等。近年来我国为了适应社会需求对学科目录进行了多次调整,并逐步下放学位授权审核的自主权,这一系列的体制调整直接反映了工程研究生教育科类结构的变化,同时也为院校调整科类结构拓展了空间。但对于一些新兴学科和交叉学科的设置以及学科领域的拓展方面,受国家制度政策所限,高校发挥自主性的空间相对较小。[①]

[①]　清华大学课题组.研究生教育科类结构主动适应社会需求研究.2010(9).

第六章　硕士层面的工程教育认证制度

从全球范围看,不论是各国国内的工程教育专业认证(accreditation),还是主要的国际组织的工程教育认证,大多集中在本科层面,较少涉及本科以上。究其原因,主要与全球范围内工程师群体的基本受教育情况和工程师职业体系的最低学历门槛有关。在职业体系发育得比较完善的各主要发达国家,与社会生活息息相关的重要职业,都有最低的受教育门槛,主要体现在执业资格注册时对最低学历的明确要求,以保证重要职业从业人员的基本知识和能力水平。从美国的注册工程师学历要求来看,最低学历要求基本为本科,因此工程教育专业认证主要针对本科阶段的学位项目,而医生、律师等职业,最低学历要求通常为博士层次。

随着世界范围内人们受教育水平的普遍提高,工程教育专业认证向硕士及以上层面扩展,正在成为一种必然趋势,也有不少国家和国际组织在进行这方面的尝试,特别是开展对工程硕士项目的认证。本章重点探讨欧美硕士层面工程教育专业认证的基本情况和发展趋势,并为我国硕士层面工程教育认证制度的建设提出建议。

一、认证制度的基本内容

各国一般都有自己的工程教育认证体系,并自主制定国内认证标准。与本科层面的认证一样,硕士层面的工程教育认证也由国内工程教育认证的相关组织制定通用标准,并委托各行业协会制定行业领域标准且由其执行具体的学位项目认证。美国的 ABET、英国的 EngC 和德国的 ASIIN 制定的工程教育认证标准都有硕士层面的内容,是建立在本科层面认证标准基础上更高层次的认证要求。随着全球化进程的深入,工程教育国际化和工程师跨国流动成为一个大的趋势,各国工程教育项目的等效性和跨国互认成为一个急需解决的问题。作为对此问题的应对,2004 年启动的欧洲工程认证项目(EUR-ACE)是一个很好的范例,本节主要考察欧洲硕士层次工程教育认证的基本情况,重点分析认证组织制度和认证标准体系。

(一) 认证组织制度

欧洲工程认证项目(EUR-ACE)是欧洲高等工程教育的一个认证体系和框架,该框架包括本科和硕士层面的工程学位项目认证。为了构建一个在欧洲范围内被普遍接受的工程教育认证体系,2004 年 9 月,欧盟 EUR-ACE 项目正式启动。在全面审视欧洲现有学士和硕士工程学位标准的基础上,该项目的参与机构用两年时间开发并测试了一个工程教育专业认证的共同标准,其目的包括提高欧洲工程教育项目的质量、授予经过认证的工程教育项目"欧洲标签"(EUR-ACE®)以促进互认协议的签订、提高主管机关的认证意识。

为了实施欧洲工程教育认证体系(EUR-ACE® 体系),在第一个 EUR-ACE 项目的末期,欧洲 14 家工程教育相关的协会在 2006 年 2 月建立了欧洲工程教育认证网络(European Network for Accreditation of Engineering Education, ENAEE)。EUR-ACE® 体系从 2007 年开始实行,ENAEE 负责授权各认证和质量保障机构,使它们有权授予经过认证的第一阶段和第二阶段工程项目 EUR-ACE® 标签,其中第二阶段工程项目相当于硕士层面的工程学位项目。

ENAEE 的成员都是涉及工程专业人员教育或培养的机构和专业团体,它起源于 2000 年 9 月建立的欧洲工程职业和教育常设观察站(European Standing Observatory for the Engineering Profession and Education, ESOEPE)。建立 ESOEPE 的目的包括[①]:建立对欧洲范围的工程学位项目认证系统的信心;促进信息交流;促使各方形成对工程教育项目认证和工程资格认可的自愿协议;发展工程毕业生的能力要求标准。ESOEPE 在 2004 年 4 月向欧盟委员会提交的第一个 EUR-ACE 项目(2004—2006)申请的准备工作中起了重要作用。2005 年 10 月,考虑到 EUR-ACE 的出现,决定将 ESOEPE 从"观察站"转变为注册的国际非营利团体 ENAEE。2006 年 2 月 8 日,ENAEE 在布鲁塞尔正式

---

① http://www.enaee.eu/about-enaee

成立。首届 ENAEE 大会在 2006 年 3 月 3 日举行,此后大会每年定期举行。

2000 年 9 月 ESOEPE 的创始成员包括:[①]

(1)英国:工程委员会(EC,现在的 EngC)

(2)法国:工程师职衔委员会(CTI)

(3)德国:德国工程学科专业认证机构(ASII,现在的 ASIIN)

(4)葡萄牙:工程师学会(OE,即 Ordem dos Engenheiros)

(5)意大利:CoPI

(6)欧洲:E4(现在的 TREE),不再是成员

稍后加入的成员有:

(1)欧洲:欧洲各国工程协会联盟(FEANI)

(2)欧洲:欧洲工程教育协会(SEFI)

(3)罗马尼亚:全国学术评价与认证委员会(CNEAA);UAICR(现:高等教育质量保障局,ARACIS)

(4)俄罗斯:俄罗斯工程教育学会(RAEE,现在的 AEER)

(5)欧洲:欧盟大学或高中工程教育长阶段工程师协会委员会(CLAIU)

(6)欧洲:欧洲专业人员和管理人员委员会(EUROCADRES)

(7)欧洲:国际工程教育协会(IGIP)

(8)爱尔兰:工程师学会(IE)

(9)丹麦:丹麦工程师协会(IDA)

(10)芬兰:工程师学会(TEK)

(11)瑞士:联邦职业教育与技术署(BBT)

(12)西班牙:IIE

(13)土耳其:工程项目评估和认证协会(MÜDEK)

(14)意大利:UNIFI

(15)意大利:QUACING

其中,2006 年参与建立 ENAEE 的 14 家协会为 EUROCADRES、CTI、IDA、BBT、SEFI、RAEE、Engineers Ireland、UACER、CoPI、UNIFI/Tree（University of Florence）、ASIIN、EC[UK] 和 FEANI。

ENAEE 通过运行和维护 EUR-ACE® 体系实施欧洲工程教育认证制度。

---

① http://www.enaee.eu/about-enaee

EUR-ACE® 是欧洲学士和硕士层面工程学位项目的质量标签,也是一个认证体系和框架,提供了一套确认欧洲内外高质量工程学位项目的认证标准。对于已被认证的工程学位项目,由经 ENAEE 授权的认证机构授予项目所属的高等教育机构(HEI)关于该项目的 EUR-ACE® 标签。[1]

EUR-ACE® 体系综合考虑了主要利益相关者(包括学生、高等教育机构、雇主、专业组织和认证机构)的立场和诉求。例如,工程、医学、建筑等直接影响公众生活的职业,毕业生必须具备特殊的能力和素养,才能保证他们的职业行为符合道德和公众安全利益。为了保证工程教育项目的毕业生具备这些必需的能力,需要由各职业团体或相关的认证机构对项目进行认证。

(二) 认证标准体系

根据适用范围的不同,认证标准分为国际标准和国内标准。EUR-ACE® 框架标准属于国际标准,各国参与机构通过签约为框架成员并经本国法定机构认可才能将国际标准转化为国内标准。国内标准又分为通用标准、行业领域标准和专业标准三个层次。本书第二章对国内外工程教育认证标准体系已有阐述,本小节重点总结硕士层面通用层次工程教育认证标准的共同特点。

通过对欧洲 EUR-ACE 框架标准、美国 ABET 的 EC2000 标准、英国 EngC 以及德国 ASIIN 的工程教育专业认证标准的考察,我们发现其中硕士层面认证标准具有如下共同特点:

第一,硕士和本科层面的工程教育认证标准在同一个标准体系内,一般包括培养目标、学生成果(项目产出)、课程体系、教学科研资源、管理体系和持续改进等项标准,硕士层面认证标准是本科层面的拓宽和提高。

第二,以学生学习成果评价为核心,各项标准紧密围绕项目产出的实现。项目产出标准包括知识和理解、分析和解决问题能力、工程实践能力、通用的可转移技能(包括团队合作、信息技术能力等社会各行业通用能力)等内容,与本科层面相比,硕士层面的认证标准更强调工程实践能力的产出。

第三,以专业持续改进为目标。将持续改进或对教育目标和过程的评估作为一项认证标准,促进认证项目用规范性的手段对教学目标、教学过程等进行自我评估,并加以完善和改进。

---

[1]　http://www.enaee.eu/eur-ace-system

第四,在强调项目产出的同时,对如何实现各项能力的产出并没有作太细的规定,给各项目根据自身特点发展留有足够余地,保证了工程教育项目的多样性。

二、工程硕士认证的基本程序

(一) 认证程序规则

本小节以英国、美国高等工程教育认证手册中的相关内容为例,讨论工程硕士认证的程序规则。

1. 英国硕士层面工程教育项目认证程序

英国硕士层面的工程教育专业认证和其他类型的工程教育专业认证一样,由英国工程委员会(Engineering Council)统一设置通用标准和认证总体要求,工程委员会授予各行业和领域的职业工程学会(许可成员)许可在这些要求下去执行认证,并且维护被认证或被核准项目的注册。许可成员制定行业的认证细则,采用认证程序评估特定的教育项目是否为在一个特殊类别里的工程技术人员最终注册提供了部分或者全部支撑性的知识、理解和技能。下面详述认证程序规则,本部分内容主要参考英国高等工程教育项目认证手册[①]。认证程序主要是同行评议,对单独的项目进行认证而不是对系或学院总体进行认证。一个寻求认证的工程或技术项目首先应该联系列在工程委员会网站(www. engc. org. uk)上的相关许可成员,并从相关的许可成员那里得到更进一步的建议。对于这些许可成员来说,认证是它们在教育或资格核准领域内的典型责任。联系过程可能有程序的要求,特别是对英国之外项目的考察。寻求认证的机构需要缴纳一定费用,主要但不全是用于人员、时间上。工程委员会支持由"高等教育更好规则群体"(HE Better Regulation Group,HEBRG)推行的高等教育更好规则的原则,并且鼓励被许可的成员接受这些与质量保障和数据收集有关的原则。待认证项目可以选择两个或更多许可成员的联合考察,这样可以降低认证的总体费用,两个以上许可成员的联合考察由工程认证委员会(Engineering Accreditation Board,EAB)组织。下面,进一步列出规则细节。

---

① 资料来源:AHEP brochure,http://www. engc. org. uk/ecukdocuments/internet/document%20library/AHEP%20Brochure. pdf

　　每个许可成员都有自己公开的认证程序。通常教育机构需要在考察前提交的信息包括：

（1）项目学习成果

（2）教和学的过程

（3）评估策略

（4）资源——包括员工、设备等

（5）关于表现不佳的补救办法的内部规定

（6）质量保障措施

（7）进入项目以及入学群体的极限将如何被支持（Entry to the programme and how cohort entry extremes will be supported）

（8）如何对待前期认证的建议和要求

　　一些许可成员要求认证项目提交一个简短的初始报告，其中包括可以证明该项目满足认证要求的基本细节。许可成员判定其满足要求后将指定一个认证小组，并对其考察活动作安排。这些认证要求应该尽量和院系正常的内部管理和质量保障要求相一致。

　　认证小组包括来自学术界和工业界的成员，他们须经过认证原则的培训，并且熟悉认证要求。考察通常持续 2~3 天。小组将与员工和学生面谈，而且一些小组要和工业指导委员会（Industrial Advisory Board）面谈。考察期间，他们将参观实验室和其他教学空间，认证项目还需提供学生项目作业、考试试卷、评分标准和外来考官的报告等。小组还将考察内部的质量保障（QA）系统。

　　当项目是和其他教育机构合作提供的，或者建立在一个特许授权的基础上时，认证机构通常会期望考察参与这个项目的所有成员，但这个要求在某些特定环境中可能会被放弃。

　　每个许可的成员都有一个委员会或董事会，它会在认证小组报告的基础上决定项目是否通过认证。项目可能会被认证为完全或部分满足注册为技术工程师（IEng）或特许工程师（CEng）的教育要求。所有自 1999 年被认证为部分满足特许工程师教育要求的荣誉学位都应被认为完全满足技术工程师注册的教育要求。

　　不使用例如"暂时认证"和"部分认证"的使具有资格的短语。

　　对认证项目的任何重要改变必须通知认证机构。

2. 美国硕士层面工程项目认证程序规则

本小节主要参考美国工程与技术认证委员会（ABET）2014—2015 年度的认证政策与程序手册①（APPM），ABET 由美国高等教育认证委员会（CHEA）认可负责应用科学、计算机、工程、工程技术领域的学位教育项目认证。ABET 签署了若干世界范围的毕业生互认协议，经 ABET 认证的教育项目的毕业生在一定条件下可获得国际认可。ABET 的认证政策和程序规则由其董事会制定并批准生效。ABET 由下属的分委员会和认证理事会（the Accreditation Council）执行认证任务。下属分委员会包括：应用科学认证委员会（ASAC）、计算机认证委员会（CAC）、工程认证委员会（EAC）和工程技术认证委员会（ETAC）。分委员会承担如下职责：①负责各自领域特定认证标准、政策和程序的提出和改进，并交由 ABET 董事会审批；②基于标准、认证政策和程序手册管理认证过程并做出认证决定。认证理事会也承担为 ABET 董事会拟定政策的责任，并协调各认证委员会的认证程序和实践。董事会负责处理所有对认证行为的申诉。

认证程序包括以下环节：

（1）认证考查申请

拟申请项目认证的学校必须向 ABET 提交书面的评估申请，提交申请时间须在希望安排考察当年的 1 月 31 日前。美国境外学校提交评估申请，还需获得所在国家或地区认证机构的批准。如果一个学校没有项目获得过某认证委员会的认证，那么在 ABET 考察专业之前，必须完成快速考察（REv）。第一次接受认证的高校在正式申请前须提前与 ABET 联系。

（2）ABET 确认项目的认证审查资格

符合以下条件的项目有资格申请认证：

ABET 把教育项目定义为一个综合的、有组织的培养过程，以授予学位为终点，项目有其培养目标、学生成果、课程体系、师资和相关设施。

项目由被政府、国家或地区认可授予学位的高等教育机构开设；或项目虽未满足此项要求，但对其认证符合 ABET 的使命。

ABET 认证单个教育项目，不认证院系或学校。项目须由 ABET 下属 4 个

---

① Accreditation policy and procedure manual，http://www.abet.org/appm-2014-2015/

认证委员会中的一个或多个认证:①被 ASAC 认证的项目培养学生能胜任在使用自然科学、数学以及工程概念作为基础的具体专业领域的职业实践,包括对社会关键问题的识别、预防和解决。ASAC 认证副学士、学士或硕士层面的学位项目。②被 CAC 认证的项目培养学生参与计算机、计算学、信息学或情报学等广泛领域的职业实践。CAC 认证学士层面的学位项目。③被 EAC 认证的项目培养学生参与工程领域的职业实践。EAC 认证学士或硕士层面的学位项目。④被 ETAC 认证的项目培养学生参与工程技术领域的职业实践。ETAC 认证副学士或学士层面的学位项目。

项目的名称必须符合 ABET 的要求。项目名称需要体现其内容,确定了考察该项目的认证委员会和适用的标准。如果一个项目的名称使其需接受多个认证委员会的考察,则相应的委员会应联合对专业进行考察。

一个项目必须在现场考察所在学年的前一年有至少一名毕业生,方能具备初始认证考察的资格。

(1)评估收费

学校在申请评估当年的 3 月 1 日前收到 ABET 的评估收费通知,须在收到通知的 30 天内付款。

(2)组建考察小组

考察小组一般包括一名主席和每个项目一位专业评估员。小组最小规模一般为三人。如果一个项目需要同时满足不同的专业标准,那么每套标准都有一名专业评估员。应确保小组成员与所考察项目没有利益关系或利益冲突。

(3)学校提交自评报告

须在评估当年的 7 月 1 日前提交到 ABET 总部,并提供给小组主席,由主席提供给每一个专业评估员。

(4)现场考察

现场考察一般安排在提交"评估申请"的当年的 9~12 月,由学校和小组主席共同决定现场考察的时间,考察的时间通常是 3 天,但可根据考察要求延长或缩短。一般来说,现场考察安排在周日到周三。

(5)形成报告草案、学校答复、最终报告及委员会认证决定

考察结束后,小组主席准备一份给高校的陈述报告草稿,包括经相关认证委员会的负责人审阅过的主要发现和建议。ABET 向高校提供报告草案,高校

可在 30 天内对草案提出答复意见,报告对缺点的改进或修改草案报告中的事实错误。学校的答复将作为修改报告草案、完成最终报告的依据。小组主席在审核了学校的答复之后,将起草最终报告,相关委员会的指定官员将对其进行修改。认证委员会将根据该报告形成认证决定。高校将在考察之后一年的 8 月 31 日前收到最终报告和认证决定摘要。

(6)申诉、重新考虑和立即重新访问

高校只能对不予认证行为提出申诉、重新考虑和立即进行重新访问的要求。另外,提出申诉和重新考虑的要求是基于委员会做出不予认证的决定不合理的基础上的,这种不合理的决定是因为对事实认识错误或是没有遵循 ABET 公布的标准、政策或程序。在提出申诉或重新考虑的要求的情况下,ABET 只会考虑委员会做决定时掌握的信息。在提出立即进行重新访问的要求的情况下,提出要求前高校进行的实质性的改善和修正也会被予以考虑。相应委员会的执行委员会须在 ABET 收到重新访问或重新考虑申请后的 15 天内做出接受或拒绝的回复。如果在重新访问后,执行委员会一致认为高校对不足之处的改善取得了实质性的进展,执行委员会可以收回不予认证的决定并做出它们认为合适的认证行为。

如果在重新考虑后,执行委员会经过匿名投票认为高校关于认证委员会做出错误决定所依据的信息确实有误,执行委员会可以收回不予认证的决定,并采用匿名投票方式做出它们认为合适的认证行为。收到申诉后,ABET 主席将会通知申诉理事会,并选出三名以上的现任或以往董事会的成员组成申诉委员会,查看学校和相应的委员会提供的书面材料,做出最终决定。

初始认证的生效期——对获得初始认证的专业,认证通常适用于自现场考察前的学年以后,所有从该专业毕业的学生。每一个认证委员会在做出认证决定时,有权设置初始认证的生效时间作为担保,但初始认证的生效时间不能超过现场考察前两学年。如果专业希望获得现场考察前两学年的回溯资格,必须在现场考察前通知 ABET 小组主席和专业评估员。此外,专业还必须向考察小组提供以下额外信息:

在自评报告中证明专业在初始考察前两年期间,没有重大改变对专业满足 ABET 认证标准和政策产生潜在影响;初始考察前两个学年的成绩单和学生作业案例。

若一个项目向 ABET 提交评估申请,代表它同意向公众披露其认证状态,协助外部利益相关者(如学生、家长和公众)做出适当的教育决策。ABET 会公开确定项目认证的结果,包括认证被拒绝或撤回的项目。被 ABET 拒绝或撤回认证的项目(或其所在机构)必须在公众的要求下提供一个声明,总结 ABET 拒绝或撤回认证的原因;声明可以附上受影响项目对 ABET 决定的回应。此声明必须在 ABET 做出最终决定后的 60 天内发布,ABET 会在其公开网站上张贴关于声明可用性的通告。已被 ABET 认证的项目必须公布培养目标和学生的学习成果,以及项目每年招生和毕业的数据。

(二) 专家遴选制度

考察欧美主要高等工程教育认证组织的评估专家遴选制度,可以发现几个共同点:

一、认证小组的评估专家包含学术界和工业界人士;

二、认证小组成员须经过认证过程和规则的充分培训,熟悉认证要求;

三、认证小组成员不得与接受认证的教育机构存在利益联系或冲突,即存在评估人员回避制度。

如英国高等工程教育认证手册[①]中有如下规定:(认证)小组包括学术界的和工业界的成员,他们经过了认证原则的培训,并且熟悉认证的要求。

EUR-ACE 的工程项目认证框架标准[②]规定:认证小组至少包括两名成员,代表实践经验和专业知识的一种平衡。其中至少一个成员从事学术工作,至少一个从事执业工程职业。所有的认证小组成员应该经过认证过程的充分训练。在这点上,认证机构应该推动短期培训课程。为了促进认证良好实践的宣传,认证机构应该提供包括来自各自的经济领域之外的外部观察员的选择。认证小组的每个成员都要提供一份显示小组成员和有一个或数个项目要接受认证的高等教育机构之间不存在冲突或利益的声明。这份声明应该在任何文件提交之前收到。

ABET 的认证政策和程序手册[③]对于考察小组成员的选拔规则如下:考察小组一般包括一名主席和每个项目一位专业评估员。小组最小规模一般为三

---

① AHEP brochure,http://www.engc.org.uk/ecukdocuments/internet/document% 20library/AHEP% 20Brochure.pdf

② http://www.enaee.eu/wp-content/uploads/2012/01/EUR-ACE_Framework-Standards_2008-11-0511.pdf

③ Accreditation policy and procedure manual,http://www.abet.org/appm-2014-2015/

人。主席通常是相应委员会的现任成员。专业评估员通常是从该专业所对应的学科领域的牵头 ABET 成员组织批准的名单中挑选出来的。如果一个专业的学科领域没有牵头组织，专业评估员将在认证委员会的领导下，从成员组织中选出。如果一个项目需要同时满足不同的专业标准，那么每套专业标准都有一名专业评估员。在征得小组主席和高校同意后，访问小组中可以包括观察员。观察员一般是：①来自 ABET 成员组织的、接受培训的专业评估员；②各州执照和注册委员会的成员；③ABET 国际认证伙伴的代表。

该手册中还规定了 ABET 的人员回避制度：假如代表 ABET 的个人与学校或某项目有紧密的联系，而 ABET 正考虑对这个学校或项目进行认证，那么他们将不能具有任何决策权力。紧密的联系包括，但不限于：①现在或以前是学校或专业雇佣的教师、员工或顾问；②现在或以前参与学校或专业的讨论和洽谈；③该校的学生；④该校荣誉学位的获得者；⑤有关系紧密的亲属是学校或专业的学生或员工；⑥与学校的无偿的官方关系，例如，学校理事会或工业咨询委员会的成员；⑦任何阻碍个人做出公正决定的理由。

认证委员会成员不能同时服务于董事会。董事会的成员也不能同时服务于 ABET 委员会。理事会成员在担任董事会成员时，必须完全脱离理事会的工作。认证委员会的成员和员工可以观察一个认证访问，但他们没有资格成为专业评估员或小组主席。将保留所有参与认证过程有利益冲突的相关人员的记录。每年将向每个人提供一份这个记录以便更新。关于利益冲突的记录将提供给负责选小组主席和专业评估员的个人。每一个代表 ABET 的个人必须签署一份利益冲突和保密声明书，表明他们已读过并理解这些政策。这些关于利益冲突和保密的政策将在每次理事会和董事会会议开始时被审查。在 ABET 会议讨论和决策中，个人必须避开涉及他们利益冲突的部分。在会议中避开利益冲突的个人的名字将被记录。

（三）认证标签制度

高等工程教育项目通过认证组织的评估合格后，会被授予认证证书，有的还被授予认证标签。不同国家或区域的认证组织授予的证书或标签具有不同的效力和有效范围。本小节以 EUR-ACE® 标签体系、德国 ASIIN 印章和美国 ABET 认证报告的认证行为为例进行分析。

1. EUR-ACE® 标签体系

凡是经过 EUR-ACE® 授权机构认证的项目,均被认为达到了 EUR-ACE® 的认证要求,可被授予 EUR-ACE® 标签。国际认证体系和国内认证体系的对接可以从英国工程委员会的例子了解,英国工程委员会是 EUR-ACE® 授权的认证机构之一,凡经过工程委员会认证,被评定为部分或全部满足了特许工程师注册要求的学位,包括荣誉学士学位、工程硕士和科学硕士项目,可相应被授予第一阶段学位或第二阶段学位的 EUR-ACE® 认证标签,在欧洲范围可具备广泛的可接受性和流动性。

想要得到 EUR-ACE 标签授权的认证机构,需要向 ENAEE 提出申请,ENAEE 的审核小组通过审查提交材料和现场考察来判断这个机构是否符合 ENAEE 的认证程序和标准,是否秉持产出标准来考察项目,在此基础上做出决定是否进行授权,每个授权期限为五年。[①]

2011 年经过授权可授予 EUR-ACE® 标签的认证机构如下:[②]

（1）德国:ASIIN

（2）法国:CTI

（3）英国:EngC

（4）爱尔兰:IE

（5）葡萄牙:Ordem dos Engenheiros

（6）俄罗斯:AEER

（7）土耳其:MUDKE

（8）罗马尼亚:ARACIS

（9）意大利:QUACING

（10）波兰:KAUT

从 2013 年 12 月 12 日开始,下述机构被授予候选资格:

（1）瑞士:瑞士大学认证和质量保障机构（OAQ）

（2）西班牙:国家质量评估和认证机构（ANECA）

（3）芬兰:高等教育评估委员会（KKA）

---

① ENAEE Standards and Guidelines for Accreditation Agencies, http://www.enaee.eu/wp-content/uploads/2012/01/ENAEE-Standards-and-Guidelines-for-Accreditation-Agencies-2007-04-191.pdf

② http://www.enaee.eu/what-is-eur-ace-label/list-of-current-authorised-agencies

EUR-ACE® 标签的特点是：

（1）它包括了所有工程学科和方面，被国际承认，而且促进学术和职业的流动性；

（2）它给予工程资格国际价值和认可，并且是给予满足 EUR-ACE® 框架指定产出标准的项目的奖励；

（3）它代表了欧洲高等教育领域中工程教育的极大多样性；

（4）它创造了认证共享普遍目标和观点的工程学位项目的质量体系。

EUR-ACE 框架标准将一个工程教育项目的认证定义为一个用来确保它作为进入工程职业路径适当性的过程的最初结果。它们有如下三个部分：

（1）认证机构执行符合 EUR-ACE® 标签规定的认证标准；

（2）认证机构认证工程项目时使用的项目评估和项目认证的准则；

（3）认证机构授予 EUR-ACE® 标签时作为认证基础使用的标准、要求和程序。

2. 德国 ASIIN 印章（Seal）制度

在德国工程教育认证学会（ASIIN）的项目认证过程中，如果关于项目的认定结果是积极的，那么将会被授予高品质的印章①。

一般来说，无论高等教育机构在哪个国家，只要所有的学位项目都通过了 ASIIN 的学位课程评审委员会的认证，都将获得相关的 ASIIN 印章。印章是根据欧洲标准和指南（ESG）制定的。

在德国认证委员会责任范围内（德国学位项目认证机构），ASIIN 依照可试用的规则授予该机构印章。根据德国法律授予学位的高等教育机构，如果他们只寻求德国认证委员会的印章，那么他们同样也可以适用于 ASIIN。为了获得德国认证委员会的印章，只能使用德国的法规。ASIIN 的特定科目的准则（SSC）不被应用于授予德国认证委员会的印章。

如果认证委员会的决定是积极的，那么附加的印章也可能被授予于学位项目，但要取决于认证过程的适用范围、法律依据和他国的权威。比如在瑞士和荷兰，国家认证制度依赖于筹备工作，包括由类似 ASIIN 的机构提出的最终建议。然后，具有国家效力的实际认证决定将会在责任范围内产生。

---

① http://www.asiin-ev.de/pages/en/asiin-e.-v/programme-accreditation/general-criteria-and-ssc.php

如果项目符合相关规定,ASIIN 项目认证过程还允许除了授予 ASIIN 印章之外,对特定相关学科颁发优质印章(所谓的"标签")。特定学科的优质印章的详细信息可以在 ASIIN 的网站(www. asiin. de)找到。ASIIN 的办公室也将为寻求认证方提供更多的信息和材料。由高等教育机构决定在 ASIIN 认证过程中寻找上述哪个印章,同时指出这一决定相应的认证应用。

3. 美国 ABET 认证报告的认证行为

ABET 对项目的认证结果由相关的认证委员会做出。如果有两个或多个委员会参与某一个项目的认证,每一个委员会将独立做出决议。委员会可采取下列认证行为,每种行为有不同的时间效力①。

(1)NGR(下一次综合考察)——这表明该项目没有不足或缺陷。这一行为通常是在综合性的综合考察后授予的,一般为期六年。

(2)IR(中期报告)——这表明该项目存在一到两个薄弱环节。高校须提交进度报告以评估补救措施的实施。这一行为的有效期通常为两年。

(3)IV(中期访问)——这表明该项目存在一到两个薄弱环节。须对高校的补救措施进行实地访问。这一行为的有效期通常为两年。

(4)SCR(陈述理由报告)——这表明项目存在一到两个不足之处。高校须提交进度报告以评估补救措施的实施。这一行为的有效期通常为两年。这一行为不能在前一次对同一不足进行陈述理由的行为之后。ABET 希望学校能告知学生和教师,该项目须采取改正措施以保持认证。

(5)SCV(陈述理由访问)——这表明项目存在一到两个不足之处。须对高校的补救措施进行实地访问。这一行为的有效期通常为两年。这一行为不能在前一次对同一不足进行陈述理由的行为之后。ABET 希望学校能告知学生和教师,该项目须采取改正措施以保持认证。

(6)RE(延长报告)——这表明学校在 IR 后针对薄弱之处所采取的补救措施令人满意。这一行为仅在 IR 评估之后做出,将认证延长到下一次综合考察,因此,该行为的有效期通常为两年或四年。

(7)VE(延长访问)——这表明高校在 IV 后针对薄弱之处采取的补救措

---

① Accreditation policy and procedure manual,http://www. abet. org/appm-2014-2015/

施是令人满意的。这一行为仅在 IV 评估后做出。这一行为将认证延长到下一次综合考察，因此，该行为的期限为两年或四年。

（8）SE（延长出示理由）——这表明高校在 SC 后针对所有薄弱环节和不足之处的补救措施是令人满意的。这一行为仅在 SC 评估之后做出。该行为将认证延长到下一次综合考察，因此，该行为有两年或四年的期限。

（9）NA（不予认证）——这表明该项目存在不足之处，不符合认证标准。这一行为通常在 SCR 或 SCV，或对一个新的未经认证的专业评估后做出。采取这种行为的情况下通常不会延长认证时间。这一行为可以按照相关程序进行申诉。学校将收到造成不予认证的原因的摘要以及最终陈述。不予认证作为"陈述理由"重点考察的认证行为，在做出该决议当年的 9 月 30 日生效。学校可申请进行立即重新访问、重新考虑或申诉。对不予认证的专业，ABET 要求高校在出该决议当年的 9 月 30 日前，正式告知受此结果影响的学生和教师，并将该项目从认证项目名单中去掉。

（10）T（终止）——这一行为通常是在高校要求延长正在逐步取消的项目的认证的情况下采取的。目的是对还在学习该专业的学生进行认证。这一行为有最多三年的期限。不会在该行为后进行 SC。

（四）认证术语

认证术语是认证规范的重要组成部分。在工程教育认证领域，对于术语进行界定是保持一致、避免歧义、维护规范的一项重要工作。本小节列举国际工程联盟（IEA）和欧洲工程教育认证网络（ENAEE）的术语表[①]。其中标注 TREE 是欧洲工程教学与研究组织（Teaching and Research in Engineering in Europe）的英文缩写，ENAEE 采用了 TREE 的术语表。

能力，Ability（IEA）

认知，Awareness （IEA）

工程分支，Branch of engineering （IEA）

一致性，Coherent （IEA）

复杂性，Complexity （IEA）

创新能力，Creativity （TREE）

---

① http://www.enaee.eu/publications/enaeeiea-glossary-of-terminology

创新,Create（IEA）

标准,Critical（IEA）

工程设计,Engineering design（IEA）

工程设计知识,Engineering design knowledge（IEA）

工程基础,Engineering fundamentals（IEA）

工程实践,Engineering practice（IEA）

工程专业,Engineering speciality or specialization（IEA）

工程科学,Engineering sciences（IEA）

前沿,Forefront（IEA）

毕业生能力,Graduate attributes（IEA）

深入,In-depth（IEA）

关键,Key（IEA）

知识,Knowledge（TREE）

学习成果,Learning Outcomes（TREE）

水平、层面,Level（modified TREE）

终生学习,Lifelong Learning（TREE）

管理,Manage（IEA）

数学科学,Mathematical sciences（IEA）

自然科学,Natural sciences（IEA）

学习项目,Programme［of study］（TREE）

项目成果(产出),Programme Outcomes（IEA）

基于研究的知识,Research-based knowledge（IEA）

工程实践责任,Responsibilitiesof engineeringpractice（IEA）

技能,Skills（TREE）

工程的社会背景,Societal context［of engineering］（IEA）

解决方案,Solution（IEA）

实质等效性,Substantial equivalence（modified IEA）

可持续发展,Sustainability（IEA）

可转移技能,Transferable skills（IEA）

理解能力,Understanding（TREE）

工程的更广泛的背景,Wider context of engineering（IEA）

三、认证制度的发展

近年来,欧美主要工程教育认证组织的认证制度出现了一些共同的发展趋势,包括标准体系的结果导向性、以专业自评作为认证的基础等,本节以 ENAEE 的 EUR-ACE 体系、美国的 ABET 和德国的 ASIIN 为代表对其进行分析。

(一) 认证组织的类型和特点

硕士层面工程教育认证组织分为国际性组织和国内组织两种,国际性组织以 ENAEE 为代表,典型的国内组织有美国的 ABET 和德国的 ASIIN 等。国际性的认证组织由多个国家的相关成员组织签署协议形成,并不断吸收新成员。如 ENAEE,各成员组织共享一套共同的认证标准体系和程序规则,经过所在国家或地区的法定机构认可后生效,经成员组织认证的教育项目可被授予国际承认的 EUR-ACE® 标签。各国的工程教育认证组织是所在国家或地区的权威认证机构,由相关的行业协会组成,具体的认证工作可由相关的行业协会实施。如 ABET(美国工程与技术认证委员会)的正式会员单位主要是美国的各个工程师学会,主要负责对所在专业学科进行具体的认证工作;准会员单位是由对专业认证感兴趣的,并支持 ABET 专业认证工作的学会。

ABET 对高等院校的应用科学、计算机、工程和工程技术专业进行认证。ABET 可以认证美国以外的教育项目,它认证了 24 个国家 670 余所高校的超过 3300 个教育项目①。ABET 具有工程教育认证组织的共同特点:它是非营利性的非政府组织;对每一个教育项目,而不是整个学校,开展系统的认证评估;ABET 的认证是自愿的,以同行评议的形式开展,确保高校的专业毕业生达到职业要求。

ASIIN 是德国工程教育认证委员会的缩写,它成立于 2005 年,是德国唯一的工程教育认证机构,它是在德国工程师协会(Verein Deutscher Ingenieure, VDI)的倡导下,由各大学、应用科技大学、权威的科技协会、专业教育和进修联

---

① http://www.abet.org/about-abet/

合会以及重要的工商业组织共同参与建立的非营利机构①。ASIIN 可对德国国内或国外的学位项目进行认证

(二) 结果导向的标准体系

在 EUR-ACE 硕士层面的工程教育项目认证标准体系中,对项目评估标准的要求体现了明显的结果导向性。项目评估标准必须至少考虑如下条目:①需求、目标和产出;②教育过程;③资源和伙伴关系;④对教育过程的评估;⑤管理体系②。对各条目及其大部分细分条目的要求都明确地指向项目产出,如条目①中:项目产出是否和项目的教育目标保持一致? 条目②中:课程是否保证了达到项目产出? 有评估学生分别从单个模块获得学习产出和项目产出达到程度的评估方法;条目③中:教员是否足够实现项目产出? 技术和管理支持员工是否足够实现项目产出? 教室是否足够实现项目产出? 计算机设施是否足够实现项目产出? 实验室、车间和相关设备是否足够实现项目产出? 图书馆和相关设备和服务是否足够实现项目产出? 财政资源是否足够实现项目产出? 高等教育机构和这个项目的伙伴关系是否参与贡献于实现项目产出并促进了学生的流动性? 条目④中:进入这个项目的学生是否拥有正确的知识和态度以在期望的时间内获得项目产出? 和学生的职业相关的结果是否证明实现了在期望时间内的项目产出? 利益相关者(毕业生、雇主等)是否认可项目教学目标的实现? 条目⑤中:高等教育机构和项目的组织和决策过程是否足够实现项目产出? 高等教育机构和项目的质量保障体系是否能有效保证实现项目产出?

德国 ASIIN 对学位项目的认证标准体系同样是结果导向性的,ASIIN 对项目品质的评定标准基于项目的教育目标和实现目标的程度③。教育目标重点在于对学生学习成果和毕业生能力的要求,评估时对项目各个模块的学习成果进行核对以检查整体的学习成果。ASIIN 考察高等教育机构在项目实施过程中投入的资源、措施和手段,目的也是检查项目实施过程与教育目标实现的逻辑性及其有效性。

---

① www. asiin. de

② http://www. enaee. eu/wp-content/uploads/2012/01/EUR-ACE _ Framework-Standards _ 2008-11-0511. pdf

③ http://www. asiin-ev. de/pages/en/asiin-e. -v/programme-accreditation/general-criteria-and-ssc. php

ABET 标准体系包括通用标准和专业标准,其中通用标准包含八大条目:学生、教育目标、学生成果、持续改进、课程、师资、设施和学校支持[①],这些条目同时适用于本科层面和硕士层面的教育项目。对每一条目的要求都紧密围绕并指向学生成果的达成,如学生条目中:专业必须评价学生的表现,指导学生的课程和就业,并监督学生的发展来促进他们成功达成学生成果,达到专业目标顺利毕业;该专业还应当有措施保证并记录所有毕业学生达到所有的毕业要求。教育目标条目中:专业必须有公开的且符合学校使命、专业相关利益者需求和本标准的教育目标;有成文的、系统的、有效的、有专业利益相关者参与的程序对专业教育目标进行定期检查,确保其保持与学校使命、专业相关利益者需求和本标准相一致。学生学习成果条目中:专业必须记录使学生达到专业教育目标的学生成果;学生成果是下列 a-k(略)的成果,加上专业所确立的其他成果。持续改进条目中:专业必须使用恰当的、成文的程序对学生成果的达成度进行评估和评价。课程条目中:教师必须确保在专业课程上投入了足够的精力和时间,并且与学校和专业的目标、成果相符。师资条目中:专业的师资应具备适当的学术资格,有足够的权力确保对专业的正确指导,建立和执行评估和评价程序,不断完善专业及其教育目标和产出。设施条目中:应有充足的教室、实验室和相应的仪器设备,支持学生成果的达成,并形成有利于学习的氛围。应具有适当的现代化工具、设备、计算机资源和实验室条件,便于师生接触,并系统地维护和更新,是学生达成学生成果,支持专业的需要。学校支持条目中:必须有足够的资源用于获得、维护和运行专业所需的设备和设施,为学生成果的达成创造条件。硕士层面的通用标准要求专业必须证明毕业生有能力应用与专业领域相应的学科领域的硕士层次的知识。

ABET 标准体系通用标准列出的学生成果包括[②]:①应用数学、科学和工程知识的能力;②设计和操作实验,以及分析和解释数据的能力;③在现实条件下,如经济、环境、社会、政治、伦理、健康和安全、可行性和可持续性等,设计系统、部件或程序以满足预期需求的能力;④在跨学科团队中发挥作用的能力;⑤识别、分析和解决工程问题的能力;⑥理解职业责任和伦理责任的能力;

---

① Accreditation policy and procedure manual, http://www.abet.org/appm-2014-2015/

② http://www.abet.org/uploadedFiles/Accreditation/Accreditation_Step_by_Step/Accreditation_Documents/Current/2014_-_2015/T001% 2014-15% 20ETAC% 20Criteria% 2010-26-13. pdf [2013-06]/[2014-04]

⑦有效沟通的能力;⑧广泛的知识,充分认识工程问题在全球的、经济的、环境的和社会的背景中所发挥的作用;⑨认识到终身学习的必要性,并具备终身学习的能力;⑩了解目前的形势;⑪运用技术、技能和现代工程工具进行工程实践的能力。

(三) 以专业自评作为认证的基础

EUR-ACE 体系要求,接受认证的教育项目在认证小组考察前提交详细的自评报告和文件,给同行评审报告提供充足的时间。EUR-ACE 为高等教育机构撰写以及认证小组评审自评报告制定了详细的准则和要求,自评报告应该回答要求中列出的所有问题。认证小组对项目进行评估的标准和自评报告需要回答的问题一一对应,自评报告被作为认证评估的重要依据。

德国 ASIIN 学位项目认证的评审过程中,以教育机构提交的自我评估为同行审查和后续行动的基础。自我评估内容须包括,项目如何满足及以何种程度满足学位课程认证要求和授予认证标志的要求。自我评估应包含高等教育机构对其关键发展状态的陈述、实现教育目标的程度以及教育目标与外部需求的关系。教育机构审视自身组织和学位课程的能力是通过认证的关键环节。自我评估要具体、简洁和精确,在申请中仅包含那些与认证要求信息相关的内容。在重新认证的程序中,同时展示出如何处理上次认证提出的建议也是很重要的。ASIIN 办公室根据要求提供自我评估的模板。在相关学科领域的多个学位项目进行捆绑审核的情况下,需要对各个项目的自我评估进行集成,并清晰阐述各个项目的特定信息(例如,通过进一步细分报告或有单独的报表),同时整个自评报告尽可能保持简短。

ABET 对高校教育项目的评估,部分依赖于高校向 ABET 提交的自评报告中的信息和数据。为了帮助项目完成自评报告,每个认证委员会都制定了自评报告问卷,公布在 ABET 网站。自评报告应说明项目如何满足每一条标准和政策的要求。自评报告必须包括项目实施、获得学位的所有可能途径、远程实施等信息①。

(四) 同行专家进行实质等效性评价

EUR-ACE 作为一个由欧洲各国工程学位项目认证组织签订的国际性架

---

① Accreditation policy and procedure manual, http://www.abet.org/appm-2014-2015/

构,它认可正式成员所认证的学位项目的实质等效性,并建议任何正式成员所认证的项目的毕业生获得其他成员的认可,认为其达到了进入工程实践的教育要求。

对于工程教育认证的国际协议或架构来说,参与各国的具体情况存在差异,各国的相关法律法规以及认证的组织体系、标准、程序和规则都有其特殊性。双边或多边协议要考虑国家之间的相似性和差异性,同时要有一套严格的参考评价体系来衡量对工程教育项目和认证的基本要求。在此背景下,"实质等效性"的定义显得非常重要,它不是说两个认证体系或工程教育项目相同,而是说它们在项目内容和教育经验上具有可比性,表明毕业生具有足够的职业胜任力,能够胜任初级或更高相同等级的工程实践①。工程教育认证的实质等效性,是指国际协议各缔约方的工程专业认证体系及其程序、标准和规则基本等价,各缔约方的毕业生素质标准基本等效于协议中规定的标准。

认证标准一般会考虑质和量两方面的要求,两个国家的认证标准在质和量的要求上有重叠的部分,也有不同的部分(见图 6-1)。比如,有些国家基于当地的工程实际要求对工程师进行一些相应的训练,在其他国家则没有。实质等效的程度在于两国要求的重叠程度和相似程度,这种相似性必须达到合理的程度,也就是重叠部分必须包括各方都同意的一个基本的最小内容(定义为区域 F)。除此之外,还需要考虑经认证的附加学习(定义为 I),以及师资水平、教学设施等资源对毕业生素质的影响(定义为 P),可以设计定性和定量的方法对它们进行衡量。最小尺寸的基本区域 F,加上经认证的附加学习 I 和其他带权重因素的影响 P,可以在一定程度上定量地衡量认证标准的实质等效性程度。

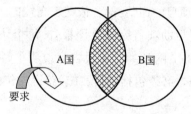

图 6-1　两个国家要求的重叠②

---

① Wendy Ryan-Bacon, Gilles Y. Delisle. The International Journal of Engineering Education, Vol. 16, 2 (2000).

② 资料来源:Wendy Ryan-Bacon, Gilles Y. Delisle. The International Journal of Engineering Education, Vol. 16, 2 (2000).

四、中国怎么办

一方面,我国硕士层面工程教育认证工作还处于起步阶段,相关认证体系的建设可以向国外较为成熟的包含硕士层面认证的组织和体系学习。另一方面,若加入有关硕士层面的国际工程教育认证体系,可以促进我国工程教育认证的国际化进程。基于某一国的工程教育认证组织,如美国的 ABET、德国的 ASIIN,也可以认证其他国家的学位教育项目,但不适合他国全国性组织的参与。ENAEE 的 EUR-ACE 认证体系包含了欧洲各国主要的工程教育认证组织,但其影响主要限于欧洲地区,是欧洲高等教育一体化的一个产物。

我国已于 2013 年 6 月加入《华盛顿协议》,正式开始了工程教育认证国际化之路。《华盛顿协议》基本上涵盖了世界上主要的工业国家,但其认证范围主要限于本科层面的工程教育项目。EUR-ACE 认证体系和欧美主要国家的工程教育认证组织,一般同时负责本科层面和硕士层面的教育项目认证;这些组织硕士层面的认证程序规则和本科层面的基本一致,硕士层面的认证标准是在本科层面标准上的拓宽和深入。作为中国大陆地区开展工程教育认证唯一合法组织的中国工程教育认证协会,也适合将其认证范围拓展到硕士层面乃至博士层面的工程教育项目。

由于目前还没有世界范围的硕士层面工程教育认证组织,我国在稳步建设自身硕士层面认证体系的同时,可以考虑与国际上主要的工程教育认证组织联合,建立一个全球范围的硕士层面工程教育认证体系。我国的工程教育和工程就业市场的规模具有世界性的优势,而主要工业国家的工程教育有其历史积累的水平优势,在全球生产资料、生产过程和先进技术日益向中国集中的今天,可以预料高层次的工程职业人才也会向逐渐向中国聚拢,中国应该考虑在高水平工程教育和工程教育认证领域进一步占据主导地位。

(一) 创建工程硕士认证"北京协议"的可能性

本节主要探讨由中国牵头、在北京签署协议建立一个全球范围的工程硕士教育认证体系"北京协议"(以下简称"北京协议")的可能性。

探讨创建"北京协议"的背景是:目前还没有一个世界范围的硕士层面工程教育认证体系。目前有世界影响的工程教育认证体系中,悉尼协议和都柏林协议关注的是本科以下层面(相当于高职高专)的教育项目认证,《华盛顿协议》以本科层面的项目认证为主。而包括硕士层面认证的 EUR-ACE,其成员分布主要局限于欧洲。此外,EUR-ACE 等包含工程类硕士项目认证的体系同时做本科层面的认证,目前还没有一个国际性的硕士层面工程教育认证的专门组织或体系。

中国硕士层面工程教育规模居全球首位全球。2012 年,全国工学硕士研究生招生 119 299 人,在校 365 043 人;工学博士研究生招生 25 473 人,在校 116 021 人;工程硕士研究生招生 135 896 人,在校 131 559 人[①];工程博士研究生招生 178 人,在校 198 人[②]。建立世界范围的硕士层面工程教育认证体系,由中国作为主导者是合适的。

在本书第二章"构建能力导向型的工程专业学位通用标准"中,我们分析美国 ABET 的核心工作在本科层面、硕士层面的工程教育认证是附带性的且短期内不会有大的发展;而 ENAEE 正在快速发展,其包含硕士层面工程教育认证的 EUR-ACE 体系对欧洲工程教育强国的影响在不断扩大。构建中国自身乃至由中国牵头的全球范围工程硕士教育认证体系的通用标准,都需要考虑与 EUR-ACE 体系的对照和实质等效问题。

与本科相比,硕士层面工程教育的区别或者说优势体现在哪里呢?在英国工程委员会看来,工程硕士学位和学士学位的不同,在于它提供更大范围和更有深度的专业知识,硕士研究生会在更真实的研究和工业环境中参与较大的项目工作,通常还包括团队工作。工程硕士阶段的学习还让学生更加广泛和深入地认识到工程和经济、社会和环境的关系,并为学生的领导力培养提供更加坚实的基础[③]。总体来说,本科阶段的工程教育注重基础和实践并行,工程硕士的培养更加注重实践训练,通常让学生用一年或更长的时间解决一个具体的问题,训练其工程实践能力,与未来就业后的实际工作更加紧密地结合。

ENAEE 和英、美、德等工程教育强国的工程教育认证组织同时负责本科层面和硕士层面的专业认证,对两个层面学位项目认证的通用标准差别主要体现在学生成果产出上,硕士层面的标准是本科层面标准的扩展和深入,两者

---

①② 中国学位与研究生教育发展报告 2013[M]. 北京:中国人民大学出版社. 2014;189-208.

③ Subject Benchmark Statement:Engineering 2010,http://www.qaa.ac.uk/Publications/InformationAndGuidance/Documents/Engineering10.pdf

可以实现很好的衔接。中国的本科层面工程教育认证由中国工程教育认证协会负责,硕士层面工程教育认证还没有明确专门的机构。构建中国自身的工程硕士教育认证体系,需要考虑与本科层面工程教育认证体系的衔接。

建议"北京协议"的创建分三步实施:

第一步,联合印度、欧盟、韩国等国家和地区,在北京召开硕士层面工程教育论坛,在北京签字建立一个"北京论坛"的松散结构。

第二步,定期举行"北京论坛",邀请主要的老牌和新兴工业化国家和地区的认证组织参与,扩大国际影响;深入讨论建立硕士层面工程教育认证框架"北京协议"的具体事宜,包括认证组织、标准体系和认证规则等内容。

第三步,正式签署《北京协议》,吸引更多国家和地区的认证组织加入,形成世界性的影响。

(二) 关于构建国际工程硕士教育认证体系的设想

参考 EUR-ACE、ASIIN、EngC 和 ABET 等包含硕士层面工程教育认证的体系,借鉴其认证组织、标准体系和程序规则的优点,结合中国和新兴工业化国家的具体情况,本节对"北京协议"的认证组织、标准体系和程序规则进行初步的设计,这些建议综合了国际工程教育认证的发展趋势,包括华盛顿协议的组织框架;EUR-ACE、ABET 等以学生为主体、学习成果产出为导向的标准体系,以专业自评作为认证基础、以同行评审作为评估手段的认证程序规则;ASIIN 强调学位教育工程性、重视产学研结合的标准制定理念。同时考虑与国内外本科层面工程教育认证标准的衔接。构建国际性的工程学位项目认证体系,既要有足够的包容性以容纳各国工程教育的不同情况,又要保证硕士培养标准的最基本要求,保证各认证体系成果的实质等效。

1. 认证组织

"北京协议"的组织制度设计可以参考华盛顿协议和 EUR-ACE 的模式,由几个国家和地区硕士层面工程教育认证组织发起,经过谈判签订协议——承认签约国所认证的工程硕士学位项目的培养质量具有实质等效性,并制定认证体系的章程和程序、有关新成员加入的条款。

建议"北京协议"定期召开签约成员大会,审议协议条款修改、新成员接纳等事宜;设大会主席和秘书处,每次大会闭幕时由各签约成员推举产生主席单位和秘书处单位,任期直至下一次大会闭幕。大会主席不能连任,签约成员任秘书处单位不能超过两届。

为确保各签约成员认证体系的实质等效性,对签约成员进行定期审查(比如每隔6年审查一次),审查其认证标准、程序规则和实际执行情况等与其他签约成员的等效性;审查小组由其他签约成员提名的学术背景和工业或职业背景的代表组成。审查结果分为三种:①通过审查的成员,可继续保持6年的正式成员身份,在此期间认可该成员与其他签约成员的认证体系成果具有充分的等效性;②被审查成员可保持正式成员身份,但其认证体系存在问题,需要在3年内采取措施改进并证明已解决审查小组发现的问题;③被审查成员的认证体系存在明显不足,立即恢复临时成员身份,责成其他签约成员提供紧急援助帮助该成员解决认证体系存在的不足。

申请加入协议的认证组织需要得到一定数量(如2/3以上)的正式签约成员的同意,才能成为临时成员。临时成员需通过正式成员对其认证体系的全面审查(审查标准与正式成员定期审查的相同,包括认证标准、程序规则、实际执行情况等内容),并获得所有正式成员的同意后,才能转为正式成员。临时成员须承认所有正式成员的认证体系的成果对其具有实质等效性;正式成员之间承认彼此的认证体系成果具有实质等效性,但不需要认可临时成员认证体系成果的实质等效性。正式成员应帮助临时成员改进其认证体系和认证工作,使其早日具备协议成员的实质等效性。

秘书处负责闭幕期间的行政管理工作,如审查小组组建、审查时间表制定、促进成员之间的交流等,大会期间负责会议内容和决定记录等工作。应推动各签约成员公布认证标准、程序规则和认证名单等内容,鼓励签约成员观摩学习其他成员的认证组织会议、认证审查和决议等认证过程,派遣顾问帮助其他成员改进认证工作,以保证各认证体系间的实质等效性。

2. 认证标准

认证标准应包括学生、教育目标、学生成果产出、培养过程、师资队伍、持续改进、支持条件等项。各认证机构可增加其他要求和更详细的规定,以适应所在地的具体情况和法律法规。

学生:

(1)学位项目应制定适当的政策和措施吸收新生,并确保新生具有足够的知识基础和能力素质使其在规定的时间内达到学生成果产出的要求。

（2）对学生的课程学习、课题研究和工程实践有到位的指导，在职业规划、就业和身心健康方面对学生进行有效的辅导。

（3）在整个培养过程中对学生进行跟踪评估，监督学生的发展促进他们达成学生成果产出，达到项目教育目标顺利毕业；记录学生在各个培养环节的表现和所有毕业生达成的所有毕业要求。

（4）制定适当政策接收转专业学生和交换学生，认定他们的原有学分和在本项目学习获得的学分。

教育目标：

（1）学位项目应该有公开的、符合学校办学宗旨和所有利益相关者需求、和本标准体系相一致的教育目标。利益相关者包括学生、工业界、行业协会等；教育目标除包括对研究生毕业的要求外，还应包括对硕士毕业若干年后职业发展的预期。

（2）存在教育目标达成情况的定期评估制度，保证在所有利益相关者参与的情况下对教育目标的完成情况进行检查和改进。

学生成果产出：

学生成果产出和教育目标一致且符合认证要求；学生成果产出包括 14 项（见表 6-1），加上项目所确立的其他成果产出。

表 6-1　工程专业学位通用标准中的学术成果产出建议

序号	知识、能力、素质要求
1	工程相关的数学与自然科学知识的学习与理解能力
2	本专业基础知识和技术应用知识的学习与理解能力
3	工程基础理论与技术研究能力
4	工程设计与开发能力
5	工程实际问题的识别和分析能力
6	在工程实践中应用适当的技术、技能和工具解决工程问题的能力
7	获取与应用信息的能力
8	组织管理能力
9	人际沟通与团队合作能力

续表

序号	知识、能力、素质要求
10	国际视野与跨文化交流能力
11	知识更新与终身学习能力
12	技术革新意识与追求创新的态度
13	工程职业伦理与社会责任感
14	本专业领域技术标准,相关行业的政策、法律和法规的理解与应用能力

本书第二章结合国内外认证标准、学位标准对毕业生的要求和欧美工程师组织对工程师职业胜任力的要求,在问卷调查的基础上提出了"工程专业学位通用标准中的能力要求建议"(见表2-8),较为完整地体现了国际工业界和工程专业对工程硕士的知识、能力和综合素质要求,我们建议将该部分提出的14项能力要求(包括7项解决工程实际问题的"硬技能"和7项工程创新必备的"软技能",详见表6-1)作为"北京协议"框架标准的学生成果产出要求。

培养过程:

(1)包括保证获得学生成果产出的课程体系和相关程序,课程体系及各培养环节必须符合项目教育目标,能保证学生成果产出的达成。

(2)课程体系应包括与专业相关的学科领域,并且由该领域的工业界专家或行业协会专家参与设计;课程内容是本科层面内容的拓宽与深入。

(3)在课程学习和各培养环节有适当的评估方法检查学生成果产出的达成程度。

(4)教师必须确保在所负责课程和研究生培养的各个环节上投入足够的时间和精力。

师资队伍:

(1)教师队伍足以实现学生成果产出。教师数量能够满足课程教学和研究生指导的需要,组成合理,并有工业界专家作为兼职教师;教师有到工业界实习和接受培训的机会。

(2)教师有足够的能力和专业水平承担课程教学和研究生指导,教师的工程经验应满足研究生培养的需要;教师应在教学和研究生指导上投入足够的时间和精力,并不断改善研究生培养工作。

(3)教师应为学生提供学习指导、咨询和服务,为学生与工业界、本领域从业者和雇主的交流搭建桥梁,为学生职业发展规划做出足够的指导。

（4）领导学位项目的教师应具备适当的学术资格和管理能力,不断完善项目的管理体系和成果产出。

持续改进：

（1）应有规范、系统的质量监控程序,定期对研究生培养的各环节进行评估,以确保实现学生成果产出。

（2）对毕业生的职业发展进行持续跟踪,调查雇用机构和其他社会部门对毕业生表现的评价,检查教育目标的达成情况。

（3）对课程体系、学生培养和毕业生发展的评估结果被用于学位项目的持续改进。

支持条件：

（1）教室、实验室、车间和相应的仪器设备足够支持学生成果的达成,计算机、网络、图书馆等设施和服务能满足研究生培养的需要。

（2）技术和管理员工的数量、组成和能力能够有效支持学生成果的达成。

（3）经费来源充足,能够满足学位项目运行和研究生培养的需要。

（4）与工业界等校外部门的合作有助于实现学生成果产出。

（5）学校提供学位项目所需的充足资源,包括有效的管理和服务、合格的新教师和学生等,以确保项目的培养质量和持续性。

3. 认证程序

认证程序应包括申请和受理、自我评估、同行评审、项目认证和认证状态保持等环节。各认证机构可增加其他要求和具体规则以适应所在地的具体情况和法律法规。

（1）认证申请和受理：拟申请学位项目认证的高等教育机构（HEI）向认证机构提交申请,认证机构审查其是否具备申请认证的条件,决定是否受理并通知 HEI。如认证机构受理申请,通知 HEI 进行自我评估;否则说明不受理申请的理由。

（2）自我评估：HEI 按照认证标准对申请认证的学位项目进行自我评估,并提交详细的自评报告。自评报告应该包括认证标准中的各项内容。

（3）同行评审：包括自评报告审查和现场考察。

认证机构对认证项目提交的自评报告进行审阅,审查其是否达到认证标准的要求。若认证项目通过审查,则进入现场考察阶段;否则要求认证项目补充修改自评报告,或终止认证程序并说明理由。

组建评审小组,执行现场考察,以审核自评报告的真实性,并获取自评报告不能反映的内容。评审小组应同时包含来自工业界和学术界的同行专家,且保证小组成员与被考察项目之间不存在利益关系或冲突;在执行考察任务之前应对评审人员进行充分的培训。

现场考察应包括:明确考察计划和成员分工的小组准备会议;与 HEI 和院系负责人的见面会;与教师、在校学生、毕业生代表及工业界的雇用单位、行业组织代表座谈;实地考察教室、实验室、图书馆、实习车间、计算机和网络等教学设施;检查教学现场以及学生的试卷、作业、论文、实验报告等学习成果。评审小组在考察结束时向 HEI 提供反馈意见;向认证机构提交现场考察报告,汇报认证项目对认证标准的符合情况、对自评报告的核实情况、考察中发现项目存在的问题和需要改进之处。

(4) 项目认证:认证机构将现场考察报告发给 HEI,HEI 核实报告内容并回答其中提出的问题,向认证机构回复意见。认证机构审议认证项目自评报告、评审小组现场考察报告和 HEI 回复意见,做出认证的决定并公布。认证决定一般包括三种:完全认证、有条件的认证和不通过认证,前两种决定应存在有效期。

(5) 认证状态保持:通过认证(包括完全认证和有条件认证)的学位项目应采取有效措施改进认证过程中发现的问题,定期向认证机构提交改进报告。学位项目可在认证有效期结束前提交重新认证申请,以保持认证状态的连续性。学位项目在涉及认证标准的方面有重大调整时,应向认证机构申请对调整部分进行重新认证。

第七章　优化我国工程硕士培养体系的建议

一、完善能力导向的工程专业学位教育通用标准

结合成果导向教育的基本理念和原则,我们认为基于工程性和创新性构建工程硕士专业学位标准的制定和完善应该考虑以下三点。

第一,以工程性和创新性为原则,突出工程专业人才通用标准的能力导向。工程职业是一个实践性很强的职业,工程教育标准具有导向作用,标准应该回应社会和行业对工程师知识、能力以及综合素质的需求。

第二,从培养目标定位出发,合理体现不同类型与层次的标准上的差异。通过能力要求的不同,将工程专业学位与学术型学位的要求区别出来,将硕士与博士层次的人才培养的要求区别出来。

第三,更加重视工程专业学位通用标准的实施。首先,以工程实践能力和创新能力为目标,反向设计教育的过程,构建蛛网式的通用标准实现形式,强调在学习者经历和最终成果之间,找到能力形成的关键环节和基石。其次,围绕学生学习成果的达成,推动院校工程教育的综合改革。教师的角色应该从知识的传授者转变为促进学生学业成功的最直接支持者,课程和实践教学环节需要围绕最终成果的实现来设计和实施,学生应成为学习的中心等。此外,应围绕学生发展,拓展学生成功获得工程实践与创新能力的机会。

二、优化能力导向的工程硕士培养模式

围绕质量标准,工程硕士培养模式在生源遴选、教学课程设计等方面可以进行一系列的优化。

第一，通过多样化的招考方式保障工程硕士的生源质量，特别留意考生在工程实践方面的经历。

第二，逐步完善兼职导师的聘任办法，在工程硕士培养中大规模推行双导师制。

第三，课程设置要充分体现基础宽广、实践性强的特征，加强通识课和实践课的比例。

此外，在学生的毕业环节加强对学生实践能力、动手能力的考察，可探索以实践项目为导向的毕业考核方式。

三、构建灵活的学分制基础与人才培养立交桥

《国家中长期教育改革和发展规划纲要（2010—2020 年）》（以下简称《纲要》）中提到，要搭建终身学习"立交桥"。促进各级各类教育纵向衔接、横向沟通，提供多次选择机会，满足个人多样化的学习和发展需要。

高层次工程人才培养的"立交桥"由三个重要部分构成。

一是"立交桥入口"，即高等工程教育的招生与选拔机制。"立交桥"的理想入口应具有"宽口径，多渠道"的特性，它可以为适宜且愿意的考生提供充足的入学机会。

二是"立交桥纽带"，即高等工程教育的学位类型衔接与转换机制。理想的"立交桥"纽带，既能满足不同层次学位间的有效衔接，也能使同一层次间不同类型的学位进行自由转换。

三是"立交桥出口"，即工程学位与工程师职业资格的衔接机制。理想的"立交桥出口"，能在不同层次、类型的工程学位与不同层次、类型的工程师职业资格之间建立起对应关系。

本研究认为，应以灵活的学分制来构建高层次工程人才培养的"立交桥"，通过学分来实现学位类型的自由转换，也通过学分来衔接高层次工科人才所养成的能力与社会的能力需求。

四、深化人才培养的校企合作机制

校企合作是培养工科高层次人才的主要途径，以学校为中心加强校企合作主要体现在以下两个方面。

第一,基于学校既有的校企合作项目,构建了解企业用人需求的平台和机制,通过导师的合作科研项目、就业的追踪调查以及与用人单位的互访来了解企业对工科高层次人才在数量和质量两个方面的需求。

第二,将企业对人才的需求内化为大学工科研究生的培养目标,并在课程学习和实践环节回应企业的用人需求。

五、构建硕士层面工程教育认证体系——北京协议

我国硕士层面工程教育认证工作还处于起步阶段,相关认证体系的建设可以向国外较成熟的涉及硕士层面认证的组织和体系学习。目前还没有一个国际性的硕士层面工程教育认证的专门组织或体系,我国在稳步建设自身硕士层面认证体系的同时,可以考虑与国际上主要的工程教育认证组织联合,建立一个全球范围的硕士层面工程教育认证体系。中国硕士层面工程教育规模居全球首位全球,建立世界范围的硕士层面工程教育认证体系,由中国作为主导者是合适的。

建议由中国牵头,在北京签署协议建立一个全球范围的工程硕士教育认证体系"北京协议",其创建分三步实施:

第一步,联合印度、欧盟、韩国等国家和地区,在北京召开硕士层面工程教育论坛,在北京签字建立一个"北京论坛"的松散结构。

第二步,定期举行"北京论坛",邀请主要的老牌和新兴工业化国家和地区的认证组织参与,扩大国际影响;深入讨论建立硕士层面工程教育认证框架"北京协议"的具体事宜,包括认证组织、标准体系和认证规则等内容。

第三步,正式签署《北京协议》,吸引更多国家和地区的认证组织加入,形成世界性的影响。

本研究为"北京协议"的认证组织、标准体系和程序规则的构建提出了建议。这些建议一方面参考国际工程教育认证的发展趋势,包括华盛顿协议的组织框架;EUR-ACE、ABET 等以学生为主体、学习成果产出为导向的标准体系,以专业自评作为认证基础、以同行评审作为评估手段的认证程序规则;ASIIN 强调学位教育工程性、重视产学研结合的标准制定理念。另一方面考虑与国内外本科层面工程教育认证标准的衔接。构建国际性的工程学位项目认证体系,既要有足够的包容性以容纳各国工程教育的不同情况,又要保证硕士培养标准的最基本要求,保证各认证体系成果的实质等效。

附录一 欧洲 EUR-ACE 工程教育 项目认证标准选译

欧洲 EUR-ACE 工程教育项目认证框架标准[①]

前言

EUR-ACE 的首要目的是在欧洲高等教育领域(EHEA)内发展一个工程学位项目的认证框架。已经改进过的框架标准,和它们实施的程序,试图具有广泛的适用性和包容性,以便反映提供进入工程职业必需的教育的工程教育项目的多样性。拟议的框架提供了在欧洲高等教育领域(EHEA)内比较教育资格并由此提升工程毕业生流动性的方法。

认证涉及对工程教育项目对照公认标准的定期评估。这是一个同行评审的过程,由经过适当的培训并独立的执业工程师小组执行。这些执业工程师既有工业界的也有学术界的,代表了相关的组织机构。程序通常既涉及审查项目的数据,也涉及对运行这个项目的高等教育机构(HEI)的一次结构化考察(a structured visit)。

认证标准可以用在设计和评估所有工程分支和不同方面的项目上。它们被表述为"项目产出"(Programme Outcomes),而在一般术语中描述为从认证的在欧洲职业资格框架(the European Qualification Framework)cf. §7 中被定义为第一阶段和第二阶段(First Cycle and Second Cycle)的工程项目,或从被设计为直接进入第二阶段学位的项目(常规术语叫"综合学位",Integrated

---

[①] http://www. enaee. eu/wp-content/uploads/2012/01/EUR-ACE _ Framework-Standards _ 2008-11-0511. pdf

Programmes)中毕业所要求达到的能力。通常,必须经过使用者的解释以反映不同分支、阶段和方面的特殊需求。

由于框架标准描述了认证项目的项目产出,但并没有规定如何去实现,高等教育机构(HEIs)保有形成项目特殊重点和特性的自由,包括新的和创新的项目,以及规定进入每个项目的条件。

虽然这个框架是用认证学位项目的术语来描述,但它也可以用在对认证(或试图认证)工程项目的认证机构上,这些认证机构的规则和标准与框架(元认证 meta-accreditation)保持一致;或者,它可以用作新机构起草标准和程序的准则。

贯穿以下标准和程序的陈述,"工程毕业生"(engineering graduate)这一术语被用来描述成功完成一个认证的工程项目的某人。"工程师"(engineer)这个术语已经被避免使用,以免因"工程师"一词在欧洲内部具有广泛的不同解释(包括在某些国家的特殊的监管意义)而引起的困惑。由每个国家的合适的权威机构决定一个资格,不论认证与否,在这个国家对工程注册或资格是否足够,或者需要进一步的教育、培训或工业经验。EUR-ACE 认证标签将会坚持这些决定,特别是那些涉及跨国承认的。

2005 年 5 月在卑尔根举办的部长会议上同意通过的"欧洲高等教育领域资格框架"(A Framework for Qualifications of the European Higher Education Area)报告和"都柏林描述"(Dublin Descriptors)通报了项目产出的进展。同时假定所有认证的项目满足 ENQA"欧洲高等教育区质量保障标准和准则"中设置并被卑尔根会议认可的标准。

框架标准有两个附属文件:①解释一些使用的术语的意义,并提供更多关于 EUR-ACE 和后续计划的背景和目的的信息;②一个用于认证结果发布的推荐模板。

EUR-ACE 框架标准是这个网站另一页上描述的 EUR-ACE 认证体系的基础。

(一) 认证的项目产出

认证的工程学位项目的六项项目产出分别为:①知识和理解 Knowledge and Understanding;②工程分析 Engineering Analysis;③工程设计 Engineering

Design；④调查 Investigations；⑤工程实践 Engineering Practice；⑥可迁移技能 Transferable Skills。

虽然这六项项目产出全部应用在第一阶段和第二阶段的项目中,但是在两个水平上的要求有重要区别。被认证的第一阶段和第二阶段工程项目间的这些区别,应该由高等教育机构(HEIs)和认证小组对项目产出进行说明来解释。这些区别和那些直接贡献于"与工程应用相关的三大项目产出:工程分析、工程设计和调查"的学习活动特别相关。

进入一个认证的第二阶段项目的学生通常是从一个认证的第一阶段项目毕业的,但高等教育机构(HEI)应给学生提供进入第二阶段项目的另外机会——不需要从认证的第一阶段项目毕业的资格,只需证明他们已经满足第一阶段项目的产出即可进入。直接通往一个相当于第二阶段资格的综合项目将需要包括第一阶段和第二阶段的项目产出。

这个框架没有暗示或试图在项目设计上施加约束以使其满足特定的项目产出。例如,多于一个项目产出的要求可以在一个单独的模块或单元中得到满足,例如项目工作(project work)。类似的,一些项目被设计为可以在满足其他项目产出要求的模块或单元里完整地教授和评估可迁移技能产出的要求。然而,在其他项目中,可迁移技能的要求是在单独为其设计的模块或单元中教授和评估的。

可以设想,一个从认证的第二阶段项目中毕业的学生将从所有的高等教育学习中获得总共不少于 240ECTS(欧洲学分互认系统)学分,而一个从认证的第一阶段项目中毕业的学生将获得不少于 180ECTS 学分(或者它们的等价物,如果他们毕业于没有申请 ECTS 的高等教育机构)。

1. 知识和理解

关于科学、数学和工程基本原理的支撑性知识和理解,对于满足其他项目产出是必要的。毕业生应该掌握关于他们的工程专业的以及更宽工程背景的知识和理解。

第一阶段毕业生应该具备:

(1)对于构成他们的工程分支基础的科学和数学原理的知识和理解;

(2)对他们的工程分支的关键方面和概念的系统性理解;

(3)他们工程分支的相关知识,包括这个分支的一些前沿知识;

(4)对工程的更广泛的多学科背景的意识。

第二阶段毕业生应该具备：

(1)对于他们的工程分支原理的深入(in-depth)的知识和理解；

(2)对他们的工程分支前沿的批判意识。

2. 工程分析

毕业生应能解决和他们的知识和理解水平相符且可能涉及他们专业领域之外的考虑的工程问题。分析包括确认问题、阐明详情(specification)、考虑可能的解决方法、选择最合适的方法，以及正确实施。毕业生应能运用各种方法，包括数学分析、计算机建模，或实际试验，而且应该能够认识到社会、健康和安全、环境和商业的限制。

第一阶段毕业生应该具备：

(1)运用他们的知识和理解，使用已经确立的方法去确认、阐述和解决工程问题的能力；

(2)运用他们的知识和理解分析工程产品、过程和方法的能力；

(3)选择和运用相关分析和建模方法的能力。

第二阶段毕业生应该具备：

(1)解决不熟悉、不完全确认、具有互相矛盾的说明(competingspecification)的问题的能力；

(2)阐述和解决他们的专业内新的和正在出现的领域中的问题的能力；

(3)使用他们的知识和理解概念化工程模型、系统和过程的能力；

(4)运用创新性的方法解决问题的能力。

3. 工程设计

毕业生应能与工程师和非工程师人员(non-engineers)合作工作，实现和他们的知识和理解水平相符的工程设计。设计可能是关于设备、过程、方法或加工品，并且对它的说明(specification)可能比技术的更宽，包括意识到社会、健康和安全、环境和商业的考虑。

第一阶段毕业生应该具备：

(1)运用他们的知识和理解去开发和实现设计以满足设定的和特殊的要求；

(2)对设计方法学的理解,以及使用它们的能力。

第二阶段毕业生应该具备:

(1)使用他们的知识和理解设计解决不熟悉的问题的能力,可能涉及其他学科;

(2)使用创造性去开发新的和原创的想法和方法的能力;

(3)使用他们的工程判断,在复杂、技术不确定和信息不完整的情况下工作的能力。

4. 调查

毕业生应该能够使用合适的方法从事和他们的知识和理解水平相符的技术问题的研究或其他详细的调查。调查可能涉及文献搜索、实验的设计和实施、数据的阐释和计算机模拟。他们可能要求参考数据库、行业准则和安全规程。

第一阶段毕业生应该具备:

(1)实施文献搜索、运用数据库和其他信息来源的能力;

(2)设计和实施合适的实验,阐释数据并得出结论的能力;

(3)车间和实验室技能。

第二阶段毕业生应该具备:

(1)确认、定位和获取需要的数据的能力;

(2)设计和实施分析、建模和实验调查的能力;

(3)批判性地评估数据并得出结论的能力;

(4)调查在他们的工程分支中新的和正在出现的技术的应用的能力。

5. 工程实践

毕业生应该能够运用他们的知识和理解发展实践技能解决问题,实施调查并设计工程设备和过程。这些技能可能包括知识、材料使用及其局限、计算机模拟、工程过程、设备、车间实践、技术文献和信息来源。他们还应该意识到工程实践更宽广的、非技术的,涉及伦理、环境、商业和工业的影响(implication)。

第一阶段毕业生应该具备:

(1)选择和使用合适的设备、工具和方法的能力;

(2)结合理论和实践解决工程问题的能力；

(3)意识到工程实践的非技术影响(implication)的能力。

第二阶段毕业生应该具备：

(1)整合不同分支的知识，并掌控复杂性的能力；

(2)对可应用的技术和方法以及它们的局限的综合性的理解；

(3)关于工程的非技术影响的知识。

6. 可迁移技能

工程实践必备的，以及可以更广泛适用的技能，应该在项目中得到发展。

第一阶段毕业生应该能够：

(1)作为个体和团队成员有效地发挥作用；

(2)使用不同的方法和工程群体和社会充分有效地沟通；

(3)证明意识到了工程实践的健康、安全和法律问题和责任，工程解决方法在社会和环境背景下的影响，以及承诺工程实践的职业伦理、责任和规范；

(4)证明意识到了项目管理和商业实践，例如风险和变化管理，以及理解它们的局限；

(5)认识到自主和终身学习的需求，并有能力从事。

第二阶段毕业生应该能够：

(1)在第二阶段要求更多的水平上满足第一阶段毕业生的所有可迁移技能要求；

(2)作为一个可能由不同学科和水平组成的团队的领导者，有效地发挥作用；

(3)在国内和国际背景下有效地工作和交流。

(二)项目评估和项目认证的准则

1. 关于项目评估的标准和要求的准则

每一个高等教育机构寻求认证或再认证的工程项目必须和国家的法律要求保持一致，并且在适当的位置有：

(1)和高等教育机构的使命、所有利益相关群体(例如学生、工业界、工程协会等)的需求相一致的项目教育目标，以及和项目教育目标一致的项目产出和为了认证的项目产出；

（2）保证获得项目产出的课程和相关程序；

（3）足以实现项目产出的学术的和支持的人员、设备、财政来源和与工业界、研究机构和其他高等教育机构的合作协定；

（4）证明达到项目产出的合适的评估形式；

（5）能够保证系统地达到项目产出和项目的持续性改进的管理系统。

相应地，一个关于提交认证的项目评估的准则必须至少考虑如下条目：

（1）需求、目标和产出；

（2）教育过程；

（3）资源和伙伴关系；

（4）对教育过程的评估；

（5）管理体系。

在这个语境下，在下面表格中列出来的，对第一阶段（FC）和第二阶段（SC）学位项目都有效的，以问题形式出现的"评估的标准"和相关的"要求"，在为了认证而评估一个工程项目时应该被满足。

认证的准则	评估的标准	要求	自评报告应该提供的证据以及认证小组应该检查的
1. 需求、目标和产出	1.1 利益相关群体的需求	是否已经确认了利益相关群体（例如学生、工业界、工程协会等）的需求？	和利益相关群体联系的方式和周期。每个经确认的利益相关群体的经确认的需求
	1.2 教育目标	项目的教育目标是否和高等教育机构（HEI）的使命和利益相关群体（例如学生、工业界、工程协会等）的需求保持一致？	项目教育目标 vs. 高等教育机构的使命和利益相关群体的需求。项目教育目标的透明度和公开性
	1.3 项目产出	项目产出是否覆盖了认证需要的项目产出？	项目产出 vs. 认证所需的项目产出
		项目产出是否和项目的教育目标保持一致？	项目产出 vs. 项目教育目标

续表

认证的准则	评估的标准	要求	自评报告应该提供的证据以及认证小组应该检查的
2. 教育过程	2.1 计划	课程是否保证了达到项目产出?	课程[大纲、欧洲学分转换系统(ECTS)学分、课程作业和个人自学的学分],及其透明度和公开性。 模块特点(学分、内容、特定学习产出、每个模块的评估方法)的定义/描述,及其透明度和公开性。 专业实践的整合(外部实践经验、实验室、项目等)。 最终考试、论文、项目等。 课程和模块特点与项目产出的一致性。 传授计划。 教学方法和技术(全职的、兼职的、平行的或整合在专业工作中,使用多媒体或远程信息处理设备等)。 提升学生流动性的方法
	2.2 传授(Delivery)	教学是否根据计划进行?	传授和计划的一致性。 学生对教学模块评估结果。 学生和导师对外部实践经验评价的结果。 学生流动性的结果
		是否给学生提供了足以提升模块特定学习产出收获的辅导和支持的工作量(support-workload)?	员工的数量以及他们辅导和支持学生的工作量

续表

认证的准则	评估的标准	要求	自评报告应该提供的证据以及认证小组应该检查的
2. 教育过程	2.3 学习评估	有考试、课题（project）和其他设计出来的评估方法，评估学生在项目进行中和项目结束时，分别从单个模块中获得的学习产出和整个项目产出达成的程度。	考试试卷和课程作业（评估的课程作业的样本、可持续的评估、项目报告）。 和对学生表现评估相关的标准和规则的透明度和公开性
3. 资源和伙伴关系	3.1 学术的和支持的员工	学术员工是否足够实现项目产出？	教学员工的数量、组成、能力和资格。 教学员工的研究（出版、参与研究项目，参加会议，等）和/或专业活动和咨询工作
		技术的和管理的支持员工是否足够实现项目产出？	技术—管理支持员工的数量、组成、能力和资格
	3.2 设备	教室是否足够实现项目产出？	可供学生使用的教室和相关的设备
		计算机设施是否足够实现项目产出？	可供学生使用的计算机设施
		实验室、车间和相关的设备是否足够实现项目产出？	可供学生使用的实验室、车间和相关的设备
		图书馆和相关设备和服务是否足够实现项目产出？	可供学生使用的图书馆和相关设备和服务
	3.3 财政资源	财政资源是否足够实现项目产出？	教学和支持员工的预算。 运行和升级设施的预算。 培训的预算

续表

认证的准则	评估的标准	要求	自评报告应该提供的证据以及认证小组应该检查的
3. 资源和伙伴关系	3.4 伙伴关系	高等教育机构和该项目的伙伴关系是否参与贡献于实现项目产出并促进了学生的流动性？	地方的/地区的/国家的/国际的工业界伙伴关系和合作协定。 地方的/地区的/国家的/国际的研究机构伙伴关系和合作协定。 和其他高等教育机构的地方的/地区的/国家的/国际的合作协定、项目或手段
4. 对教育过程的评估	4.1 学生	进入这个项目的学生是否拥有正确的知识和态度以在期望的时间内获得项目产出？	进入的要求。 入学条件[只针对"入学限制条款"(numerus clausus)的项目]
		和学生就业相关的结果是否证明实现了在期望时间内的项目产出？	学生的职业生涯发展。 达到的学习水平。 成功率和完成项目所需的时间
	4.2 毕业生	毕业生是否进入了和他们的资格一致的职位？	进入职场所需的时间。 就业和受教育之间的匹配
		利益相关者(毕业生、雇主等)是否认可项目的教学目标的实现？	毕业生对所受教育的观点。 雇主对毕业生教育的观点
5. 管理体系	5.1 组织和决策过程	高等教育机构和项目的组织和决策过程是否足够实现项目产出？	高等教育机构和项目的组织结果和决策过程(地位、组织图、组织过程的管理)的文件。 命令和控制教育过程的各种活动的责任的位置、它们的联系和依赖的关系。 横向的和纵向的决策过程的有效的协调机制的存在和使用

续表

认证的准则	评估的标准	要求	自评报告应该提供的证据以及认证小组应该检查的
5. 管理体系	5.2 质量保障体系	高等教育机构和项目的质量保障体系是否能有效保证实现项目产出？	高等教育机构和项目的质量保障的政策和程序
		传授过程的、学生的和毕业生的结果是否被分析并用来促进项目持续的改进？	对持续的项目检查存在规范的和系统的过程，基于分析传授过程、学生和毕业生结果的发展和改进。 改进行为的结果
		需求、目标和产出、教育过程、资源和伙伴关系、管理体系是否接受了阶段性的复查？	存在规范的、系统的和定期的程序复查需求、目标和产出、教育过程、资源和伙伴关系、管理体系。 复查活动的结果

2. 单个要求的评估准则

为了记录对达到单个要求的判断，应使用一个带有至少以下三点的等级：

(1)可接受；

(2)带有处方(prescription)的接受；

(3)不接受。

"可接受"的判断应该给予已被完全满足的要求，即使仍有改进的可能。

"带有处方的接受"的判断应该给予还没有被完全满足，但被判定为在一个合理的时间段内可修正的(作为一个规则，不长于整个常规认证阶段的一半)。

"不接受"的判断应该被给予没有被满足或没有被完全满足的要求，并且被判定为在一个合理的时间段内是不可修正的。

3. 项目认证标准的准则

为了记录对达到总体要求的判断，应使用一个带有至少以下三点的等级：

(1)无保留的认证；

(2)有处方的认证；

（3）没有被认证。

无保留的认证,带有关于项目改进的可能的建议说明,应该授予所有的条件都被判定为"可接受"的项目。在这种情况下,认证应该授予整个认证阶段(不超过 6 年)。

有处方的认证,带有处方的详述和处方必须被执行的时限,如果一个要求或数个要求被判定为"带有处方的接受",那这个项目应该授予有处方的认证。

如果上述条件的任何一条都没有被满足,那么认证小组可以建议应该拒绝给予认证。

（三）项目评估和项目认证的程序

这个部分列出了项目评估(基于自评和后续外部评估)和项目认证的程序必须遵循的步骤。单个认证机构可能增加进一步的要求以适应高等工程教育的国家和文化特色,以及保证符合国家法律。

1. 高等教育机构(HEI)的应用

详细的自评报告和文件应该在认证小组考察前提交(应该允许给同行评审报告提供充足的时间)。

在(二)1 部分提到的表格可能会作为高等教育机构撰写以及认证小组评审自评报告和文件的准则。在任何情况下,自评报告都应该回答至少在该表格中列出的所有问题,至少考虑到表格最后一列列出的所有条目。

2. 项目评估程序的准则

（1）认证小组的组成

认证小组应该包括至少两个人,可能更多,代表相关经验和专业知识的一种平衡。认证小组的至少一个成员应该是学术的,至少一个从事执业工程职业。所有的认证小组成员应该经过认证过程的充分训练。在这点上,认证机构应该推动短期培训课程。

为了促使认证在实践中被广泛认可,认证机构应该选择包括来自各自的经济领域之外的外部观察员。

认证小组的每个成员都要提供一份显示小组成员和有一个或数个项目要接受认证的高等教育机构之间不存在冲突或利益关系的声明。这份声明应该在任何文件提交之前收到。

（2）认证考察持续的时间

认证过程应该持续至少两天，包括初步的会议以评估文件和对高等教育机构的考察。

（3）认证考察的结构

考察应该包括：

审核小组在考察期的初步会议以确认考察期间应该获得什么信息；

和系/大学领导会面；

和学术员工成员会面；

和学生会面；

和往届的学生会面；

和雇主/工业界/职业工程组织代表会面；

参观设施（图书馆、实验室等）；

检查项目工作、期末试卷和其他评估工作（关于评估的标准和模式以及学生的学习成果）；

审核小组在考察结束时的反馈。

3. 项目认证程序的准则

（1）认证机构/委员会的确认和批准

认证小组的成员们准备一份认证报告（参见文档模板 G4）。认证报告此后提交给高等教育机构以检查事实上的错误并提交一份关于报告的陈述。高等教育机构的陈述要发送给认证小组的成员以检查这份认证报告并形成关于认证决定的建议。

（2）认证的决定

最终的认证决定应该由一个认证机构特别设计的董事会来做。认证决定必须清楚确定了有效期的阶段（不超过最多六年的持续时间）以及它是否适用于学生进入或毕业（graduation）的那一年。认证的限制有效期到期之后，项目必须提请再认证。

认证决定之后要和高等教育机构交流。

（3）发布

认证项目的列表必须由认证机构发布让公众可以获得。接下来的部分（Section4）展示了一个推荐的发布模板；它要与国家法律相适应。

注：Section4，文档模板 G4（略）

附录二　德国 ASIIN 工程教育 项目认证标准选译

德国 ASIIN 工程教育认证标准①

一、学位项目认证的通用准则②

工程学、信息学、建筑学、自然科学、数学及其中一门学科与
其他学科领域结合产生的交叉学科

1　概述

本文档中使用的任何关于特定性别的条款适用于男性和女性。

1.1　通用标准的作用

本文档提供关于以下几个方面的信息：

ASIIN 的学位项目认证方法；

学位项目要获得 ASIIN 授予的高品质印章必须满足的要求；

ASIIN 的认证过程基于的基本原则。

ASIIN 的标准会被定期修订，以便与认证领域的最新发展和知识更新保持一致。对于一个指定的认证程序而言，将在认证过程中一直使用同一个版本的通用标准，即在签署关于该认证程序的合同时有效的版本。

除了制定了学位项目认证（项目认证）的通用标准，ASIIN 的技术委员会

---

① http://www.asiin-ev.de/pages/en/asiin-e.-v/programme-accreditation/general-criteria-and-ssc.php

② http://www.asiin-ev.de/media/ASIIN_General_Criteria_for_the_Accrediation_of_Degree_Programmes_2014-03-28.pdf

拟定了特定学科标准(SSC),用于各个学科领域。它们以单独文件的形式发布,并作为 ASIIN 为特定学科授予"ASIIN 学科印章"和"欧洲学科标签"的评定依据。

在项目认证方面,ASIIN 评估的学位项目集中在工程学、建筑学、信息学、自然科学、数学及其中一门学科与其他学科领域结合产生的交叉学科。

ASIIN 通用标准的定义和进一步发展需要与如下组织合作:国家和国际专业学术组织、教师和专家会议、学院院长聚会、高等教育机构的组织、技术和专业协会以及产业界的重要机构。

在所有情况下,ASIIN 的通用标准都考虑到了欧洲高等教育质量保障协会(ENQA)的欧洲标准和指南(ESG)。

如果一个 ASIIN 的认证程序是为了获得德国认证委员会的国家印章,那么相关要求是做认证决定的权威依据。

1.2 认证的印章

在 ASIIN 的项目认证程序中,如果关于项目的认定结果是积极的,那么项目将会被授予一些高品质的印章。

一般来讲,无论高等教育机构在哪个国家,由于它的学位项目通过了 ASIIN e. V. 学位项目认证委员会的认证,它会获得 ASIIN 的特定机构(agency-specific)印章。是否授予印章的依据是欧洲标准和指南(ESG)。

在德国认证委员会(德国学习项目认证基金会)的责任范围内,ASIIN e. V. 依照它的适用规则授予该机构(德国认证委员会)的印章。根据德国法律授予学位的高等教育机构,如果他们只寻求德国认证委员会的印章,那么同样适用于向 ASIIN 提出申请。为了获得德国认证委员会的印章,只有德国自己的法规能够使用。ASIIN 的特定学科标准(SSC)不被应用于授予德国认证委员会的印章。

如果认证委员会的决定是积极的,那么附加的印章也可能被授予学位项目,但要取决于认证程序的适用范围、法律依据和他国官方机构(authority)的相关规定。比如在瑞士和荷兰,国家认证体系依靠前期工作直至并包括由一个类似 ASIIN 的机构作出的最终建议;然后,具有国家效力的实际认证决定将会在国家机构的责任范围内产生。

如果项目符合适用的要求，ASIIN 的项目认证过程也被允许授予与特定学科相关的优质印章（即所谓的"标签"）——但只有已获得 ASIIN 印章的项目才能额外获得"标签"（but only in addition to the ASIIN seal），更多关于特定学科优质印章的详细信息可以在 ASIIN e. V. 的网站（www. asiin. de）找到。ASIIN e. V. 的办公室也将乐意为您提供更多的信息和材料。

由高等教育机构决定在 ASIIN 认证过程中申请上述哪种印章，并在其提交的认证申请中相应地指明这一决定。

1.3　认证阶段和中期变化

根据国际惯例，对一个项目的认证是有时间限制的。被授予的印章在有限时间内有效。我们有必要区分认证阶段的三种类型。

概念认证：项目的概念（concept）需要被准备好，同时提供所有需要被付诸实践的文件和授权服务。但是，因为该项目还没有学生在读，所以作为认证过程一部分的评估自然仅是合理性检查。相比其他阶段，概念认证相对于项目质量保证来说意义不大，这是因为认证过程所基于的数据缺乏事实证明，而且难以检查。

首次认证：有学生在项目中学习时进行的第一次认证程序。这使得把认证过程评估建立在机构进行的严格的自我评估和项目的实际执行上，成为可能。

重新认证（reaccreditation）：适用于正在执行（active）且之前至少被认证过一次的项目，由于当前印章的有效性到期而进行的另一次认证。

所有这三种类型的认证都服从相同的标准，这是因为认证的决定是可比的。通常情况下，首次认证授予的印章的有效期相比随后授予的短。

重新认证（reaccreditation）是一个典型的情况。在此阶段进行的评估越来越依赖于定量和定性数据，这些数据是与上一个认证过程产生的结果相关的。这意味着，对于重新认证，认证的重点在于高等教育机构制定的项目目的的完成情况，特别是教育目标和学习成果。首先，该机构的质量保障和质量管理系统将提供学位项目目标完成情况的关键证据，并记录所有偏差。

ASIIN 理解的认证目的是支持高等教育机构持续改进自己的教学。一个认证周期内的改进不应该被推迟到下一个认证的截止日期。反之，能够证明项目已被不断改进，对更新认证是必要的。

如果一个机构打算在两次认证之间对已被认证的项目做出重要调整，而这个调整超出了（go beyond）持续的改进，那么这可能会影响已做的认证。对这种情况，ASIIN 提供了一个中期审计（interim auditing）选择，用以维持认证（参见 3.8 节）。

1.4 结果导向的学位项目和面向过程的学术评估

学位课程的质量和利益相关方

ASIIN 理解的质量是基于既定目标和一个资格认证过程的结果。项目被看作一个（学生的）资格认证过程（a qualification process）。

构成项目品质的因素的定义基于高等教育机构提出的目标和期望；他们应该考虑到项目创建并实施所处的政治、法律和社会经济环境。资格认证过程的质量是根据它的组成要素和实现目标的程度来确定的。

项目涉及的或者被项目影响的群体应被视为利益相关方，他们是决定应该实现哪些目标的一个个个体。他们包括学生、讲师、高等教育机构的行政和管理人员以及机构内的其他服务提供者。

机构的外部利益相关者也应该被考虑。他们包括业界代表和国家机构（state institutions）的代表，后者包括负责融资和法律或专业监理（professional supervision）的人员代表。如何识别与特定项目相关的利益相关者取决于机构的战略定位、与此相关的指导方针和发展目标。

ASIIN 的评估方法

认证程序检查了项目的资格认证过程的逻辑性和有效性。项目的创建涉及三个阶段。

（1）目标的定义：对于每个项目，主要焦点在于学生在读期间实现的学习成果。这意味着必须将项目所要实现的总学习成果与项目各单独模块要实现的学习成果进行严格核对。

（2）实施：此阶段聚焦在措施、设备和资源，这些是高等教育机构支持性或组织性过程（the supporting or organisational processes）的产物，高等教育机构在此过程中投资于项目实施（投入）以获得既定目标（产出）。

（3）进一步发展和检查结果：此时需要考虑机构的内部质量保障过程；它的反馈机制应引起项目的持续改进。

图1 从过程视角看 ASIIN 的评估方法

ASIIN 的过程导向的观点和潜在的质量观意味着质量和过程的责任牢牢取决于高等教育机构。因此,高等教育机构还负责确定项目的目标。通过这种方式,他们表达出自己的战略定位、他们试图创造的图景和他们在社会背景下的整合(integration)。

2 对学位项目的要求

2.1 教育目标和学习成果

项目的教育目标和学习成果应能被人理解且被准确地制定,它们是高等教育机构内项目发展和认证的基础和关键的参考框架。

教育目标描述与项目相关的(学生)资格(qualification)的学术的、技术的和专业的(只要能够被申明)的特色。教育目标具体表现为学习成果的形式。ASIIN 的评估方法主要针对项目的学习成果。

下列术语属于 ASIIN 对学位项目的要求,其中借鉴了欧洲终身学习框架①:

"资格"(qualification)是指评估和验证过程的正式结果,学生个人在主管

① Legislative Resolution of the European Parliament of 24 October 2007 on the proposal for a Recommendation of the European Parliament and of the Council on the establishment of a European Qualifications Framework for lifelong learning (COM (2006) 0479-C6-0294/2006-2006/0163 (COD)), Brussels, 24/10/2007.

机构确定其取得达到规定标准的学习成果时获得。

"学习成果"是指学习者在完成整个学习过程中知道了什么、理解并能够做到什么，并以知识、技能和能力来定义学习成果。

"知识"是指通过学习（理论和/或事实）吸收信息的成果。

"技能"是指运用知识、使用技术来完成任务和解决问题的能力（认知技能，如使用逻辑、直觉和创造性思维），和实际操作技能（包括手工技巧和使用方法、材料、工具和手段）。

"能力"（Competence）是指在工作或学习、专业及/或个人发展中，运用知识、技能，和个人、社会和/或方法的能力。

学习成果可以通过各种形式的教和学来实现。例如，社交能力也可以在与学科相关的教学情境下以集成的形式（一个教学情境同时培养多种能力的形式）取得，特别是通过跨学科项目取得。

高等教育机构必须明确学位项目旨在传授的学习成果（知识、技能、能力），这一定要考虑到具体的学科和更广的能力。以要获取的能力为起点，应该解释具体的能力是如何通过项目的哪个方面获得的（模块的内容和形式，教和学的方法等）。因此，高等教育机构自我评估的核心是解释以下两点之间的关系：

- 学位项目的整体预期学习成果（知识、技能、能力）；
- 各个模块对实现这些目标（学习成果）的贡献。

这在模块手册上也应体现清楚（参见原文 47 页①创建"目标矩阵"的例子）。

ASIIN 的专业具体标准（SSC）包含各个学科领域典型的理想学习成果列表。这些为学位项目可能的目标和结果提供了方向。项目学习成果的具体目录和实现这些目标的路径类型的选择，对于高等教育机构来说是一个问题。

本科和硕士项目毕业生的能力分布（competence profiles），如 ASIIN 专业具体标准所示，已经在欧洲范围内参照一系列参考框架进行了核对，比如都柏

---

① http://www.asiin-ev.de/media/ASIIN_General_Criteria_for_the_Accrediation_of_Degree_Programmes_2014-03-28.pdf

林描述(Dublin Descriptors①)和欧洲层面和国家层面的一般资格描述(general qualification profiles);它们代表这个基础的专业具体版本。对于工程学科,比如,考虑通过在欧洲层面的合作来发展工程师能力分布(EUR-ACE label②);对于化学毕业生的能力分布,使用"欧洲化学学士/硕士"(Eurobachelor/ Euromaster in Chemistry③)标签;对于信息学,使用"欧洲信息"(Euro-Inf④)标签。

2.2　学位项目认证的一般要求(general requirements)

下页表中列出了学位项目认证的一般要求。

该表显示获得特定印章需要满足的要求。无论在哪个国家进行 ASIIN 的认证程序,ASIIN 印章的获得始终基于欧洲标准与准则(European Standards and Guidelines,ESG)。为此,表中首先显示授予 ASIIN 印章的要求与 ESG 的要求之间的重叠(列 1 和列 2)。可以看到,ASIIN 标准与 ESG 相对应,有的甚至超过 ESG 的要求。本文件全文引用(ASIIN)标准,但只是从 ESG 相关的指导方针中摘录部分内容来帮助解释(ASIIN)标准。

在第 3 列放入了德国认证委员会授予其印章时与前面两套标准的对应项相关的要求。其中一些要求是对应的,但如果要授予认证委员会的印章,第 3 列的标准本身也需要被部分地考虑(仅适用于德国学位项目)。第 3 列仅适用于认证委员会的印章被请求得到并获准许授予的情况。如果高等教育机构只申请德国认可委员会的印章,只有第 3 列是相关的。

对于其他国家或法律管辖区的认证程序,在有些情况下,需要与委托认证的高等教育机构商议后,将其他国家的要求包含在 ASIIN 认证过程中。在这种情况下,第 3 列的内容由适用的要求更换。如果只是为了获得私法权限下(under private law)的 ASIIN 印章,只有列 1 和列 2 是适用的。

---

① The Dublin Descriptors are a model drawn up by an informal group of European actors from the Joint Quality Initiative which aims to provide Europe-wide definitions of subject-specific and interdisciplinary competences which should be acquired by Bachelor's and Master's students during their degree. They are the basis of thequalification framework for German degrees.

② ENAEE (European Network for Accreditation of Engineering Education)/EUR ACE Project: Framework Standards for the Accreditation of Engineering Programmes, 17. 11. 2006, cf. www. enaee. eu.

③ Cf. www. chemistry-eurolabels. eu.

④ Cf. www. euro-inf. eu.

该表被设计成从两个方向都是可读的,显示三套标准相符的各点。

	ASIIN 印章		评估委员会印章
	ASIIN 相应的规定	相应的欧洲标准	评估委员会相应的要求（德国）
1	正式指标		
	必须对学术系统的下列特征/内容进行记录 1）项目名称 2）以应用/研究为导向（仅限德国的硕士项目），两者选择一个 3）如是硕士项目,要说明将来发展计划（仅限德国） 4）教育类型（如全日制/半日制、住校/远程授课、两者兼有,项目的期限） 5）最后授予的学位 6）学习期限和获得学分的期限（根据 ECTS 的要求） 7）项目的预计投入 8）项目启动时间和一个学年中项目开始日期 9）收费的种类及金额		评估委员会条款 2.2:研修项目必须遵守评估委员会执行的下列指南的总体要求及其解释:德国学位资格要求框架、学士硕士学位教程评估的总体要求指南和任何针对某个具体国家的学士硕士学位教程评估的总体要求指南。 文化教育事务部(下文称文教部,译者注)常委会的规定A1:研究的内容及期限 文教部的规定 A3:研修课程简介 文教部的规定 A4:硕士研修课程的后续课程和提供进修教育的硕士研修课程 文教部的规定 A5:资格要求/学位 文教部的规定 A6:资格要求/学位设计
2	学位项目:内容与实施		
2.1	学位项目的目的 高等教育机构必须从学术和专业两方面介绍最后授予的学位。 学术方面的介绍包括:在国内或欧洲资格要求框架下的高等教育机构学位的水平		评估委员会条款 2.2:研修项目必须遵守评估委员会执行的下列指南的总体要求及其解释:德国学位资格要求框架、学士硕士学位教程评估的总体要求指南和任何针对某个具体国家的学士硕士学位教程评估的总体要求指南。 文教部的要求 A8 对应条款

续表

ASIIN 印章		评估委员会印章
ASIIN 相应的规定	相应的欧洲标准	评估委员会相应的要求（德国）
项目的教学成果 整体上，明确了预计的教育成果，这些成果必须： ● 相关人员知情，尤其是学生和老师。同时这些成果应该用学生感兴趣的方式，比如内部质量保障系统，展现出来。 ● 能反映项目追求的资格水准，能与 ASIIN 中该学科相应的教学成果的标准典范有可比性。 ● 能够达到的、有效的、且能反映相关学科领域的可预见的发展趋势。 相关人员应参加制定教学成果。 项目名称应反映预计的教学成果和该项目所侧重的语言 ［档案：目标表，参见第 50 页］	欧洲标准 1.2：教育机构应有正式的评审机制，定期检查监测他们的项目和授予的学位，【…】项目和学位授予的质量保障措施应包括：制定和公开明确的预计教学成果；【…】学生参与质量保障活动。 欧洲标准 1.3：学生应按公开的标准、规程和程序进行评估。【…】学生评估过程规定【…】来衡量预计的教学成果和其他项目目标实现程度。 欧洲标准 1.7 教育机构应该定期发布最新的、公正的、客观的、量和质方面的信息，来介绍他们的项目及授予学位。【…】为了完成其社会公众角色的任务，高等教育机构有责任向社会公开【…】其预计的教育成果	评估委员会条款 2.1：研修项目理念要按照资格目标要求制定，应包括技术和跨学科领域两方面的理念，尤其是： ● 科学或艺术资格要求 ● 就业竞争力 ● 参与社会事务的竞争力 ● 个人发展 评估委员会条款 2.2：研修项目必须遵守评估委员会执行的下列指南的总体要求及其解释：德国学位资格要求框架、学士硕士学位教程评估的总体要求指南和任何针对某个具体国家的学士硕士学位教程评估的总体要求指南。 文教部的规定 A8 等同条款
学科的教学成果/学科目标 在具体教学实践时，项目的总体教学成果，必须系统地分解到项目中各个独立的学科。 在学科手册中介绍学科的内容，学科手册发给相关人员，尤其是老师和学生，供他们参考，同时为他们对该学科的更深入的学习研究提供基础。 各门学科的介绍书（学科手册）应该清楚说明通过该学科的学习，学生可以获得的知识、能力和竞争力。 各学科的预计教学成果和获得这些成果的前提条件，对学生来说要清晰易懂 ［参考文献：目标表 cf,第 50 页，学科手册 cf,第 51 页］		评估委员会条款 2.2：研修项目必须遵守评估委员会执行的下列指南的总体要求及其解释：德国学位资格要求框架、学士硕士学位教程评估的总体要求指南和任何针对某个具体国家的学士硕士学位教程评估的总体要求指南。 ——文教部在附件中的规定：研修课程的学科划分与学分框架制度指南（第 1.1 点,2a）

ASIIN 印章		评估委员会印章
ASIIN 相应的规定	相应的欧洲标准	评估委员会相应的要求 （德国）
2.4 就业市场前景与实际相关程度 对于掌握了这些预计教学成果的毕业生来说，劳动力市场有需求，或这种需求有增加的潜力，这些毕业生有能力适应或胜任工作	欧洲标准 1.2:教育机构应有正式的评审机制,定期检查监测他们的项目和学位授予,【…】项目和学位授予的质量保障措施应包括:定期听取劳动力雇佣方(用人单位)、劳动力市场代表和其他相关组织的反馈意见; 欧洲标准 1.6:教育机构应收集、分析信息资料、利用这些信息资料,来加强项目的研究活动与其他活动的有效管理。【…】各个机构需要建立质量相关的信息系统,【…】毕业生就业能力方面的信息	
2.5 录取和入学条件		
项目的招生程序和新生质量标准必须是透明的,在招生过程中必须严格遵守。 招生与录取的条件设置要有利于教学成果的实现,因此,要求招收的学生必须接受过正式培训教育、具有相当的竞争力。 制定一定的灵活条款,允许招生中有一定的灵		评估委员会条款 2.3:研修项目的理念是确定项目录取条件的基础,有必要的话,制定适合的挑选程序和外校成绩认定办法,必要的时候,可按里斯本条约办理。 评估委员会条款 2.4:研修项目的学术可行性,是通过以下几点实现的:(…)确定入学资格条件。 评估委员会条款 2.2:研修项目必须遵守评估委员会执行

续表

ASIIN 印章		评估委员会印章
ASIIN 相应的规定	相应的欧洲标准	评估委员会相应的要求 （德国）
2.5　录取和入学条件		
活性,以保证那些在某些方面未能达标的优秀学生能被录取。 对这些在某些方面未能达标学生的灵活处理,不能影响项目的整体水平。 入学与录取条件要确保能平等对待每一个申请学生。 针对在外(校)单位开展的活动认可问题,制定相应的管理办法。 这些管理办法能保证预计教学成果能按计划实现。 这些管理办法明确在 3 个学期以内必须上交在外单位的学习实践活动的文件资料		的下列指南的总体要求及其解释:任何针对某个具体国家的学士硕士学位教程评估的总体要求指南。 文教部的规定 A2:入学和升级条件 文教部的规定 A8 的对应条款
2.6 课程设置/内容 课程设置要在保证学位授予时,预计的教学成果能够实现。各学科内容、目标相互协调,不能有意外的重叠 [文献:目标表 cf:第50页;学科手册 cf:第51页]	欧洲标准 1.2:教育机构应有正式的评审机制,定期检查监测他们的项目和学位授予,【…】项目和学位授予的质量保障措施应包括:【…】足够重视课程设置、项目设计及内容	评估委员会条款 2.3:研修项目理念包括:专业知识、跨学科知识、技术与常规能力培训。每个学科有机地连贯一起,来实现其预定的教育目标,允许多种教学与学习形式。 评估委员会条款 2.2:研修项目必须遵守:最新版本的德国学位资格要求框架

	ASIIN 印章		评估委员会印章
	ASIIN 相应的规定	相应的欧洲标准	评估委员会相应的要求（德国）
3	学位项目、内容、方法与实施		
3.1	学科区划与结构 整个项目细分为学各个学科。每个学科本身是连贯的、相互协调的学习与教学系列。 各个学科按顺序排列，使每个学期新生入学后就可以开始学习。 各个学科的内容量和需要的时间长度允许学生灵活地组合，且有利于学分的转换。项目允许给学生再深造或实践时留时间，不要白费时间。硕士项目不能纳入任何本科生的学科，任何例外都必须在本学科内出具令人信服的证据。其中一个证据/条件是受质疑学科的学习目标对硕士项目教学成果至关重要。对于某个具体学生，他在学士学位时获得了该学科或类似学科的学分，硕士学位项目不能重复计学分	欧洲标准 1.2:教育机构应有正式的评审机制,定期检查监测他们的项目和学位授予,【…】项目和学位授予的质量保障措施应包括:【…】重视课程与项目设计【…】不同类型研修的不同需求。如全日制、半日制、远程教育、电子教学和不同高等教育类型(如学术、职业培训、专业技术)	评估委员会条款 2.3:在研修项目中任何规划的实践活动,如果组织好的话,可以安排学分。有必要的话,在课程中可以安排"机动窗口"。 要组织好研修,确保实现研修项目理念。 评估委员会条款 2.4:研修项目的学术可行性是通过以下条件来确保的: 学生学习负荷量方面的信息,用来衡量可行性(在首次评估阶段,可以根据经验数据来估计)。 评估委员会条款 2.10:特别的研修项目有其特殊的条件要求。 评估委员会条款 2.2:研修项目必须遵守评估委员会执行的下列指南的总体要求及其解释:德国学位资格要求框架、学士硕士学位教程评估的总体要求指南和任何针对某个具体国家的学士硕士学位教程评估的总体要求指南。 文教部的规定 A7:功课设置、学分制度及其机动性。 文教部在附件中的规定:研修课程的学分制度与功课设置介绍

ASIIN 印章		评估委员会印章
ASIIN 相应的规定	相应的欧洲标准	评估委员会相应的要求（德国）
负荷量与学分 学生的学习负荷不宜太重,应避免压力太大,影响培训的质量和研修的水准。 预计的学习期限应切合实际,这样研修项目能在预定时间内完成学位。 建立学分制度。在该制度中,涵盖了学生要做的各项工作(在 ECTS 制度,规定有 25-30h/1cp)。 项目中必修的课程必须安排学分。 各门课程学分安排是透明的、符合逻辑的。 课程的学习目的达到后,才能给学分。 实际操作课程的学分,必须满足下列条件才能给:实际操作课程对后续课程学习是有意义的,而且这些操作课程必须有上级教育机构的教师指导。 在本研修项目之前任何实践活动要安排学分的问题,都必须要逐一核实评估,核实时必须有上级教育机构的参与,确认通过这项实践,已实现某功课的目标。 制定外单位(校)活动的认可办法,有了这些办法,有利于学生在高等教育机构之间转学,确保实现预定的学习目标。 每年要修 60 个学分,每个学期 30 个学分。每个学期学分的偏差不能超过/少于总学分的 10%。整个学习期限到达之前,必须补齐所有学分偏差(仅德国)		

第一列行号：3.2

续表

	ASIIN 印章		评估委员会印章
	ASIIN 相应的规定	相应的欧洲标准	评估委员会相应的要求（德国）
3.3	教育方法 教学方法与工具运用要有利于在学位授予时实现预计的教学成果。 除必修科目之外,还应安排足够的可选科目和必修的可选科目,供学生自己培养各自的重点领域。 课堂学习时间与自学时间比例安排好,确保预计目标的实现。 学生要有充足的时间、有机会开展独立的学术工作		评估委员会条款 2.3:研修项目的理念【…】允许多种学习和教学方式。 评估委员会条款 2.2:研修项目必须遵守评估委员会执行的下列指南的总体要求及其解释:任何针对某个具体国家的学士硕士学位教程评估的总体要求指南。 文教部附件中的规定:功课设置与学分制度框架指南(第2.6点)
3.4	支持和建议 要有足够的资源,为学生提供个别支持、指导和建议	欧洲标准 1.5:高等教育机构要确保拥有足够的、相应资源支持每个研修项目的学生学习。【…】学生能了解支持机制,并要求机制从设计上满足学生的需求。 对学生的支持服务,高校机构应定期监测、评估,以提高支持的有效性	评估委员会条款 2.4:研修项目的学术可行性是通过以下条件来确保的: 【…】提供相应的支持,和技术上的、跨学科功课的指导

ASIIN 印章		评估委员会印章
ASIIN 相应的规定	相应的欧洲标准	评估委员会相应的要求 （德国）
4 考试:系统、内容与组织		

ASIIN 相应的规定	相应的欧洲标准	评估委员会相应的要求 （德国）
必须设计好考试的类型、组织和考试时间安排,以保证在学位授予时,达到预计的教学成果。 各门考试安排要求相互协调,保证学生有充足的时间备考。 有学分课程的考试时间尺度与某项具体学术进展不能有冲突。尤其是,必须允许学士学位可以直升硕士学位,而不浪费时间。 每门课程介绍中必须介绍考试形式,确保在每个学期开始时,学生十分明白考试及参加考试条件。考试时间安排要与学习相匹配,保证不延长学习期限。 评分标准对学生和老师来说应该是透明的,评分重点放在实现教学成果上。 学位项目结束,要提交论文或等同作业确保学生独立完成了预计的学术任务。 要核实学生是否有能力从他的专业角度口头辩论一个问题,并运用学到的学科知识解决这个问题。论文的指导老师中,至少有一位是该项目的全职教师。 论文的外校指导、监督,必须按照严格的管理办法,确保该研究论文对该门课程有意义的	欧洲标准 1.3:应按照公开的、协调的办法、程序来评估学生。学生评估程序应该是:用来衡量预计的教学成效和其他目标。 不管目标是诊断性的,总结性的,还是建设性的,程序都要适当。 应有清楚的评分系统,并且要对外公开。 评估应由那些理解评估在学生学习过程中的作用和了解学生应获得的知识和能力的人来完成。 评估尽可能不要仅依靠个别评估人员的评判。 考虑考试办法所有的可能的后果。 对学生缺课、生病及其补救措施方面有清晰的规定。 保证评估工作严格按照高等教育机构规定的程序进行,接受上级行政检查,以保证评估程序的准确性。 另外,应清楚地告知学生:项目中所采用的评估策略,考试方法或其他评估方法,学生要做的事情和用来评估他们成绩的评估标准。 欧洲标准 1.2:高校应有正式审批、定期评估和监测机制,评估他们的活动和学位。【…】项目活动和学位的质量保障应包括【…】监测学生的成果与进展	评估委员会条款 2.4:研修项目的学术可行性通过以下措施得以保证: 【…】考试的次数和组织,以保证有足够的、合理的学习负荷量。 评估委员会条款 2.5:考试必须满足以下条件: 【…】能够评判项目制定的目标是否实现。考试必须是与学科内容相关,必须是以衡量能力为导向的。每门学科结束,一般都应针对本学科的内容安排一场考试。 【…】考试办法必须合法。 评估委员会条款 2.2:研修项目必须遵守评估委员会执行的下列指南的总体要求及其解释:任何针对某个具体国家的学士硕士学位教程评估的总体要求指南 文教部的规定 A1.4:学科划分、学分制及其机动性:学科划分与学分体系介绍框架指南

续表

	ASIIN 印章		评估委员会印章
	ASIIN 相应的规定	相应的欧洲标准	评估委员会相应的要求（德国）
5	资源		
5.1	参与教师 教师队伍的组成及其专业训练要确保在学位授予时达到设计的教学成果。教师的研究、培训活动的目的是在学位授予时，达到设计的教育成果。 （总体上的、针对某个具体老师的）的授课时间安排充足，保证完成教学和指导学生的任务	欧洲标准 1.4：高校应有多种方法，使参与教学的教师胜任教学工作、有竞争力来完成教育学生的工作。应该允许他们承担外部评估、指导毕业论文之类的工作	评估委员会条款 2.7：与人力资源相关的软硬件设施要充足，以保障研修项目活动的开展。在这方面，应考虑与其他研修项目的相互依赖和合作
5.2	教师培养 给教师提供机会再进修相关学科知识和教学技巧		评估委员会条款 2.7：采取措施，发展和培养教师及其资格培训
5.3	学校环境、财务与硬件资源 高校所掌握的资源是保障在学位授予时（至少是评估阶段），取得预计教学成果的基础，项目的财务收支必须有保障，至少是在项目评估阶段。 基础设施（如实验室、图书馆、电子信息技术设备）能满足学位项目软硬件要求。 为了达到教学成果这个目的，学校内部需要充分的合作。在这方面要有相应的、明确的安排。 要清楚地说明与外校的合作，以开展项目活动和培训学生，这样的合作应充分、在这方面要有明确的安排。 组织结构和决策结构要适应培训措施的实施。 学校能应对问题、解决问题、弥补不足（如教员、财务、招生人数），不影响学生在正常规定的时间内完成学业	欧洲标准 1.5：高等教育机构所掌握的足够的相应的资源能支持他们所有项目的学生学习【…】学习资源和其他支持机制应接受学生的评价，满足学生的需求，并且根据学生的反馈意见进行调整。 欧洲标准 1.2：高等教育机构应有正式的审批、定期评估监测的机制。【…】项目和学位的质量保障系统应包括： 【…】拥有合适的学习资源、有正式的审批小组审批项目程序，而不是由教员组成的临时审批小组	评估委员会条款 2.6：如果有其他机构组织参与或者承担部分研修任务，高等教育机构应确保研修项目理念的实施及其质量。 对于与其他高等教育机构、公司、组织的合作，对其合作的性质、程度要有书面的记录，对达成的合作协议要存档。 评估委员会条款 2.7：要有物资、空间等软硬件设施，确保研修项目开展。在这方面，应考虑与其他研修项目的相互依靠与合作

续表

ASIIN 印章		评估委员会印章
ASIIN 相应的规定	相应的欧洲标准	评估委员会相应的要求 （德国）
6 质量管理：学位课程的未来发展		
6.1 质量保证和未来发展 作为该学位课程（未来）发展的基础并且实现他们，高等教育机构将其理解的质量进一步发展并记录在其学习和教学中。 落实了一个质量保证的理念。它需要定期进一步发展，并且它旨在确保学位课程得以持续性的改进。 该质量保证体系能够使 HEI： ● 查明任何未实现的目标； ● 检查所设定的目标在一定程度上切实可行； ● 以及拟定合适的措施 学生和其他相关方参与到质量保证活动。 明确责任机制和范围，以确保定期进一步发展学位课程	ESG 1.1：机构应该有一个质量保证以及他们课程和学位标准的政策和相关程序。他们还应承诺在他们的工作中，明确发展一个能够认识质量的重要性、质量保证的文化。为达到这个目标，机构应制定和实施一个能持续改进质量的策略。 在该策略中，政策和程序应该有一个正式的形态，并且对外公开。他们还应该为学生和其他利益相关方增加一个角色。政策声明应包括质量保证[……]部门、机构、院系和其他单位和个人的责任[……]。 ESG 1.2：机构应有正式的机制，适用于审批、阶段性审查和监测他们的课程和学位[……]课程和学位的质量保证[……]等，这要包括：[……]课程常规周期性审查（包括外部成员）；在质量保证活动中学生的参与。 ESG 1.6：机构应确保为了有效地管理他们学习课程和其他活动[……]，他们收集、分析和使用相关信息。[这些]至少要涵盖：学生进度和学生成功率；毕业生的就业率；对他们课程的满意度；老师的有效性；学生构成的概要；可获得的学习资源和他们的费用；机构拥有的重要绩效指标	

续表

ASIIN 印章		评估委员会印章
ASIIN 相应的规定	相应的欧洲标准	评估委员会相应的要求 （德国）
6.2 手段、方法和数据 使用适当的方法和手段，确保学位课程的质量能够得到保证以及进一步发展。他们应普查记录下来，并且他们的效果和效率将会被定期审查。 高等教育机构对数据①收集和评估作为质量保证体系的一部分，要满足以下功能，其中： ● 他们在一定程度上表现出当学位完成时，实现了预期的学习成效； ● 他们允许结论得出课程是否成功完成； ● 他们允许结论得出如何激励学生，国际化和其他； ● 他们提供关于学生在完成他们的学位后的就业信息； ● 他们允许结论得出关于任何措施的有效性的可能，以防止高等教育机构的不平等待遇； ● 他们有可能辨别出一门课程的缺点并加以改进		AC 标准 2.9：在此高等教育机构应考虑到评估结果，学生的学业量，学业成就和毕业后的动向

---

① 典型的方法和手段包括单独模型的平均实际工作量、学生历史数据（比如学习的时间、辍学率）、考试统计、（教师）评估、检查结果、对学生的反馈、标准考试答案和最后论文、学生和教师的比例。

续表

	ASIIN 印章		评估委员会印章
	ASIIN 相应的规定	相应的欧洲标准	评估委员会相应的要求（德国）
7	档案和透明度		
7.1	相关规定 课程的规定包含许可、课程运用和毕业的所有重要的条款。 相关的规定必须接受合法性检查并生效。 这些规定可以咨询	ESG 1.3：使用出版的标准、规定和程序对学生进行评估，并一贯执行。学生评估程序预计：[……]考虑所有检查规定的后果；[……]服从于行政核查，以确保程序的正确性。 ESG 1.7：机构应定期公示关于他们提供的课程和学位的最新的、公证的、客观的信息，不论是定量还是定性的性质方面	AC 标准 2.5：考试规定必须接受合法检查。 AC 标准 2.8：学习课程，学习的学科和考试要求，包括记录并发布对残疾学生的补偿规定
7.2	补充文凭和资格证书 除资格证书外，还强制颁发英文的补充文凭。 补充文凭提供目标、学习结果期望、课程结构和学位课程的水平，以及个人的表现等方面的信息。 补充文凭表明最终的分数是如何计算出来的（包括分数的权重），以便于外人能清楚地了解到每个内容是如何归纳进最终学位。 除了最终学分，还要根据 ECTS 使用提供统计数据，帮助理解单个的学位等级		AC 标准 2.2：学习课程必须与符合 AC 以下有约束定的解释以及汇总：国家学士学位和硕士学位认证通用结构指南，以及学士和硕士学习课程认证的任何国家—特殊结构指南。 • 要求 A.6："补充文凭"是所有学位认证的内容之一，它提供详细的获得该学位的课程信息
8	多样性和平等机会		
			AC 标准 2.3：进入的先决条件，选择程序和承认规划包括弥补残疾学生缺陷的补偿规定。 AC 标准 2.3：学习课程的科学可行性考虑到残疾学生的利益。 AC 标准 2.11：高等级教育机构在学习程序的级别上，实施关于性别平等政策，以促进在特殊情况下学生的平等机会，比如父母、外国学生、有移民背景的人以及/或来自于处于不利地位的班级

2.3　对具有特殊概要(special outline)的学位项目的要求

有一个特殊概要的学位项目可能包括双边/合作项目,结合项目,比如教师培训或双学科项目,课题(project)项目,电子学习和远程学习、强化项目或双国家或多国项目。

2.2 节中列出了一般要求,以及记录在该手册(第 3 节)的程序性方向,适用于各个类型的课程。

如果 ASIIN 认为有必须确保一个充分的评估,将以独立文件的方式在 ASIIN 网站发布补充标准。与所有关于标准和程序的问题一起,机构的总部将根据要求提供进一步信息。

另外,若德国认证委员会签发印章,其特殊类型学位课程的特别规定也适用。

若为联合课程的认证程序(比如教师培训学位),适用的规定和程序见本手册3.1 节和5.5 节。

3　认证程序

3.1　认证程序模式及类型

认证程序之间的主要区别是由 ASIIN 认证委员会本身做出最终评审决定或是它仅对问题给出建议。

只有 ASIIN 认证委员会能够决定学位课程是否颁发证书和签发 ASIIN 印章。认证委员会也有权决定授予欧洲相关学科印章和签发德国认证理事会印章。在德国,认证程序适用认证程序模式 I(见图2)。

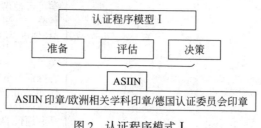

图2　认证程序模式 I

　　该 ASIIN 认证程序的组织以这样一种方式,它可以独立于国家的高等教育机构实施,即国际化形式。在所有情况下,学位课程的 ASIIN 印章和相关科目的标识完全由 ASIIN 认证委员会颁发。

　　然而,有些国家的国家认证,是由国家认可的,只能由一个中央机构来颁发,一般是委托权威机构。在这些情况下,ASIIN 可以执行程序,但其本身不做关于国家认证的财务决策(见图3)。

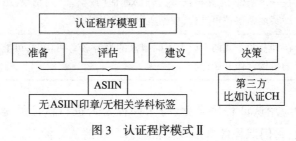

图 3　认证程序模式Ⅱ

模型Ⅰ和Ⅱ也可合并,如图 4 所示。

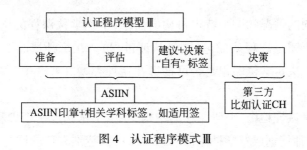

图 4　认证程序模式Ⅲ

ASIIN 办公室将决定哪种模式是适用的,可应需求提供。

认证程序类型

考虑到上述认证过程模型,ASIIN 提供不同类型的认证程序进行课程认证。

程序类型	特　　点
单个课程认证程序	特点:该程序用于单个学士或硕士学位课程或连读学士和硕士课程
团组课程认证程序	该程序适用于学位课程组(与相关科目)。一组同行同时评估多个课程

程序类型	特　点
两阶段课程认证程序	第一阶段:相关教师或高等教育机构作为一个整体的结构特征或模式的初步检查。 第二阶段:基于对第一阶段的评估结果,团组课程(与相关学科)认证过程
二层式课程认证程序	在一定条件下,并根据事先外部评估(或类似)的结果,可能没有必要开展实地考察评审过程,根据所申请的印章而定
国际合作课程认证程序	在涉及两个或两个以上不同国家的高等教育机构时,可能要与其他国家的机构合作开展课程

不论何种应用认证程序类型,每个课程是否进行认证的是分开决定的。如果申请成功,每门课程各自接收在自己权利内的认证标志。

同样,对于合并课程,该课程认证程序作为一个整体认证,而不是它的一部分。

根据不同的情况和一个特定机构的需求,个别学位课程的认证程序可单独或共同进行团组课程认证包(团组认证过程)。在每种情况下,ASIIN 的负责技术委员会决定学位课程是否可捆绑在这种类型的程序中,以及哪些程序适用。

在**两阶段认证程**中,申请课程的结构,在整个机构或一个课程模式中,如合并课程(教师培训或双学科课程),最初由一群特别委任的同行(第 1 阶段)检查。这可能涉及 ASIIN 与其他认证机构的合作,形成一个联合小组,以包括整个过程中未涵盖的 ASIIN 学科领域。该程序第一步骤的最终产物是一种评估报告。报告构成主体审计的基础——通常以学科或课程组的形式——执行该程序的第二个步骤(阶段 2)。对于阶段 2 的步骤如第 3.2 节中描述。该程序的第二阶段完成后,就是否对个人的学位课程授予认证做出决定。两阶段认证程序特别适合于学位课程使用共同结构特点认证的情况,由高等级教育机构的多个学科领域或科目提供。

二层式认证程序基于有效的外部评估(或类似)结果,如果评估涵盖相关认证的各个方面,并产生于一个独立的机构进行。在这种情况下,认证程序可以简化,可能没有必要进行同行实地考察。每种具体情况,ASIIN 内设主管机构将进行调查,以决定灵活应用,取决于申请的签章规则。

国际合作认证程序,建议课程由合办形式,由两个或两个以上国家的两个或两个以上的高等教育机构组织,并要求在两个或涉及的几个国家认证。在这种情况下,基于适合的标准对每个情况采取协调程序。对于每个标志拥有人申请的要求均适用。在适当情况下,免除必须获得一个或多个所有者的标志。这些应在筹备阶段完成。

3.2　认证程序的顺序

认证程序的顺序可以细分如下:

顺序	机构	内　　容
1. 准备 要求	HEI	• 要求将(认证申请和课程概述其中明确规定的课程内容或课程)提交至 ASIIN 办公室。 　○格式:使用"认证申请表"电子版(www. asiin. de)。 　○所需信息:即使是一个非正式请求的信息,也必须填写如课程名称,学位类型,学期数,申请印章,任何特殊情况, ASIIN 技术委员会的责任、被提议的同行概况、联系方式等
计划书的准备	ASIIN	• ASIIN/技术专门委员会的责任以及确定和适用的认证程序模式和类型(见3.1)。 • 凡适用标准存显著分歧的,认证委员会必须决定学位课程是否以及在何种条件下适用,可以发出建议;如有需要, ASIIN 办公室提供这方面适用的标准信息。 • 同行的数量和概况以及由主管技术委员会来确定访问的总长度。 • 由 ASIIN 办公室计算和转发建议,其中包括建议的时间表的日程
建议/合同接收	ASIIN 和 HEI	• 提议合同验收的方式,如果需要,可通过一个单独的合同方式
2. 评估 预评估	HEI 和 ASIIN	• HEI 出具自我评估报告(或草案,如果愿意的话) • ASIIN 办公室出具正式的自我评估报告(草案)预评结果。 • (可选)在 ASIIN 办公室初步讨论。 • HEI 提交最终自我评价报告。

续表

顺序	机构	内　　容
审查小组	ASIIN	• 提名和任命审查小组(ASIIN 办公室,技术委员会和认证委员会)
访问	ASIIN 和 HEI	• 计划和准备访问 • 同行和 ASIIN 办公室对自我评估报告进行评估。 • 由同行反馈最初的印象,包括对 HEI 任何额外的要求和对 ASIIN 的任何问题。 • 根据认证课程类型和 HEI 所在国家,可能有必要组织审查小组或进行电话筹备会议或电话会议,ASIIN 办公室提供这方面适用的标准信息。 • 确认日期,包括议程,参观 HEI。 • 行 HEI 现场参观(审查小组和 ASIIN 代表),一个同行可能担任团队代言人的角色
报告	ASIIN HEI	• 向 HEI 提交评审报告(参观同行状态版本),检查事实错误和评论。 • 由 HEI 纠正事实错误,如果有的话,和修正对评审报告的意见
3. 决策 同行的建议	ASIIN	• 由同行出具最终评估的建议,提出认证决策建议
技术委员会的建议	ASIIN 和 HEI	• 由有关技术委员会提出的评论与建议,供有关认证的决定
评审委员会的决定	ASIIN 和 HEI	• 模式一:由 ASIIN 评审委员会决定认证学位课程,如果与每一种情况相关,签发所申请的印章。 • 模式二:采用 ASIIN 认证委员会对于学位课程的报告和建议,提交给国外认证机构,这取决于 HEI 所在国。 • 模式三:模型 Ⅰ 和 Ⅱ 的组合(见上文)
通知及公告	ASIIN 和 HEI	• 向 HEI 通知决定 • 传递**评审报告(最终版)**给 HEI,如果结果积极的话,可获得使用的签章的证书/授权。 • 传递评审报告(最终版)给任何被申请的其他印章拥有者(如:德国认证委员会)。 • 按照 ESG 的规定,在网站上发布总结和评审报告

3.3　提交要求

以此为基础,整个评审过程中,要求机构提供的文件,其中包括两个核心环节:

(1)自我评估方面,关于如何满足以及以何种程度上满足学位课程认证要求和授予标志的要求。

(2)自我评估作出文件声明或认证要求得到满足。

对于自我评估,高等教育机构应提供其关键发展状态的陈述,并得出结论,在何种程度上实现其目标,以及如何将这些目标对应于外部需求。

只要有可能,对于一个认证程序的文件不应该被特别制作,自我评估除外。ASIIN 使用的文件在本质上是与机构的学位课程的内部沟通和质量管理中使用的文件是一致的。如果有必要,他们需要解释认证程序以使外人理解,并在某种程度上清楚地表明他们对认证的适用性。

对于所有那些在高等教育机构和机构内参与该过程的利益,描述应尽可能简短,自我评价要具体、简洁和精确,在申请中仅包含那些与认证要求信息相关的内容。

同样重要的是,该文档是一致性和连贯性的,这可以通过系统处理的适用要求来实现。如果它是一个重新认证,那么展示出经过了上次认证阶段后的变化是非常重要的。

在重新认证的程序中,同时展示出如何处理上次认证提出的建议也是很重要的。

为了获得德国认可委员会的标志,确保其为学位课程的评审的规则,应该随着版本的改变而按新版本要求执行。

ASIIN 拥有一套可以由 ASIIN 办公室根据要求提供自我评估的模板。

团组程序,其中在相关学科领域的学位课程进行审核的情况下,ASIIN 需要集成自我评价/文档,其中包含适用于多个课程,并提供了一个清晰的对个别情况特定的信息(例如,进一步提供细分报告或有单独的报表)。

该应用程序应尽可能简短,以电子文档形式和纸制文件形式留存于每个同行一份,办公室一份。

3.4　同行的选择原则

ASIIN 要求高等教育机构声明他们是如何构建符合要求的专家工作团体

的。ASIIN 的认证委员会决定由谁负责执行技术委员会建议的程序,并任命其成员。

同行团体

对于单独的认证,同行团体通常包括:

(1)2~3 名全职教授(大学、应用科学大学,以及来自符合条件的合作教育大学的教授);

(2)1 名工业部门代表;

(3)1 名学生。

对于群体的认证,需要根据内容主题扩大同行团体。

在所有情况下,同行团体应该:

(1)包括能够理解课程的内容主题或课程审查的人员;

(2)包括能够理解利益相关人的特定需求并将他们纳入评估的人员;

(3)如果可能,包括有评审经验的同行,以及对该领域来说是新人的审计人员;

(4)如果考虑中的学位课程由高等级教育机构以一种特殊的形式组织提供(比如合作教育大学或是私人机构),应包括一些有在这种机构工作经验的人员;

(5)有些情况下,ASIIN 委员会的成员参与到认证过程,也可能作为同行团体成员,成为该机构内部质量保证机制的一部分。

拥有高等级教育背景的审查员应该:

(1)拥有其为该学科专家的证明;

(2)在该主题领域能够示范他们的活动;

(3)较理想的:拥有认证或评估经验,在高等级教育机构教学的经验,国际经验,在高等教育机构的行政经验。

拥有职业背景的审查员应该:

(1)拥有其为该学科专家的证明;

(2)在专业设置中,拥有直接雇佣毕业生的经验;

(3)较理想的:拥有认证或评估经验,在高等级教育机构教学的经验,国际经验,在高等教育机构的行政经验。

来自学生实体的审查员应该:

(1)在与认证程序相关的某一学科有很高的学习积极性;

(2)能够在没有明显超过完成一门学位的正常时间的情况下,总结出学习经验;

(3)熟悉学士和硕士学位课程。

在德国,学生代表选择程序时会考虑由学生认证库提名的学生。

不得提名进入同行团体的人员:

(1)还在申请进入机构审核中的人员;

(2)大部分通过与机构中其他教学人员合作出品的刊物或项目正在审核中的学科同事;

(3)在机构中工作,但处于审核中的,和/或是有独立关系的人员;

(4)通常上,来自于同一联邦或地区的教授。

同行的准备工作

该机构为审核员和委会员成员定期召开研讨会/培训会,使他们作好任务准备,确保他们理解自身的角色并且更新他们在审核程序方面的知识。该机构希望他们能充分利用这些机会或是由其他机构提供的类似的机会。

保密和公正

在参与一次审查前,每一个同行必须签署一份保密和公正声明。在组建审核组时要通知到申请人。如怀疑存在偏见,高等级教育机构可以要求取代工作成员。相关的技术委员会负责处理这类请求。

3.5　项目经理的角色和功能

工作组成员和 ASIIN 委员会基于公益性开展认证。然而,程序的整体协调工作由 ASIIN 办公室一名全职项目经理负责。

ASIIN 项目经理负责协调和组织认证程序。他们要确保相关规定在每个程序中得到遵守,并且负责时间管理和坚持最后的期限,以及为每个参与程序的人提供支持,根据他们的经验和背景知识回答问题。项目经理在访问中陪同,并且出席所有委员会的会议。他们负责起草报告、建议书和程序记录。贯穿于整个程序中,他们还作为 ASIIN 的联络员为高等级教育机构提供支持,寻求认证。

因此,项目经理负责机构、同行和其他委员之间的信息管理。

被认为是相关的以及需要考虑的程序,机构、审核员和委员会之间与程序相关的联络,都要通过 ASIIN 办公室。

3.6 程序和期限的课程结果

认证是有时间期限的。第一次附带之前所述印章的认证有效期为 5 年；后续更新的有效期为 7 年。

而且，有效期是基于授予印章机构的条例而计算的。

高等教育机构会收到通知，是关于适用于个案的时间期限以及认证程序结果的确认函事宜。

一套认证程序可能会有几下几种结果：

模型 I（由 ASIIN 认证委员会做出最终决策，见 3.1）

→ASIIN 印章

→跟主题相关的标签

→德国认证委员会印章

- 完整认证周期的无条件认证。

- 保留性认证。例如，"有条件通过认证"，是指较短有效期的认证而不是最大有效期的认证，到截止期限前必须达到一定的要求。如果能按时达到要求，认证将被允许扩展到覆盖整个期限。达到要求后，将由审查团和负责的技术委员会进行检查和评估，并由认证委员会确定。对于各个相关需求的印章所有者的规则也同样适用。如果有必要，ASIIN 办公室将提供关于适用条件的详细资料。

- 程序中止：如果申请机构没有完成要求，但希望其在暂停期间解决好当下问题，这时认证委员会可能会中止认证程序。当决定中止程序，认证委员会也会为重新开始程序规定一些条件。中止程序的决定可能是由机构提出要求或是由 ASIIN 提出倡议。如果程序重新启动需要附加的参与，那么申请者可能会面临额外的费用。对于各个相关需求的印章所有者的规则也同样适用。如果有必要，ASIIN 办公室将提供关于适用条件的详细资料。

- 如果没有完全达到授予印章的要求，那么认证可能遭拒。在这个个案中，申请印章时，德国认证委员会将会收到通知。对于各个相关需求的印章所有者的规则也同样适用。如果有必要，ASIIN 办公室将提供关于适用条件的详细资料。

模型 II（由第三方机构作出最终决策，见 3.1）

→国家认证,例如瑞士,荷兰

- ASIIN 为国家决策机构的认证决策提交建议;可能包括程序要求或程序中止;
- 负责的决策机构可能会根据国家要求详细说明认证程序的不同的/深层次的结果。

模型Ⅲ(由 ASIIN 作出关于 ASIIN 印章或相关主题标签的最终决策,并由第三方机构作出国家认证的最终决策,见 3.1)

结合模型Ⅰ和模型Ⅱ(见上)。

申诉

受 ASIIN 认证委员会的认证决策迅速影响的机构可能会对决策提起上诉。申诉由 ASIIN 专门的申诉委员会处理。提交申诉有时间期限。想要获得关于要求、程序和截止日期等的信息,可以联系 ASIIN 办公室或浏览网页(www.asiin.de)。

完成要求的步骤

步骤	机构	内　　容
1. 完成要求的证明	高等教育机构	• 高等教育机构提交在 ASIIN 给定时间期限内达到要求的证明
2. 决定	ASIIN	• 由同行评估 HEI 是否达到要求,哪里合适,并向 HEI 提问
→同行的建议		• 审查团为将认证程序扩展到整个期限的决定提出建议
→技术委员会的建议		• 负责决定将认证程序扩展到整个期限的技术委员会的评论
→认证委员会的决定	ASIIN	• 模型Ⅰ:ASIIN 认证委员会关于学位项目完成要求、扩展程序期限、哪里合适、印章授予的决定
		• 模型Ⅱ:ASIIN 认证委员会接受学位项目符合要求的报告,向高等教育机构所在国负责国家认证的第三方机构提交决策建议
		• 模型Ⅲ:结合模型Ⅰ和模型Ⅱ

续表

步骤	机构	内　容
→通知和公布	ASIIN and HEI	• 针对高等教育机构决定的通知
		• 在获得肯定的决策时,包括延长使用印章期限的文件/授权资料等会发送给高等教育机构
		• 发给任何其他印章申请所有者的决定通知(例如,德国认证委员会)
		• 公布符合要求和/或根据巴黎高等管理学院集团的要求删除网站上的要求的结果

关于中止程序和重新启动程序的步骤

步骤	机构	内　容
1. 重新启动程序	HEI	• 高等教育机构提交证据证明其已满足在 ASIIN 通知时间期限内的中止决定的条件
2. 决定	ASIIN	• 同行评估其是否满足条件、哪里合适,并向 HEI 提问
→同行的建议		• 审查团为重新启动认证程序或授予印章的决定提出建议
→技术委员会的建议		• 负责决定重新启动认证程序的技术委员会的评论
→认证委员会的决定	ASIIN	• 模型Ⅰ:ASIIN 认证委员会关于学位项目重新启动认证程序和/或印章授予的决定
		• 模型Ⅱ:ASIIN 认证委员会接受学位项目重新启动认证程序的报告,并向高等教育机构所在国负责国家认证的外部机构提交建议
		模型Ⅲ:结合模型Ⅰ和模型Ⅱ
→通知和公布	ASIIN and HEI	• 针对高等教育机构决定的通知
		• 向高等教育机构移交认证报告(最终版),在获得肯定的决策时,还向其移交印章使用证明/授权资料
		• 向其他印章申请拥有者转交认证报告(最终版)(例如,德国认证委员会)
		• 按照巴黎高等管理学院集团的要求在网站公布概述和认证报告

3.7　延长认证期限

延长计划重新认证的项目期限

如果请求提前原来认证期限为 6 周的时间重新认证一个项目,那么,在将由 ASIIN 完成重新认证程序的情况下,认证委员会可能决定延长认证。以防止项目认证有效期间隔的出现。

如果这个规定适用于德国认证委员会印章授予,那么应该附上与其相关的截止日期、条件等。

项目关闭时延长关闭期限

如果一个高等教育机构不打算继续一个之前已经获得认证的项目,而且 ASIIN 已经做出了最终的认证决定,那么,根据机构的要求,为了在认证有效期截止时注册入学的学生学位的持续,现有认证可能被延长。相关条件如下:

(1)项目在认证期限截止前关闭;

(2)机构可证实该项目与被认证的项目无显著区别;

(3)所需的工作人员和基础设施继续可用。

如果这个规定适用于德国认证委员会印章授予,那么应该附上与其相关的截止日期、条件等。

3.8　认证期间的变化

学位项目认证期间的变化在原则上讲是可能的,如果项目在提升质量或者深入发展,这也确实是必要的。然而,重大的变化可能在初始认证决定和停止申请印章授予这个方面改变认证的对象。

因此,对于 ASIIN 来讲,提供一个快速、成本低廉的认证程序,在重大变化中,继续或延长允许认证决定或印章授予,这是很重要的。

如果 ASIIN 完成了一个认证程序,那么根据合同规定,高等教育机构有义务将重大改变告知该机构。如果 ASIIN 通过其他方式了解到重大变化,那么高等教育机构将被要求在特定的时间内给出说明。高等教育机构可以在说明中请求维持认证。通常由学位项目认证委员会决定这些改变是否降低了项目质量,是否需要做一个全新的认证。

定义

在项目概念或概况发生重大改变的情况下,机构会决定这些改变是否降低了项目质量,是否需要做一个全新的认证。

通常具备以下条件,会发生这种类型的改变:

(1)基于学术和专业来源的新知识,项目的目标被重新定义为一种超越更新的形式;

(2)认证证书所述的项目特点发生改变[例如,名称、项目分类(持续不断的/继续的)、学位类型];

(3)学习的标准期限发生改变;

(4)招生周期发生改变;

(5)机构课程发生如下变化:①必修课取消且无替代(包括操作课和课程论文),②一些必修课从学习目的上发生彻底改变(包括操作课和课程论文),③一般学习条件的改变,这些改变没有通过改善质量而调整;

(6)引入了新焦点或专业选择;

(7)裁员或改变基础设施;

(8)这些变化会破坏法律法规或其他绑定条款。

原则上讲,以下条件下,不会发生重大变化:

(1)机构质量保证体系和质量管理体系改善了质量——除非这些变化会破坏法律法规或其他绑定条款;

(2)课程设置根据项目目标范围内的最新研究进行更新调整;

(3)增加选修和必修课课程,且学习目标与项目整体目标一致;

(4)在个案中,课程名称随最新研究而调整;

(5)只要项目总学分不变,课程学分调整为反映实际工作量;

(6)在课程持续发展的过程中,对质量保证体系做出改变;

(7)更换工作人员。

这些条件并非决定性的,也可能有所扩展。如果存在疑惑,ASIIN办公室将要求高等教育机构做出报告。

程序

发生重大改变时,程序为:重大改变被按照要求的程序上报后,将由审计人员、技术委员会和认证委员会在评估满足要求情况时评估这些改变。

对于后续的变更,则采用以下程序:

(1)高等教育机构递交一份评估变化、继续有效认证的非正式请求。这份请求包括一份关于正在讨论中的变化的描述。

（2）由负责的技术委员会评估资料。按照指南，技术委员会代表认证委员选择下列选择中的一项：①变化不大；②尽管变化很大，但无须执行一套新的认证程序（例如，变化不影响现有认证）；③变化很大而且其不能被现有认证所覆盖，因为它可能导致质量下降。如果变化生效或保持，那么需要启动一项新的认证程序（例如，如果变化已经生效且没有撤回，现有认证将失去有效性）。

（3）在情况①中，技术委员会的决定将通知高等教育机构，且评估程序结束。

（4）在情况②中，技术委员会可能要求一份来自于所有或者部分同行的全新的评估，根据变化的性质，如有需要，还可能需要新同行的意见。技术委员会将决定是否有必要开启新的认证程序。技术委员会将其建议，可能包含同行意见，转交给认证委员会，并由认证委员会做出最终决定。

（5）在情况③中，必须开启新的认证程序。

为了在改变前给高等教育机构提供一次评估现有认证结果的机会，也可基于高等教育机构的计划和理念实施重大改变程序。

3.9　获得额外印章的程序

在欧洲和国际层面上，ASIIN 同一系列为学位项目授权质量印章的组织合作。因此，如果进展顺利，一个学位项目可通过单一的认证程序被授予数枚印章。这还包括所谓的"主题标签"。通常在这些情况下，ASIIN 拥有一项由一个欧洲或国际协会或网络授予的权利，即在满足相应要求的情况下授予一枚基于主题的质量印章，这也是程序的一部分。

授予 ASIIN 印章的程序和要求构成了认证程序的基础，且执行程序的过程中，负责的审计人员和委员会将检查进一步具体要求的完成情况并记录结果。尽管评估是一套认证程序的一部分，但关于每一个印章的授予决定都是分别完成的。

程序

（1）通常与 ASIIN 的认证程序相结合；

（2）尽管程序基于自身的或二线的基础而开展，程序总是按照可用标准和整个 ASIIN 的通用标准中的步骤进行；

（3）仅在高等教育机构特别要求时执行；

（4）可能造成多种结果（例如：授予 ASIIN 印章和德国认证委员会印章，但不授予其他组织印章)；

(5)总是基于 ASIIN 认证程序和附加标准与要求提交信息,如可适用的。

4 合同基础

ASIIN 和高等教育机构之间的合作是基于合同进行的。高等教育机构或合同方接受 ASIIN 投标,合作生效。

确定合同关系形式的具体条件源于 ASIIN 投标以及一般条款与条件(GTC)。

ASIIN 和高等教育机构之间的合同的一个重要方面是其覆盖了一套认证程序的执行,但不包括结果。

当合同生效时,认证程序开始。

ASIIN 将知会程序中各个印章所有者。

5 附录

5.1 记录:资格申请与评审的组织与构成

资格评定基本由自我评定和一些达到资格标准的文件组成。ASIIN 有一个罗列资格的标准模板,如有需要可以向代理办公室拿取。自我评价的逻辑性应与学科的资格评定相一致。

提供每一个学科的具体细节也很重要,包括:

(1)当地语言的项目名称

(2)项目名称的英文

(3)教学语言

(4)联系人(电子邮箱、电话、传真)

(5)网站

(以下略)

5.2 示例:目标矩阵模板(略)

5.3 学科手册表的示例(略)

5.4 员工手册表的示例(每个员工一页纸)

名字

岗位教学领域与名称

学术生涯

工作经历

过去五年研究与发展的项目

过去五年的同业合作

专利与所有权

过去五年重要的出版或发行

过去五年在专业机构的活动

5.5　两步骤的高校自我评价中步骤一的指导

如果一个评定过程有两个步骤,在步骤一中的课程模板里的自我评价或课程的总体结构,在最初时是不与专业评估挂钩的。若高校要进行两步骤评定程序,可以在 ASIIN 办公室取得关于课程自我评价的指导手册。

5.6　现场参观计划的示例(略)

二、学位项目认证的专业具体标准选译[①]

(一)德国 ASSIN 认证专业具体标准之一——机械工程、化学工程等

机械工程、加工工程及化学工程专业学士及硕士学位课程的认证标准

(2011 年 12 月 9 日)

以下细则为对“ASIIN 学位课程评鉴认证通用标准”的补充说明。

1　分类

1.1　职能

该由技术委员会所拟定的专业具体标准(SSC),在其适用于机械工程与加工工程等专业学科时,需满足以下前提:即高等教育机构须根据自身职责范畴及学术底蕴先行向委员会提交相关专业的预期学术成果产出框架,为后续检审课程程序提供大体的评鉴尺度。

---

①　http://www.asiin-ev.de/pages/en/asiin-e.-v/programme-accreditation/general-criteria-and-ssc.php

上述 ASIIN 技术委员会下的专业具体标准主要满足以下几项重要职能：

SSC 是由 ASIIN 技术委员会定期执行的评估成果，评估团队由高等教育相关领域学者与从业者等比组成专业，立足于确保劳动力市场培训的未来导向性，从长期实践来看可谓卓有成效。SSC 中针对学习目标、学业成果及能力特质的实现状况评定标准并非一成不变，而是更倾向于通过同专业团队组织保持密切持续的合作沟通来不断检视更新，以上提到的专业团队通常包含诸如大学院系联盟、专业协会及涉及相关专业实践的联合会组织。提出申请的学校需对于专业及课程未来建设的预期成效与通过实施 SSC 项目期望达到的实质成效两者间交互关系有辩证性认识，并使自身在高等教育发展目标的未来光芒之中有更明确的定位。

在涉及评鉴认证的过程中，SSC 同时承担另一大重要职责，即为专家、高等教育机构及 ASIIN 主体之间进行探讨对话提供了具有专业性的详尽阐释标准。而其因此对国内与国际认证程序间的可比性所作出的贡献不可小觑，毕竟，它有效地减少了个别独立评估项目为自身寻得技术参数以参与探讨与独立评估的机会。同时，SSC 列举了各项能力、技能及相关专业中需必备的基本素养等，当然，这些描述应用于实际评估中会更具灵活性与多元性，并注重同被评估大学自身实力及目标间的契合程度。

ASIIN 的 SSC 同样能够对跨学科及多学科研究的成果展示与评估工作提供方向性引导。然而需要说明的是，它们同特定学科的核心科目成果展示与评估工作是基本保持一致的。

鉴于 ASIIN 的 SSC 在定位与合作方面强调国际性，因而有助于促进欧洲高等教育区的大一统进程。在"博洛尼亚 2020"欧洲战略的指引下，SSC 旨在通过不断提升学科专业化及专业导向的学习成果进而促进实现学术发展与职业流动性，这也是满足欧洲人才质量提升需求的重要途径之一。而 SSC 的诸项筹备状况均是在全面考虑其他重要欧洲计划（如：Tuning）或主题网络的前提下进行的。

1.2　技术委员会合作事宜

为了利于相关跨学科项目的研究，技术委员会机械工程/加工工程专业成员连同委员会其他成员合作制定该文件。各大学在申请评鉴阶段，均需提交由指定的一个或数个委员会给出的评估报告。

超过 50% 的机械工程/加工工程专业的学位课程均受相关专业技术委员会监督。按照惯例,该委员会负责认证程序并在必要时召集来自其他学术领域的专家作为审计员参与建言。当跨学科的研究项目涉及机械工程或/及加工工程专业内容的比重少于或等于 50% 时,相关专业及学科的技术委员会将共同负责或直接委派专业评审员。

2　培养目标与学业成果

学业成果的描述是对培养目标的具体阐释,而学业成果则对于毕业生在进行下一阶段职业实践或研究生学习前应达到的具体学习效果给予明确规定。依据学士学位与硕士学位所需达到的不同培养目标,其各自学术成果的规定在范围与强度上均有差异。

博洛尼亚进程中对于学位课程的目标有以下描述:"为适应个人、学术和劳动力市场的多样化需求",为在欧洲范围内保持对于学位课程目标描述层面的一致性,委员会允许机械工程、加工工程及化学工程等专业针对劳动力市场或教育科研方面所需达到的学术目标分别制定至少两种类型的通用描述。一种描述注重强调科学基础及研究层面,另一种描述则重在强调基于科学素养之上的应用能力。两种不同诉求的描述在以下分别简称研究导向与应用导向。而委员会认为,两种描述根本上拥有一致的诉求要点。

而具体差异在下文关于机械工程、加工工程及化学工程等专业学士与硕士预期学术成果的不同描述中将有所体现。而这些均为高等教育机构制定培养目标及学术成果标准提供了便于理解的引导性方向。

2.1　学士学位课程要求

顺利完成机械工程/加工工程/化学工程专业课程要求,是及早适应职业实践(获得职业准入资格)或进一步进行本专业或其他专业更高学位深造的前提。

知识与理解

获得**研究导向**型的本科学位的毕业生需具备:

(1)获得广泛而健全的数学、科学及工程相关知识,能够理解机械工程/加工工程/化学工程专业特有的相关复杂现象;

（2）获得更广泛的工程科学相关多学科背景知识。

获得**应用导向**型的本科学位的毕业生需具备：

（1）对于机械工程/加工工程/化学工程专业，获得工程、数学及自然科学方面的丰富的技术知识，以科学地进行实际作业并确保更具责任性的职业作业；

（2）获得更广泛的工程科学相关多学科背景知识。

工程分析

获得**研究导向**型的本科学位的毕业生需具备：

（1）具备识别、提炼、重组与整合与机械工程/加工工程/化学工程专业相关的特殊问题的能力；

（2）具备探究、分析与评估基于学科系统技术而形成的产品、过程及其方法的能力；

（3）具备筛选、应用与再开发进行分析、建模、仿真及优化的方法的能力。

获得**应用导向**型的本科学位的毕业生需具备：

（1）发掘、分析与解决基于已确立的科学方法的应用基础之上所涉及的机械工程/加工工程/化学工程专业问题的能力；

（2）具备分析与评估基于该专业科学应用所形成的产品、过程及方法的能力；

（3）具备选择合适的分析、建模、仿真及优化方法并以高水准能力进行应用的能力。

工程设计

获得**研究导向**型的本科学位的毕业生需具备：

（1）在与学生知识与理解力程度及相关专业特定需求相匹配的前提下，能够对于复杂仪器、设备、电子数据处理程序或进程的设计及原理拥有构思能力；

（2）对于设计方法具有系统全面的理解并具备应用与再开发设计方法的能力。

获得**应用导向**型的本科学位的毕业生需具备：

（1）在与学生知识与理解力程度相匹配的前提下，能够具备对于复杂仪器、设备、电子数据处理程序或进程的设计及原理的构思能力，并能够根据专业特定目标需求以实现应用发展；

(2)对于设计方法具备具有实用导向的理解并能够以适当的方式进行方法应用的能力。

调查与评估

获得**本科学位**的毕业生需具备：

(1)能够独力进行在其知识储备与理解程度匹配范围内的文献研究工作，并能够灵活运用数据库及其他信息来源进行信息采集；

(2)计划并执行在其知识储备与理解程度匹配范围内的实验项目，并具备对于实验数据的解释进而得出合理结论或判断的能力。

工程实践

获得**研究导向**型的本科学位的毕业生需具备：

(1)具备理论与实践有机结合的能力，能够运用工程科学方面基本的实践方法与理论基础对特定问题进行有效的分析、解决；

(2)对于应用技术及方法的实用性及局限性持有充分的理解认识；

(3)基于可持续发展性与环境发展兼容能力，以及经济、生态及安全等多方面发展需求而不断巩固提升自身在多领域的知识储备量，并注重自身在技术应用方面的责任意识；

(4)应对工程应用与活动所具备的非技术影响有所感知。

获得**应用导向**型的本科学位的毕业生需具备：

(1)在基于对可持续发展性与环境发展兼容能力，以及经济、生态及安全等多方面发展需求的综合考量下，能够将工程科学及自然科学领域的最新学术发现有效地转化为或应用于工业或商业领域实体；

(2)具备计划、控制及运作的能力，并能够对系统及设备进行有效的开发与运营；

(3)独立学习并巩固自身所学知识的能力；

(4)对工程应用与活动所具备的非技术影响的感知力。

可迁移能力

可迁移能力是毕业生在具备实际工程作业能力的基础之上需要进一步开发与拓展的学业能力。

获得**本科学位**的毕业生需具备：

(1)对于自身如何成为有效的活动个体和作为组织成员的职责定位，包括在团队的相关协调统筹中所发挥的作用；

（2）能够选取与运用多元的对话方式以同工程专业领域或社会大众领域进行切实有效的沟通；

（3）在健康、安全及法律问题方面具有敏锐感知力，对于工程实践活动中所涉及的社会及环境影响认知具有责任意识，同时致力于不断提升职业道德观、责任心及实践作业的规范程度；

（4）具备在项目管理及商业活动中的运作力与感知力，诸如如何合理面对风险与变更管理，并全面认识其局限性；

（5）具备坚持终身学习理念、独立进行科研提升的能力与动力；

（6）具备在国内及国际环境下的作业及交流能力。

2.2　硕士学位课程要求

作为对于完成本科阶段学习后的更高级别深造阶段，硕士学位课程旨在促成学生在机械工程/加工工程/化学工程等相关专业获得更具系统性和技术性的分析能力。

硕士阶段的培养目标是基于对各具备或提供相关专业科研的大学在该研发领域的专业优势整合之上而制定的。

知识与理解

获得**研究导向**型的硕士学位的毕业生需具备：

（1）对于数学及自然科学方面知识具备更广泛而深度的掌握，对于机械工程/加工工程/化学工程及相关跨学科的工程原理的熟练认知；

（2）能够批判性、审辨性地看待与思索其学科领域的最新研究成果。

获得**应用导向**型的硕士学位的毕业生需具备：

（1）不断巩固与提升自身在数学及自然科学、机械工程/加工工程/化学工程专业工程原理上的知识储备，并注重不断深化掌握相关专业内实践性课程知识；

（2）能够批判性、审辨性地看待与思索其学科领域的最新研究成果。

工程分析

获得**研究导向**型的硕士学位的毕业生需具备：

（1）能够以科学的态度对于不明确或不完整的、具有争议性的定义及研究问题进行分析与解决；

(2)从全新的或新兴的学科领域中,提炼与形成复杂的研究问题;

(3)立足于理论基础,积极探索、运用创新的科学方法进行问题解决。

获得**应用导向**型的硕士学位的毕业生需具备:

(1)科学地分析与解决态度不明确或不完整的、具有争议性的定义及研究问题;

(2)从全新的或新兴的学科领域中,提炼与形成具有实用价值或意义的研究问题;

(3)探索与运用创新的科学方法来指导或解决实际操作问题(EUR-ACE)。

工程设计

获得**研究导向**型的硕士学位的毕业生需具备:

(1)在充分结合与考量其他学科知识的前提下,探索能够解释或解决专业基础或特殊问题的理论或方法;

(2)将创新精神渗透和体现于整个产品实体、加工流程及运作方法之中;

(3)以科学的分析与判断力应对各类复杂的、具有技术挑战性的问题或不完整的待处理信息。

获得**应用导向**型的硕士学位的毕业生需具备:

(1)在充分结合与考量其他学科知识的同时,探索解决实用或特殊问题的方法;

(2)在解决实际问题的过程中充分发挥个人创新力;

(3)以科学的分析与判断力应对各类复杂的、具有技术挑战性的问题或不完整的待处理信息。

调查与评估

获得**硕士学位**的毕业生需具备:

(1)辨别、搜索及提炼必要信息的能力;

(2)计划并开展分析、建模及实验研究的全过程;

(3)以审慎的批判性态度对待数据分析及结论推断;

(4)调查与评估学科领域的全新或新兴技术的应用成果。

工程实践

获得**研究导向**型的硕士学位的毕业生需具备:

(1)能够对于不同领域的知识或复杂问题进行有效分类与系统整合;

(2)面对全新或未知事物能够快速、有效、系统的应对、适应；

(3)对于操作方法的应用性与局限性有理性评估；

(4)系统、理性地认识工程活动中所伴随的非技术影响，并将其以具备责任感的方式整合、作用于实际操作中。

获得**应用导向**型的硕士学位的毕业生需具备：

(1)快速整合不同领域的知识或问题并应对其复杂性；

(2)尽快适应并有针对性地解决全新或未知事物或问题；

(3)运用当前的知识储备来对操作方法的应用性与局限性进行理性评估；

(4)系统、理性地认识工程活动中所伴随的非技术影响，并将其以具备责任感的方式整合、作用于实际操作中。

可迁移能力

可迁移能力是毕业生在具备实际工程作业能力的基础之上需要进一步开发与拓展的学业能力。

获得**硕士学位**的毕业生需具备：

(1)需完成或具备第一层级中关于可迁移能力的所有规定内容，同时还需具备第二层级所规定的更多要求；

(2)在由不同学科背景及学历层次的人员组成的团队中良好地呈现高效领导力；

(3)具备在国内及国际环境下高效的作业及交流能力。

3　课程

实践教育(应用实习)

开展实践、实习活动是工程教育环节中的重要组成部分，以期借助应用实习的方式使学生在就读之前或期间立足于实际的操作问题不断发展与定位个人知识与能力。

开展**学前应用实习**的目的在于，学生在就读学士学位课程之前，从实际操作技术的角度对于所在产业运作有所熟悉。

建议选取在工厂环境下进行实验型作业，大多涉及金属及非金属材料加工、装配及维修等工作。鉴于学前应用实习所确立的目标，学生应确保在入学就读前取得应用实习合格认证，以此作为进入下一阶段学习的必要准入要求。

由于学前应用实习不属于专业课程部分,同时其监督权并不归属大学,因而不纳入学分计算范围。

学期应用实习属于学位课程的一部分,要求学生在特定的工程运作框架内,将大学就读期间所获得的技术性、系统性知识放诸工业环境中实现知识的全面应用、拓展与深化。此类实习优先选取的专业领域为技术的开发、建设、规划及应用。学期应用实习的监督权属于大学,其作为培养课程的一部分,需经由研讨会考核后即可纳入学分计算范围。

必要选修科目、研究领域和核心课程

必要选修科目是根据培养目标的进展情况为学生自主性制定核心学习课程任务提供导向。当学生选择自主制定学习计划,大学需保证其个人计划具备合理性与可行性,同时需与预期学位标准所规定的学术成就水平保持统一。

以上所述在涉及研究领域、核心课程或其他相关专题时分别适用。

硕士学位课程

硕士学位课程是各大学专业研发能力及硕士层面培养实力的有力反映。

(二)德国 ASSIN 认证专业具体标准之二——电子工程、信息技术

电子工程、信息技术专业学士及硕士学位课程的认证标准

(2011 年 12 月 9 日)

以下细则为对"ASIIN 学位课程评鉴认证通用标准"的补充说明。

1 分类

1.1 职能

该由技术委员会所拟定的专业具体标准(SSC),在其适用于电子工程、信息技术等专业学科时,需满足以下前提:高等教育机构须根据自身职责范畴及学术底蕴先行向委员会提交相关专业的预期学术成果产出框架,为后续检审课程程序提供大体的评鉴尺度。

上述 ASIIN 技术委员会下的专业具体标准主要满足以下几项重要职能:
SSC 是由 ASIIN 技术委员会定期执行的评估成果,评估团队由高等教育相

关领域学者与从业者等比组成专业,立足于确保劳动力市场培训的未来导向性,从长期实践来看可谓卓有成效。SSC 中针对学习目标、学业成果及能力特质的实现状况评定标准并非一成不变,而是更倾向于通过同专业团队组织保持密切持续的合作沟通来不断检视更新,以上提到的专业团队通常包含诸如大学院系联盟、专业协会及涉及相关专业实践的联合会组织。提出申请的学校需对于专业及课程未来建设的预期成效与通过实施 SSC 项目期望达到的实质成效两者间的交互关系有辩证性认识,并使自身在高等教育发展目标的未来光芒之中有更明确的定位。

在涉及评鉴认证的过程中,SSC 同时承担另一大重要职责,即为专家、高等教育机构及 ASIIN 主体之间进行探讨对话提供了具有专业性的详尽阐释标准。而其因此对国内与国际认证程序间的可比性所作出的贡献不可小觑,毕竟,它有效地减少了个别独立评估项目为自身寻得技术参数以参与探讨与独立评估的机会。同时,SSC 列举了各项能力、技能及相关专业中需必备的基本素养等,当然,这些描述应用于实际评估中会更具灵活性与多元性,并注重同被评估大学自身实力及目标间的契合程度。

ASIIN 的 SSC 同样能够对跨学科及多学科研究的成果展示与评估工作提供方向性引导。然而需要说明的是,它们同特定学科的核心科目成果展示与评估工作是基本保持一致的。

鉴于 ASIIN 的 SSC 在定位与合作方面强调国际性,因而有助于促进欧洲高等教育区的大一统进程。在"博洛尼亚 2020"欧洲战略的指引下,SSC 旨在通过不断提升学科专业化及专业导向的学习成果进而促进实现学术发展与职业流动性,这也是满足欧洲人才质量提升需求的重要途径之一。而 SSC 的诸项筹备状况均是在全面考虑其他重要欧洲计划(如:Tuning)或主题网络的前提下进行的。

1.2 技术委员会合作事宜

为了利于相关跨学科项目的研究,技术委员会电子工程、信息技术专业成员连同委员会其他成员合作制定该文件。各大学在申请评鉴阶段,均需提交由指定的一个或数个委员会给出的评估报告。

超过 50% 的电子工程、信息技术专业的学位课程内容均受相关专业技术委员会监督。按照惯例,该委员会负责认证程序并在必要时召集来自其他学术领域的专家作为审计员参与建言。当跨学科的研究项目涉及电子工程、信息技术专业内容的比重少于或等于50%时,相关专业及学科的技术委员会将共同负责或直接委派专业评审员。

2　培养目标与学业成果

学业成果的描述是对培养目标的具体阐释,而学业成果则对于毕业生在进行下一阶段职业实践或研究生学习前应达到的具体学习效果给予明确规定。依据学士学位与硕士学位所需达到的不同培养目标,其各自学术成果的规定在范围与强度上均有差异。

2.1　学士学位课程要求

本科期间的学位课程一方面是为学生毕业后进入相关领域就业提供职业准入与胜任资格的必要准备,另一方面,也为部分毕业后选择该专业再深造或转投其他学习专业进行再学习的学生提供相关必要准备。

对于电子工程或信息技术学科的发展描述,都时刻处于动态的变迁之中,经由一般研究阶段及核心技术应用开发而最终形成核心研究领域和特定学术学科,以下所列出的应用核心领域则是可能基于电子工程或信息技术或两专业相结合学科内容知识发展而来的:

- 自动化技术
- 电子工业
- 电力工程
- 高频技术
- 信息传输
- 通信技术
- 光照工程
- 机械电子
- 医学工程
- 微系统工程
- 电信技术
- 技术信息学

有关该专业的培养目标、学业成果和课程内容详见下表。

培养目标	学业成果	示范课程内容
知识与理解	**获得本科学位的毕业生需具备：** • 获得广泛而健全的数学、科学及工程相关知识，能够理解电子工程/信息技术专业特有的相关复杂现象； • 获得更广泛的工程科学相关多学科背景知识	• 代数,复数,元素分析,矢量微积分,微分学,积分学,多变量函数,线性方程,傅里叶级数,拉普拉斯转化,概率论与统计,微分方程,离散数学,数值计算,力学,振动理论,波函数理论,光学,物质结构,热力学,声学,高温理论。 • 直流电路学,电场,磁场,复杂交流电路,网络理论与分析,非正弦电流和电压,能量转换和能量传递,测量与控制工程,电气元件,电网合闸,线性和非线性电路。 • 布尔代数,信息论和密码学,电路元件,数字电路设计,编程,程序和仪器,软件工程,运算和数据结构,计算机体系结构的基本原理。 • 理论电气工程,控制工程,电机,电气装置,通信技术,微电子技术,高频技术。 • 计算机体系结构,软件工程,计算机技术科学,计算机网络,多媒体技术,应用型计算机系统,互联网技术
工程分析	**获得本科学位的毕业生需具备：** • 选择与运用专业领域的有效方法以解决实际的建模、运算及检验问题； • 根据既有问题进行技术文献查阅及其他来源的信息资料的收集研究的能力； • 在实验或计算机模拟情境下的设计、运算与阐释能力； • 对于数据库系统及信息使用的准则、导向(合理的行为导向)及安全规范有明确认识	

续表

培养目标	学业成果	示范课程内容
工程设计	**获得本科学位的毕业生需具备：** • 能够开发模拟或数码电子、电路、设备或产品的能力； • 能够在建模、仿真及检验过程中合理控制各项元素及流程，并能够以问题为导向整合各元素流程运作； • 能够基于全球市场需求进行产品开发与设计	
工程实践与产品开发	**获得本科学位的毕业生需具备：** • 能够将所学专业知识及理解合理运用于实践操作、研究任务及系统或程序的设计活动中； • 面对与解决材料应用中所涉及的可能性与局限性，能够解释并处理基于计算机的模型设计过程中可能出现的系统、过程或工具等复杂问题； • 了解与熟知生产设备的操作方法与使用要求； • 对于技术性文献与其他信息来源的信息知识的搜集、获取能力； • 在健康、安全及法律问题方面具有敏锐感知力，对于工程实践活动中所涉及的社会及环境影响认知具有责任意识； • 致力于不断提升职业道德观、责任心及实践作业的规范程度； • 在基于对经济、生态、科技及社会等多方面发展需求的综合考量下，能够将工程科学及科学环境领域的最新学术方法或发现有效地转化为实体成果； • 对于工程应用与活动所带来的非技术影响的认识与感知； • 定位全球市场开发最具市场潜力的产品	
可迁移能力	**获得本科学位的毕业生需具备：** • 能够对本领域及邻近领域的学科问题进行合理的分析与阐释； • 能够进行团队技术任务运作，并在必要时起到关键协调作用； • 具备在项目管理及商业活动中的运作力与感知力，诸如如何合理面对风险与变更管理，并全面认识其局限性； • 具备坚持终身学习理念、独立进行科研提升的能力与动力	

2.2　硕士学位课程要求

硕士学位课程的具体要求是基于各学校的专业优势而言的,研究生学位的获准资格也不仅仅取决于申请人的个人资质。

电子工程或信息技术专业课程描述的制定,是立足于专业知识的核心基本原理,尤其是相关专业的最新研究基础与应用知识(见2.1所例)之上的进行的。

培养目标	学业成果	示范课程内容
知识与理解	**获得硕士学位的毕业生需具备:** • 对于数学和自然科学方面知识具备更广泛而深度的掌握; • 对于电子工程/信息技术学科的专业原理的熟练认知; • 对基于上述某一领域的专业原理而实现的技术应用有深层认知	• 矢量分析,普通和偏微分方程,离散数学,数值计算。 • 电场,磁场,电磁场,网络理论与分析,非正弦电流和电压,能量转换和能量传输,测量与控制工程,中电技术的特殊成分,线性和非线性电路。 • 信息理论与密码学,数字电路设计,编程,程序和机器,软件工程,运算和数据结构,高级计算机体系结构,计算机网络,通信理论
工程分析	**获得硕士学位的毕业生需具备:** • 能够对全新、复杂的建模、测量、设计及检验方法的相关性、有效性及效率进行评估,并具备独立开发全新方法的能力	
工程设计	**获得硕士学位的毕业生需具备:** • 具备进行复杂技术系统或服务设计、开发及运作的专业技术; • 进而具备以最优化形式装配系统组件并充分考量系统间交互作用及其在科技、社会、环境及生态等各方面所涉及的影响作用	

培养目标	学业成果	示范课程内容
调查与评估	**获得硕士学位的毕业生需具备：** • 能够开发最优的方法以实现在已有知识与理解力的范围内将理论知识有效转化为实践及评估调研的能力	
工程实践与产品研发	**获得硕士学位的毕业生需具备：** • 能够对不同领域知识进行合理分类梳理，对各类信息元素进行有机整合，以及合理应对问题复杂性的能力； • 能够巧妙运用自身知识与技能不断获得实践运作能力，进而有助于解决实际问题、进行学术研究及系统开发与加工等； • 能够快速、有序、系统地应对全新或未知任务； • 理性判断操作方法的实用性与局限性； • 系统、理性地认识工程活动中所伴随的非技术影响，并将其以具备责任感的方式整合、作用于实际操作中； • 立足全球市场开发最具市场潜力的产品	
可迁移能力	**获得硕士学位的毕业生需具备：** • 能够合理把控与调配好工作与学习间的关系，为复杂、多变的情境而不断探索更具策略性的方式方法； • 不断致力于科学研究与实践，承担服务科学、贡献科学的重要使命； • 注重检视与提高团队战略性与运作力	

2.3 实践培养(应用实习)

开展实践实习活动是工程教育环节中的重要组成部分,以期借助应用实习的方式使学生在就读之前或期间立足于实际的操作问题,从而不断发展与巩固个人知识与能力。

建议选取在工厂环境下进行实验型作业,大多涉及金属及非金属材料加工、装配及维修等工作。鉴于学前应用实习所确立的目标,学生应确保在入学就读前取得应用实习合格认证,以此作为进入下一阶段学习的必要准入要求。由于学前应用实习不属于专业课程部分,同时其监督权并不归属大学,因而不纳入学分计算范围。

学期应用实习属于学位课程的一部分,要求学生在特定的工程运作框架内,将大学就读期间所获得的技术性、系统性知识放之工业环境中实现知识的全面应用、拓展与深化。此类实习优先选取的专业领域为技术的开发、建设、规划及应用。学期应用实习的监督权属于大学,其作为培养课程的一部分,经由研讨会考核后可纳入学分计算范围。

3 课程

3.1 研究领域和核心课程

示范课程科目为学生自主性制定课程任务提供导向。当学生选择自主制定学习计划,大学需保证其个人计划具备合理性与可行性,同时需与预期学位标准所规定的学术成就水平保持统一。

3.2 硕士学位课程

硕士学位课程是各大学专业研发能力及硕士层面培养实力的有力反映。在硕士学位课程准入考量过程中申请者的个人技能水平尤为重要。

对于未达到完全合格标准的申请者,将采取适当举措以保证其获得合格认证。

(三)德国 ASSIN 认证专业具体标准之三——土木工程等

土木工程、测量工程、建筑、室内设计、景观设计以及城市和

区域规划专业学士及硕士学位课程的认证标准

(2012 年 9 月 28 日)

以下细则为对"ASIIN 学位课程评鉴认证通用标准"的补充说明。

1　分类

1.1　职能

该由技术委员会所拟定的专业具体标准(SSC),在其适用于土木与测量工程等专业学科时,需满足以下前提:高等教育机构须根据自身职责范畴及学术底蕴先行向委员会提交相关专业的预期学术成果产出框架,为后续检审课程程序提供大体的评鉴尺度。

上述 ASIIN 技术委员会下的专业具体标准主要满足以下几项重要职能:

SSC 是由 ASIIN 技术委员会定期执行的评估成果,评估团队由高等教育相关领域学者与从业者等比组成专业,立足于确保劳动力市场培训的未来导向性,从长期实践来看可谓卓有成效。SSC 中针对于学习目标、学业成果及能力特质的实现状况评定标准并非一成不变,而是更倾向于通过同专业团队组织保持密切持续的合作沟通来不断检视更新,以上提到的专业团队通常包含诸如大学院系联盟、专业协会及涉及相关专业实践的联合会组织。提出申请的学校需对于专业及课程未来建设的预期成效与通过实施 SSC 项目期望达到的实质成效两者间的交互关系有辩证性认识,并使自身在高等教育发展目标的未来光芒之中有更明确的定位。

在涉及评鉴认证的过程中,SSC 同时承担另一大重要职责,即为专家、高等教育机构及 ASIIN 主体之间进行探讨对话提供了具有专业性的详尽阐释标准。而其因此对国内与国际间认证程序间的可比性所作出的贡献不可小觑,毕竟,它有效地减少了个别独立评估项目为自身寻得技术参数以参与探讨与独立评估的机会。同时,SSC 列举了各项能力、技能及相关专业中需必备的基本素养等,当然,这些描述应用于实际评估中会更具灵活性与多元性,并注重

同被高等教育机构自身培养目标间的契合程度。

ASIIN 的 SSC 同样能够对跨学科及多学科研究的成果展示与评估工作提供方向性引导。然而需要说明的是,它们同特定学科的核心科目成果展示与评估工作是基本保持一致的。

鉴于 ASIIN 的 SSC 在定位与合作方面强调国际性,因而有助于促进欧洲高等教育区的大一统进程。在"博洛尼亚 2020"欧洲战略的指引下,SSC 旨在通过不断提升学科专业化及专业导向的学习成果进而促进实现学术发展与职业流动性,这也是满足欧洲人才质量提升需求的重要途径之一。而 SSC 的诸项筹备状况均是在全面考虑其他重要欧洲计划(如:Tuning)或主题网络的前提下进行的。

在此背景下,以下关于土木工程、测量工程及建筑学等专业本科级与硕士级培养目标与能力的描述应当被视为评鉴认证中兼具可操作性与可评估性的有力工具。

1.2 技术委员会合作事宜

为了利于相关跨学科项目的研究,技术委员会土木工程专业成员连同委员会其他成员合作制定该文件。各高等教育机构在申请评鉴阶段,均需提交由指定的一个或数个委员会给出的评估报告。

超过 50% 的土木及测量工程、建筑学、室内设计、景观设计及城市与区域规划等专业的学位课程内容均受技术委员会—03 土木工程专业组监督。按照惯例,该会组负责认证程序并在必要时召集来自其他学术领域的专家作为审计员参与建言。当跨学科的研究项目涉及土木及测量工程、建筑学、室内设计、景观设计及城市与区域规划等专业的内容比重少于或等于 50% 时,相关专业及学科的技术委员会将共同负责或直接委派专业评审员。

以下部分为关于测量工程学学位课程的相关标准补充说明:

一般情况下,如该专业下的测绘工程、测地学,以及受测绘实践需求所开设的地理信息工程、测绘学或地理信息学等课程所占学分超过总学分 40%,则该专业所有学位课程标准可参照 TC-03 土木工程专业标准内容。

对于该专业下的制图学、地理媒体技术、印刷技术、占小份额土地测绘理论的跨学科地理课程,以及受地理科学学术研究导向所开设的地理信息工程、测绘学或地理信息学等课程,则参照技术委员会地理科学专业框架标准规定内容。

2 培养目标

学业成果的描述是对培养目标的具体阐释,而学业成果则对于毕业生在进行下一阶段职业实践或研究生学习前应达到的具体学习效果给予明确规定。依据学士学位与硕士学位所需达到的不同培养目标,其各自学术成果的规定在范围与强度,及所属能力评估范畴等方面均有差异。

工程科学学科尤为强调以下学术成果方面的要求:

知识与理解

对于基础知识的全面把握与对自然科学、数学及工程科学基础知识的透彻理解,在此基础上巩固以助于获得更多教育成果。毕业生能够在其科学专业领域及工程科学背景下充分发挥其知识与理解力优势。

工程分析

毕业生具备根据其知识与能力水平解决工程科学领域各专业及非专业分支下的实际问题的能力。工程分析能力可包含识别问题、归类范畴、考量方法、优化方案与正确实施等方面。毕业生能够基于多元专业角度,如,数理分析、计算机辅助设计或实验演示等,提供多元解决方案并对其所涉及的在生态或经济角度下在社会、健康或安全等方面的影响给予合理评估。

工程设计

毕业生应当在与工程师或非工程师的合作下完成与其知识与理解能力水准相应的工程设计。其设计可包含对设备、流程、方法、建筑实体或基础设施等元素的设计,且标准要求学生应在设计过程中基于专业认知的同时,充分考量在生态或经济角度下社会、健康及安全等方面的影响。

调研与评估

毕业生应具备根据自身知识与理解能力,采取适当的方法进行实践调研与翔实研究以解决实际技术问题的能力。调研可包含文献研究、方案设计与实施、数据解释及计算机模拟等内容。同时,该范畴下可能包含对于数据库咨询、指导方针(如,标准)及安全规范等方面的了解要求。

工程实践

毕业生应具备,充分利用自身知识与理解能力不断提升个人实践技能,以应对实际操作问题与考核审验,并将知识转化为工程科学领域的设备或流程等方面实际应用成果的能力。该能力可包含对材料的应用性及局限性的认知,对计算机辅助应用,设计、流程、设备与工具科学化以及技术文献与来源信息化等方面的考量。此外,毕业生需能够对于工程实践活动在未来可能带来的非技术影响(如伦理、生态、商业及工业等方面的影响)有所判断与认知。

可迁移能力

毕业生应当具备,充分表达与传递学科主题与精神、高效进行团队合作作业的能力。具有专业意识,深刻认识本专业在实际工程领域及其他多领域中的影响作用,并融入于思考与解决问题的过程之中。

3 土木工程专业学位课程要求

3.1 土木工程专业学士学位课程要求

本科期间的学位课程一方面是为学生毕业后进入相关领域就业提供职业准入与胜任资格的必要准备,另一方面,也为部分毕业后选择该专业再深造或转投其他专业进行再学习的学生提供相关必要准备。

毕业生能够自主完成土木工程主要实践领域的各项任务(如设计、展示、审批、建设与加工方案的开发,标准难度层级建设项目的结构设计,交通或供水系统规划任务的开发实施,以及自主独立进行施工管理监督及报价任务等)。

以下列出土木工程专业学士学位学术成果具体标准要求:

(1)拥有扎实的**数理及自然科学知识基础**,如数学、统计学、信息处理、力学(静力学和材料力学的基本原理)、流体力学等。

(2)拥有扎实且深入的**土木工程专业知识基础**,如地质构造、材料科学、工程物理学、测绘、规划原理、结构原理、技术设计、工程信息学等。

(3)拥有**深入且广泛的专业技能**,如结构分析、结构工程(钢材、木材及实心结构)、地缘工艺/基础工程、水利工程、水资源管理、城市规划、交通、道路系统、铁路系统、住宅区水供应与管理等领域。

(4)并能够将上述技能**应用于**以下领域,如建筑经济/建筑业/施工管理、计算机辅助建筑设计、建筑修复、建筑服务工程、精整工艺、建筑执业程序、施工合同法、设备管理、设计原则等领域。

(5)综合运用经典与现代研究方法以识别、诠释与整合技术文献与数据库。

(6)综合参考科学证据与建筑工程方法以独立辨别与制定典型任务。

(7)可依据复杂程度分析、提取、形成并确定土木工程任务,如:承载结构分析、基建措施(涉及道路、桥梁、污水处理系统等)、防洪措施、施工程序等。

(8)积极开发校验与预测方法,如对现存的稳定性、节能性、噪声防护、防洪、供水等问题的方法探索。

(9)能够开发出满足技术规格和专业标准的本领域概念和计划,并持有审辨性态度看待与评论相关议题。

(10)能够从宏观整体与跨学科的角度进行项目评估,综合考量可持续性、环境、生态及经济等各方面要素,并在其他学科辅助下实现项目的执行。

(11)注重实践研究,并通过运用定性和定量方法建立和解释实验数据集合。

(12)通过在技术与工程领域的相关实践经验累积,学生能够:①更具建设性和创新性、理论性与契合性地进行概念和规划程序的组织和评估;②以跨学科思维方式为团队进行理念开发;③开发和利用资源;④评估方法有效性及其适用度。

(13)拥有一定的经济学与法学知识,并能从经济或法律维度对个人行为进行分类考量。

(14)外语水平达到流利程度,能够使用外语就土木工程领域相关问题与专业内或更广范围的公众群体进行无障碍的研讨与跨文化交流。

(15)在实际工作中,持有社会与伦理责任意识,并对专业涉及商业活动的伦理标准与原则有所界定。

(16)在经过了专业相关的实践经验累积后,学生能够以更好的状态实现社会化,并为未来进入商业或科学领域做充足准备。

(17)有终身学习的意识与能力。

3.2　土木工程专业硕士学位课程要求

基于专业学士学位要求,硕士学位需要更深层次的分析能力与方法技能,同时在专业知识与能力的掌握与运用方面,在范围上要求更广,在程度上要求更深。

在知识拓展方面,要求硕士学生能够运用科学知识与框架辨析与解决当下存在的专业问题,面对一些不具备足够实践操作条件的问题,能够从理论与技术层面寻求合理的解决办法,并配合适当的动手操作。

在知识深化方面,要求硕士学生能够以更新的思路、更广的视角看待学士期间所面临的专业问题,并寻求更为新兴适配的技术手段以解决问题。因此,探索优于原有标准方法的全新解决办法,或针对专业问题基于更宽泛领域层面的知识储备给予更有意义的解答都被视为具有意义和价值。

针对 HEI 所需要的专业素养描述,研究导向的硕士学位毕业生在素养方面需具备下述中至少一条要求:

(1)具备扎实的专业知识基础,符合学科在科学素养及理论知识方面的综合要求。

(2)在研究型硕士教育所涉及的前沿学科,以宏观的视角看待土木工程或土地测量工程专业的实际问题,具有跨学科或跨领域研究作业的能力。

针对 HEI 所需要的专业素养描述,应用导向的硕士学位毕业生在素养方面需具备下述中至少一条要求:

(1)能够很好地整合专业理论知识与方法应用。

(2)在应用型硕士教育所涉及的前沿学科,从跨学科或跨领域的知识应用层面解决土木工程或土地测量工程专业的实际问题。

毕业生需要达到以下学术成果要求:

(1)能够对各项建筑工程任务进行专业分析,诸如承载结构、基础设施措施(涉及道路、桥梁、污水处理系统等)、防洪措施、施工程序等。

(2)能够搜索、辨析所需信息及数据,锁定信息来源,并在任务明确之前先行对数据信息进行分析考量。

(3)能够创新与深化设计、建造及发展(设计)思路与方案,诸如楼宇建筑、全新建筑产品或部件开发、施工方法升级发展、污水处理系统设计、交通设施与系统的规划发展等。

(4)能够不断致力于开发兼具挑战性与创新性的专业方法用以证实或预测相关专业问题,诸如稳定性、节能性、噪音防护、防洪、供水等方面的相关方法。

(5)能够对于土木工程领域相关问题给出独立的计划与判断,并在复杂的作业过程中具备全局把控与领导力。

(6)面对复杂项目,能够以跨学科的宏观视角综合审视其在可持续性、环境、生态及经济等各方面因素影响,并结合其他学科运用寻求最完善的解决方案。

（7）能够自主自觉跟进当前科学知识体系更新转化,并积极寻求有助于提升描述、分析和解决问题能力的路径与方法。

（8）能够积极参与到各项实际的、系统的、科学的、理论的专业发展研讨中,并以口头或书面的形式对其自身或他人的研究成果或信息进行分析、评估与交流。

（9）能够通过使用科学的手段对于各种全新的、模糊的或不寻常的任务问题进行描述或分析,并对其有效性及效用度进行开发、评估与检验。

（10）能够基于科学研究方法及最新研究成果,对复杂的、模糊的或不寻常的任务寻求合理的解决策略。

（11）能够在理论及规划实施层面实现对跨学科研究与发展进程成果的整合。

（12）能够在复杂的、模糊的或不寻常的任务方面给予他人专业的指导建议。

（13）能够基于科学的方法建立质量管理体系以进一步支持与发展实践任务并对个人及他人的实践活动进行有效监督与评价。

（14）具备承担主要管理职责的能力。

（15）业已适应并掌握科学的、技术的及社会交往的能力(抽象能力、系统分析思维、团队协作能力、跨国跨文化交流经验等),并具备承担管理责任的能力。

（16）具备以科学为导向进行复杂项目的组织、协调与管理的能力。

4　测量工程专业学位课程信息

测量工程学位课程下所列条款与大地工程测量、测量学、地理信息学、测绘及其他相关专业学科条款一致。

4.1　测量工程专业学士学位课程要求

学士学位课程的专业培养,旨在能够为学生未来进入专业职业生活、进入专业更高学历深造或进行其他专业的学习等提供专业的准备。

以下列出测量工程专业对学士学位毕业生的学术成果要求:

（1）扎实的数学与科学知识,如数学、几何、物理、信息等科目。

（2）掌握专业实践所必需的知识与技能,如公法与私法、工商管理、环保、管理技巧、沟通与表达技巧等。

（3）扎实的测量学与地理信息学专业知识基础,如在测量工程领域、图像测量与遥感、调验校对、制图、计算机科学、地理信息系统(GIS)以及空间数据基础设施等。

（4）具备更为深化与广泛的专业技能,如在以下领域:工程测绘、导航、大地测量学、数据库系统、软件工程、深入的 GIS 问题和建模问题、电子商务、互联网技术、物业管理、不动产登记、土地归整、地质地形、制图、增强卫星和机载数据采集方法。

（5）对于知识的应用能力,如地籍测量系统网络、建筑测量、结构监测、土地测量、土地管理、地理数据信息系统及专业信息相关的信息系统等领域知识。

（6）能够运用技术手册、期刊和信息系统进行数据收集以确保当前测量方法与评估程序的可用性与可信度。

（7）能够有效分析与理解典型的测量任务与 GIS 要求,能够进行合理的调配、有效的运行并完整地呈现任务的成果。

（8）能够有效处理不完整定义或复杂问题,并对其涉及风险,尤其在地理测量的可靠性方面,有所承担。

（9）能够针对当前所存在的问题积极开创全新的方法及工具,结合自身知识与经验为未来实体、厂房或建筑发展提供创新思路。

（10）具备全然的专业开放性与创造性,促进学术成果在测量工程领域创新应用,同时促进设计中的商业元素的渗入。

（11）树立具有客户导向的、跨学科的理解与行为模式,以更好地明确任务界定,并与非专业人士,如土木工程、机械工程或建筑等领域专业人士进行合作,从事测量或 GIS 服务等。

（12）能够独立带领团队作业,如在测量田野作业或 GIS 服务或地籍评估中承担领导角色,或以自雇或雇主身份进入测量单位。

（13）在实际工作中,持有社会与伦理责任意识,并对专业涉及商业活动的伦理标准与原则有所界定。

（14）在经过了专业相关的实践经验累积后,学生能够以更好的状态实现社会化,并为未来进入商业或科学领域做充足准备。

（15）有终身学习的意识与能力。

4.2　测量工程专业硕士学位课程要求

基于专业学士学位要求,硕士学位需要更深层次的分析能力与方法技能,同时在专业知识与能力的掌握与运用方面,在范围上要求更广,在程度上要求更深。

在知识拓展方面,要求硕士学生能够运用科学知识与框架辨析与解决当下存在的专业问题,面对一些不具备足够实践操作条件的问题,能够从理论与技术层面寻求合理的解决办法,并配合适当的动手操作。

在知识深化方面,要求硕士学生能够以更新的思路、更广的视角看待学士期间所面临的专业问题,并寻求更为新兴适配的技术手段以解决问题。因此,探索优于原有标准方法的全新解决办法,或针对专业问题基于更宽泛领域层面的知识储备给予更有意义的解答都被视为具有意义和价值。

针对 HEI 所需要的专业素养描述,研究导向的硕士学位毕业生在素养方面需具备下述中至少一条要求:

(1)具备扎实的专业知识基础,符合学科在科学素养及理论知识方面的综合要求。

(2)在研究型硕士教育所涉及的前沿学科,以宏观的视角看待土地测量工程专业的实际问题,具有跨学科或跨领域研究作业的能力。

针对 HEI 所需要的专业素养描述,应用导向的硕士学位毕业生在素养方面需具备下述中至少一条要求:

(1)以更高的学术标准与理论深度实现更强的专业化水准。

(2)广泛接受测量工程专业范畴之上的多学科专业训练,促进跨学科或跨领域的知识应用能力。

依据毕业生在培养导向上的差异(学术型或应用型),以下列出对其学术成果的基本要求:

(1)基于扎实的数学及统计学专业知识,以完成、开发或利用测量领域各类复杂或新兴评估模型指导实践,如变形监测,GIS 分析,独立设计关于土地价值、开发及应用的评估方法等。

(2)对于人类家园的整体合一认知意识更为深刻宏观,结合引力场或天文学领域知识相关,以跨学科视角获得更深探视,如针对大地基准研究问题,结合卫星测量系统的研究、开发与应用相关。

（3）能够独立描述与分析复杂作业任务，如测量作业、地理信息和土地管理等任务中，收集必要数据，包括对于数据及其来源的评估与研究。

（4）能够独立开发地理空间及其他专业数据模型，在跨学科知识考量下，寻求更具针对性的应用方法。这其中包括对软件应用的建模能力，鉴于此，学生需掌握一定深度的 IT 专业知识。

（5）在土地管理方面，能够充分利用专业原理及流程规范以指导进行任务中操作，并结合法律、经济及社会状况等影响要素，进一步促进技术的发展提升。

（6）能够立足于科学的方法与新兴研究成果来为复杂的、模糊的或全新的作业任务确立能够展现专业实力的方案或战略。

（7）能够立足于科学的分析方法积极探索创新的方法或策略。

（8）能够从更为全面的、跨学科的视角，为测量工程专业发展带来更多贡献。

（9）能够从当前测量领域的发展状况中独立获取科学知识并检验是否能够有助于应用在任务实践中。

（10）能够积极参与到各项实际的、系统的、科学的、理论的专业发展研讨中，并以口头或书面的形式对其自身或他人的研究成果或信息进行分析、评估与交流。

（11）能够通过使用科学的手段对于各种全新的、模糊的或不寻常的任务问题进行描述或分析，并对其有效性及效用度进行开发、评估与检验。

（12）能够基于科学研究方法及最新研究成果，对复杂的、模糊的或不寻常的任务寻求合理的解决策略。

（13）能够在理论及规划实施层面实现对跨学科研究与发展进程成果的整合。

（14）能够在复杂的、模糊的或不寻常的任务方面给予他人专业的指导建议。

（15）能够基于科学的方法建立质量管理体系以进一步支持与发展实践任务并对个人及他人的实践活动进行有效监督与评价。

（16）具备领导复杂的或跨学科团队的能力，结合技术与社会环境等要素考量，独立促进团队积极、有效、可持续的运作。

5　建筑学专业学位课程信息

5.1　建筑师认证资质

建筑学教育在高等教育体系中占据特殊地位,鉴于其专业培养方向受国家与国际标准制约,在相关教育内容及学时方面均有各自规定,具体如下:

德国:德国的专业准入仿照欧盟关于职业准入资质认证的方式,通过联邦各州注册委员会根据建筑业的相关国家法律规定进行的,这也是进入建筑师协会成员名单的先决条件。

欧洲:依据欧洲议会和理事会关于专业资质认证的指令。

全球:依据联合国教科文组织/国际建筑师协会宪章中关于建筑教育的部分以及国际建筑师协会—建筑实践专业化推荐国际标准的相关协议规定。

当涉及关于认证程序的规定要求情况时,需依照高等教育学位的特定学位课程要求执行。依据欧盟规定,高等教育学习年限不得少于 4 年,在德国,由国家法律规定受各州监督确立高等教育年限,其中本硕连读年限不少于 5 年,本科教育年限不少于 4 年。在部分州,如巴伐利亚州和黑森州,确立了基于国家法律之上的更为细化的州级规定。在世界通行范围的专业认证组织 UIA(国际建筑师协会)规定,毕业生需满足 5 年本科加硕士学习年限。

另外,个别联邦州内的存在特殊规定,如获得注册建筑师需满足或具备 5 年的连续学习时长,其中本科课程内容需包含 6~7 学期学时,或硕士课程内容需包含 8 学期学时,但这并不能满足 UIA 的相关要求。

5.2　建筑师必需资质要求

为满足建筑师从事专业活动的资质要求,毕业生需具备以下学术成果产出:

(1)能够进行兼具审美价值与技术保障的建筑设计;

(2)对于历史、建筑理论及相关艺术、科技与人文科学知识有足够掌握和了解;

(3)对于视觉艺术在建筑设计中的影响力有所认知;

（4）对于城市规划、设计以及规划过程中所涉及的各类技能技巧有足够了解；

（5）对于人类与建筑、建筑与环境，以及基于人类需求与规模考量之上的建筑与空间等关系有所了解；

（6）对于建筑的专业认知与其在社会角色中的认知，尤其是在综合考量各社会因素的情境下，有简要深入的理解。

（7）对于调查方法的了解以及对于设计项目提案简报准备方法的掌握；

（8）对于结构设计、建筑设计中所涉及的建筑与工程问题有所了解；

（9）对于物理与技术学科知识以及建筑功用相关知识有所掌握，用以针对气候特征指导进行具有舒适度与保护度的室内设计；

（10）具备根据成本及建材限制范围，进行符合建筑使用者需求的设计的必要技能；

（11）在将设计理念转化为实体建筑或融入整体规划方案时，能够多方考量产业、组织、规章与程序等各方面要素。

为确保各培养资质的达成，学生在学业结束前需获得设计及建筑方面专业知识与技能，同时确保所学知识亦有助于学生成为通才或从事跨专业项目研究，具体如下。

设计专业知识

毕业生需具备：

（1）创造性思维，能够对于规划作业中的活动各方有把控与整合能力；

（2）收集信息、辨别问题、尝试分析、审辨判断及形成策略的能力；

（3）三维思考能力及不断系统化、科学化与艺术化的规划力；

（4）在探索解决设计问题的过程中，求同存异，整合知识以优化利用。

知识与技能（知识与理解）

<u>文化与艺术科学</u>方面，毕业生需具备：

（1）在国际建筑领域应用与展现自身历史与文化知识底蕴；

（2）将其视觉艺术的影响因素带入建筑设计的理念之中；

（3）在建筑设计中对于文物保护、古迹遗产等相关建筑环境问题的思索；

（4）对于建筑与哲学、政治趋势、文化运动等其他创造性学科间关联的思索。

社会与人文科学方面,毕业生需具备:

(1)在综合考量开发者、使用者与公众诉求的基础上进行建筑项目的规划与开发;

(2)对于建设项目的社会背景有所认知;

(3)对于工作环境的人体工学与空间需求有所考量;

(4)对于规划、设计、建设、卫生、安全及建筑环境处理等方面涉及的相关法律法规有所了解;

(5)对于与建筑相关的哲学、政治学或伦理学内容有所了解;

(6)能够将所学知识很好地应用于满足社会、客户及受众的需求;

(7)明确辨别与定义各环境部门的职责与功能。

环境科学方面,毕业生需具备:

(1)对于诸如环境可持续性、节能减排规划、环境的影响力及对被动系统及控制的理解等专业主题有自己的见地;

(2)对于科技及其影响有所认识;

(3)对历史的感知与在景观建筑、城市规划、区域和国家规划等方面的实践经验;

(4)能够将所学知识应用于自然系统或建筑环境中。

科学与工程方面,毕业生需具备:

(1)灵活运用其在轴承结构、材料、供应及排污等方面知识;

(2)对于技术设计的过程有整体认识,能够将承重结构、土木工程、工业扩充等多领域知识整合为有机的一体化集合进行理解;

(3)对于基础设施及相关通讯、维护及安全系统开发的认知;

(4)对于技术基础设施的设计与实现的重要性有所认知,并对整个规划与成本控制过程保持敏感度;

(5)对于与建筑相关的物理及技术知识有所了解,以确保建筑在特定天气影响下的舒适度与保护性。

设计方法方面,毕业生需具备:

(1)灵活运用设计原理及方法等知识;

(2)对于设计的技巧、过程及知识的分析与解读框架有所了解;

(3)对于设计与建筑评论的历史有所了解。

建筑经济学/建筑工程管理方面,毕业生需具备:

(1)对于涉及专业、商业、财务及法律等领域要求的知识有所掌握;

(2)对于房地产业的运作规则有所了解,并对其财务关系、产业投资及采购与设施管理的交互方法有所了解;

(3)对于建筑师在全新的或熟悉的或国际范围内的领域中所担当的角色与潜在作用有所认识;

(4)对于市场机制及其在建筑环境发展中的影响力有所认识,并对项目管理、项目开发及客户咨询等方面有所了解;

(5)遵循职业操守与规范,履行法律关于注册建筑师规定的相关义务与职责;

(6)合理规划与协调施工过程;

(7)能够组织参与工程建设与财务管理的相关流程。

技能

毕业生需具备:

(1)团队协作能力以及通过演讲、文本、图画、建模或数据统计的方式表达个体理念思想的能力;

(2)能够运用模拟和数字、图形和模型制作等技能进行项目分析、施工规划及生动表达的能力;

(3)对于用于环境建设诊断的手册/电子形式的评价系统有所了解。

学生应当致力于获得所有研究计划中所规定的知识、技能与能力,为获得建筑师准入与注册资格做准备。

5.3 建筑学专业学士学位课程信息

为时6~7学期的学士学位课程并不直接以培养获取官方专业认证、进入规划与建筑领域作业、获得公共管理或房地产业资质为目标。学士学位课程旨在为有意进入建筑师行业的学生接受为时3~4连续学期的硕士课程做前期知识准备。

以上学士学位毕业生需具备:

(1)对专业知识的了解与掌握,并能够将所学知识应用于各个领域。这意味着学生在掌握学科规定的复杂的、高层级的知识内容基础之上,还需掌握远超标准规定的更多知识内容。

（2）持有分析与综合问题的能力，并不断提升自身解决问题的概念能力。

（3）对于相关陈述报表与解释的科学理解能力，以及结合社会、科学及伦理等要素而对观测结果进行科学认识的能力。

（4）在设计、建筑、土木工程及建筑产业与发展等方面的良好知识与技能，以及进行协调与实施项目的能力。

（5）采取合适的沟通与展示方法、技巧向业内或业外人士沟通信息的能力。

5.4　建筑学专业硕士学位课程信息

硕士学位课程立足于本科培养目标而对学生的知识、技能与能力有更高的要求，以促进学生为通过建筑师资格认证而服务。

5.5　实践

学前实习

建议在正式课程开始之前开展，培训内容与建筑相关，且不计入学时。该实习用于检验被选课程并研究带来宝贵经验。

学中实习

该与研究相关的实习为学生修业的一部分，并被计入 ECTS 学分。高等教育机构需对于实践中需教授的内容及其与专业课程的关联性有详细说明。且需与实习机构就实习内容达成共识，例如：确立支持学习协议等。

学后实习（本科毕业后作为进入研究生阶段的先决项目条件）

鉴于学生在进入研究生学位课程学习前可能再次接受学前实习，故此介于学士与硕士攻读期间的学后实习项目对于后续的硕士学位课程方案一致性不设影响。根据 UNESCO/UIA 标准规定，实习时期不被计入研究学习学时，以保证理论学习所占比例不受影响。

专业实践

完成学位课程之后所进行的专业实践并不属于高等教育机构项目，而被视为建筑师从业的准入许可条件。根据德国联邦关于建筑师从业资质的规定，学生需在从事相关领域工作的建筑师的指导下，在圆满完成相关学术研究、实践培训后，完成申请与注册建筑师名单，方可获得"建筑师"头衔。这一项目的周期至少为 2 年。

（四）德国 ASSIN 认证专业具体标准之四——信息科学

信息科学专业学士及硕士学位课程的认证标准

（2011 年 12 月 9 日）

以下细则为对"ASIIN 学位课程评鉴认证通用标准"的补充说明。

1　分类

1.1　职能

该由技术委员会所拟定的专业具体标准（SSC），在其适用于信息科学专业学科时，需满足以下前提：高等教育机构须根据自身职责范畴及学术底蕴先行向委员会提交相关专业的预期学术成果产出框架，为后续检审课程程序提供大体的评鉴尺度。

上述 ASIIN 技术委员会下的专业具体标准主要满足以下几项重要职能：

SSC 是由 ASIIN 技术委员会定期执行的评估成果，评估团队由高等教育相关领域学者与从业者等比组成专业，立足于确保劳动力市场培训的未来导向性，从长期实践来看可谓卓有成效。SSC 中针对学习目标、学业成果及能力特质的实现状况评定标准并非一成不变，而是更倾向于通过同专业团队组织保持密切持续的合作沟通来不断检视更新，以上提到的专业团队通常包含诸如大学院系联盟、专业协会及涉及相关专业实践的联合会组织。提出申请的学校需对于专业及课程未来建设的预期成效与通过实施 SSC 项目期望达到的实质成效两者间的交互关系有辩证性认识，并使自身在高等教育发展目标的未来光芒之中有更明确的定位。

在涉及评鉴认证的过程中，SSC 同时承担另一大重要职责，即为专家、高等教育机构及 ASIIN 主体之间进行探讨对话提供了具有专业性的详尽阐释标准。而其因此对国内与国际间认证程序间的可比性所作出的贡献不可小觑，毕竟，它有效地减少了个别独立评估项目为自身寻得技术参数以参与探讨与独立评估的机会。同时，SSC 列举了各项能力、技能及相关专业中需必备的基本素养等，当然，这些描述应用于实际评估中会更具灵活性与多元性，并注重同被评估大学自身实力及目标间的契合程度。

ASIIN 的 SSC 同样能够对跨学科及多学科研究的成果展示与评估工作提供方向性引导。然而需要说明的是,它们同特定学科的核心科目成果展示与评估工作是基本保持一致的。

鉴于 ASIIN 的 SSC 在定位与合作方面强调国际性,因而有助于促进欧洲高等教育区的大一统进程。在"博洛尼亚 2020"欧洲战略的指引下,SSC 旨在通过不断提升学科专业化及专业导向的学习成果进而促进实现学术发展与职业流动性,这也是满足欧洲人才质量提升需求的重要途径之一。而 SSC 的诸项筹备状况均是在全面考虑其他重要欧洲计划(如:Tuning)或主题网络的前提下进行的。

1.2　技术委员会合作事宜

为了利于相关跨学科项目的研究,信息科学专业成员连同委员会其他成员合作制定该文件。各大学在申请评鉴阶段,均需提交由指定的一个或数个委员会给出的评估报告。

超过 50% 的信息科学专业的学位课程均受相关专业技术委员会监督。按照惯例,该委员会负责认证程序并在必要时召集来自其他学术领域的专家作为审计员参与建言。当跨学科的研究项目涉及信息科学专业内容的比重少于或等于 50% 时,相关专业及学科的技术委员会将共同负责或直接委派专业评审员。

2　培养目标与学业成果

学业成果的描述是对培养目标的具体阐释,而学业成果则对于毕业生在进行下一阶段职业实践或研究生学习前应达到的具体学习效果给予明确规定。依据学士学位与硕士学位所需达到的不同培养目标,其各自学术成果的规定在深度与广度上均有差异。

2.1　学士学位课程要求

学生通过一系列信息科学专业课程学习研修后方可获得学士学位,同时也为学生开始就业生涯提供机会。毕业生应具备在与相关专家协同合作的情况下完善解决绝大多数领域应用难题的能力,面对复杂问题的应对力与执行力,以及基于信息科学专业原理、方法、程序、技术及工具而不断创新发展的能力。

基于本科阶段的学习,学生应当对于由科技发展与应用更迭所带来的冲击与挑战有明确认识。当前,学士学位的计算机科学家急需通过在职教育、学术深造(如:本硕连读),或跨领域研究等方式以不断深化与拓展个人知识与能力水平。

职业胜任力

持有学士学位的计算机科学家业已熟知其专业领域的核心概念与方法,并对当前研究领域的重要发展成就有所掌握,同时具备在更宽泛的领域下整合知识与技术的能力。

他们要求信息学的学习必须具备扎实的科学基础知识,尤其是对数学、逻辑、统计和物理工具等方面的掌握。

他们能够以抽象,而非借由实体技术展示的方式理解信息学的核心概念与观点,如"算法"和"数据处理",能够对程式运算的可能性与局限性进行合理评估,能够以抽象模式进行思考并持有建设性意见与建议。

他们能够完全熟练掌握最为重要的计算方法、数据结构以及解题模式,包括编程的核心范式。他们对于计算机的组成与运作、核心系统,如操作系统、数据库系统和通信系统等,有明确的了解与掌握。

他们能够对于当前最先进技术运用下的复杂信息系统及其原理有基本认识,并持有丰富的一手经验。

他们熟练掌握信息科学专业典型运用的建模、实施、检验与测试方法,并能很好地将其运用于实际的问题解决过程中。

他们熟知信息科学专业的重要应用成果,并在综合考量技术、人体工学、经济、司法及社会规范等因素的前提下,运用信息技术探索实际问题的解决办法并对其进行理性评估。

社会能力

本科毕业生能够熟知信息科学发展历史,对其学科在司法及社会层面的影响力有所认识,并对于伴随着信息处理系统的发展应用而带来的伦理议题与安全问题有所了解。

他们掌握诸项关键技能,例如,掌握学习与工作的技巧性、团队沟通与协作的能力、进行文献研究的能力以及运用新媒体的能力等。

他们能够通过不断拓展与深化在学期间所获知识以不断适应其领域发展步伐。

他们拥有在团队协作中共同解决系统开发过程中的各个阶段应用问题的经验,诸如从需求分析、到规范、到实施再到测试的各阶段经验。他们能够审辨性地看待自身所作出的贡献,并能够以最恰当的方式同专家或领域外的人进行专业对话。他们已经具备了承担技术研发以及组织管理角色的资质,而实习期作为课程组成的一部分,尤其能够帮助提升毕业生的专业技术与能力。

在理想的情况下,毕业生能够更好地利用学习项目课程中所呈现的动态的商机与信息以不断拓宽自我视野,不断提高语言的运用能力,并在国际与全球发展的宏观环境下准确理解与定位信息科学的发展趋势及其在商业或社会领域的可能影响。

2.2　硕士学位课程要求

作为对于完成本科阶段学习后的更高级别深造阶段,硕士学位课程旨在促成学生获得更具系统性和技术性的分析能力,同时,在技术能力方面有进一步的深化与拓展。硕士学位课程能够为学生传授科学的概念与方法,强调理论分析能力,促进学生面临全新或未知领域时呈现开放的心态与创新的思维,不断解决信息科学领域多元、复杂的问题,并不断提高自身在执行管理职能时的能力水准与责任意识。

本课程要求同时适用于相关领域在读博士学位的研究人员。

职业胜任力

形式、算法及数学能力方面,硕士学位毕业生需具备:

(1)更深刻地掌握信息科学专业原理知识,即从长远来看,立足于数学基础理论或已有的成熟的方法知识体系来看当前计算机科学专业技术与运用的独立性;

(2)运用形式方法以解释和分析问题;

(3)能够以审视的态度看待计算机科学领域最新发现与成果,并对其影响进行评估;

(4)对于计算机科学专业特定领域的知识有深刻细致的了解,包括对其最新发展状况的跟进与认知。

分析,设计与实践能力方面,硕士学位毕业生需具备:

(1)应对与解决各种非常规的、不完全定义的或具有多种可能规范的复杂问题的能力;

(2)应对各类复杂的、矛盾的或不完整的信息的判断力；

(3)立足专业某一发展领域而形成、整合与提炼全新问题,并对其可能发展路径进行评估考量,最终确定与完善解决方法的能力。

技术能力方面,硕士学位毕业生需具备:

(1)结合多领域知识以解决复杂问题的能力；

(2)对于应用技术及方法的实用性及局限性有全面及深刻的理解；

(3)已获得信息科学专业某领域的深厚的知识与技能储备,因而达到了当前知识与技术发展的最先进水准。

方法能力方面,硕士学位毕业生需具备:

(1)运用其知识与理解进行信息系统的设计、建模与编程等的能力；

(2)运用创新的方法解决问题的能力；

(3)能够对作为科学学科的信息学的进一步发展做出自己的贡献。

社交能力

项目管理能力方面,硕士学位毕业生需具备:

(1)能够从多元的视角看待与评估各类思想、理念、方法、程序与技术问题,并以审辨性态度看待信息科学领域的新兴知识；

(2)能够从计算机科学的实践活动所带来的非技术影响中洞察机遇；

(3)能够在跨学科的团队或组织中完善其领导力,并确保工作成果以合理的方式向业外人士输出；

(4)能够在专业实践或学术研讨中快速确立主题与目标,进行任务的分配并对全过程进行组织与协调。

3 课程

课程设置是为保证学术成果的输出,在极广的范围内设立不同的培养重点,从理论与运算基础到软件与硬件的建设,再到各领域应用的创新,诸如机器人、计算机图形图像、智能系统、计算机网络、生物信息学等,内容涉及生活各个领域。

学士学位课程内容

为了切实达到"学士学位课程要求"对学生学术成果所作出的规定,在该课程部分将对其要求所涉及的课程内容及完成时间进行明确规定。

学士学位课程内容将以模块形式对信息科学专业所涉及的核心科目进行

分类设计(理论信息学、运算与数据结构、数据库和信息系统、操作系统、通信系统、计算机体系结构、编程技术、软件工程、软件工程大元素项目)。

硕士学位课程内容

硕士学位课程内容是对学位培养要求的具体体现。由两部分组成,一者是必选必修课程,包含对于信息科学专业学习所需必备的基本科学原理的扩展与深化的内容;再者为必修可选课程,学生可依据具体研究领域而在必修科目范围内选择相关科目。

跨学科基本原则

跨学科基本原则适用于应用学科(小专业或其他专业)框架体系下的专业课程。该类课程必须同通用准则中关于信息科学专业规定课程相统一,在立足于应用科学基本知识的基础上,更多关注如何将应用科学知识同信息科学知识做更好的结合,例如,考虑如何将信息科学领域的成熟方法应用于应用学科领域以解决更多的问题。但学生必须具备研习跨学科研究中所涉及相关专业学科课程的知识与能力,并在相应专业备选课程中选择适当课程。

职业导向型技能

信息学系统的发展更多来自于科学实验室之外的开放环境之中。因此,无论在与客户、用户,或者在与开发团队的合作过程中,都需要更为密集与持续的沟通交流。因而,专业培养与课程的设置中,尤其强调对于学生交际能力与跨学科沟通能力的培养。因此,确立学生获取该类能力的方式及确保其方式的准确性与合理性尤为重要。

必修可选科目及专科

必修可选科目是依据各层级学位相应培养目标与学术成果的规定而制定的专业内容。学生可参照建议研究计划进行专业模块的选择,也可自主进行专业课程选择搭配,培养机构需保证学生的课程选择在专业搭配层面的合理性与获取学位学术成果的时效性、可行性。

以上所列在涉及**专科**或类似情况时可做细节上变更与修改。

4　教学与考核方式

实践、实习与研讨

信息科学中所注重的多数技能都需通过密切监督规范下的亲身实践方可获得。学生在与教师或同伴的交流中能够更好地展现与提升个人表现力,并就所研究问题有更深入的探讨与理解。因此，进行团队型的实践、实习及研讨会是进行信息科学专业教育的重要方式。

课题

参与课题研究是计算机专业研究人员日常科研生活的重要组成部分。因此，上述（第2节）关于毕业生需掌握的知识、技术与能力的描述是对于信息科学专业学生欲获得期望学位所做的强制性要求。在课程学习过程中，确保培养目标与学术成果的实现。学生们可以通过实践的方式将理论知识很好地应用于实际的课题研究与管理中，因此，一个完善的课程范式应当包含足够的课题研究内容，以保证学生能够学以致用，更好地将所学知识贡献于团队的研究成果之中。依据在编程或软件工程领域的能力程度，学生在学期间能够承担一个或多个高等教育机构的科研课题。课题须与专业现状紧密相关，且整个研究过程需要在大学教师的指导或监督下进行，并制定明确且充足的时间计划以确保学生获得上述必要能力。确保合作团队规模，以保证团队交流的效率。

硕士学位的培养过程中，课题研究项目通常设置在课程计划后期，以保证与学位培养下的学术水准相统一。

应用实习

学生在经过两到三个学期的学习之后，即可获得进入相关领域企业成为企业实习生的机会，并且，实习量以及与学位毕业课题相关的应用型实践机会正在逐渐增多，同相关商业及工业机构的合作项目也在逐渐增多。在实习培训过程中，学生通过团队合作以熟悉公司内部技术、人员及营销流程，极大地拓宽了个人视野，也为个人从学校生活向职业生活的转化提供平稳地过渡平台。

口语考试类型

计算机科研者必须具备在各种情境场合下流畅而条理地表达其科研计划与成果的能力。因此，要求他们不仅能够对于在学期间所获得的理论知识进行有效的回顾与复述，同时还需针对其实际工作中所涉及的各种方法与程序给出口头化的准确性的描述或指示，以确保自身理念信息传递的准确与完整。因此，一个完善的教学与考核体系应当包含对于学生获得该类能力的保证措施，基于此考虑，考核方式的设置既包括各种形式的口语考核，如研讨会或座谈会，同时包括各类专业学科考试。

毕业论文

学位培养的最终考核为论文形式,论文长度取决于学生是否独立参与研究问题的解决过程以及相应学位的水准能力要求。

5 学位课程名称

针对目前连读硕士学位所设置的各项课程的名称,如"信息学""应用信息学""计算机工程"等,雇主普遍期望毕业生的知识、技术与能力能够以更具描述性的方式呈现出来。鉴于信息科学始终处于与其他学科交互合作产生跨学科知识更迭的状态中,因而,明确其学科课程名称以更有效地反映专业自身发展诉求与特征与期望学术产出成果尤为重要。

附录三 美国硕士层面工程教育 培养模式的典型案例

（一）美国凯克工学院的专业科学硕士学位教育[①]

1997 年，有两所高等工程教育机构在美国建立，分别是凯克应用生命科学研究院（Keck Graduate Institute of Applied Life Sciences，后文简称凯克研究院）与欧林工学院（Franklin W. Olin College of Engineering，后文简称欧林工学院）。欧林工学院只开展四年制本科工程教育，而凯克研究院则只开展生命科学领域的研究生层面高等工程教育。在一定程度上，欧林工学院、凯克研究院分别集中地体现了美国高等工程教育在本科层面、研究生层面的改革思路和发展趋势。因此，两校堪称美国高等工程教育改革的双子星，被美国自然科学基金、美国科学院、美国工程院、美国医学研究院等机构视作美国高等工程教育改革的典范。美国自然科学基金委员会（NSF）官员曾明确地指出："我们希望欧林工学院和凯克研究院的模式能够被推广和复制！"[②]

凯克研究院共提供 9 个学术项目，分别是生物科学硕士（Master of Bioscience，MBS）、博士毕业后非学术硕士（Postdoc Professional Master，PPM）、应用生命科学领域 PhD、计算与系统生物学领域 PhD、医学认证（Postbac Premedical Certificate Program，PPC）、生物科学管理认证（Certificate in Bioscience Management，CBM）、中国生命科学商务认证（CHINABIO）、本科生研究经历（Research Experiences for Undergraduates，REU）、K12 教育等。MBS 项

① 本节部分内容引自：曾开富，王孙禺，张冰，李文中. 美国凯克研究院创业型卓越工程人才培养模式研究[J]. 高等工程教育研究，2012，06：47-58，113.

② http://www.highereducation.org/crosstalk/ct0198/news0198-bricklayers.shtml

目是凯克研究院的核心项目。凯克研究院的院长 Sheldon Schuster 在接受访谈时宣称"MBS 学位是凯克研究院的王冠"①。凯克研究院的一个办学目标就是把 MBS 学位办成一种新的专业硕士学位,以改变美国高等工程教育中硕士教育从属于博士教育的局面。正是因为 MBS 教育,凯克研究院自称、同时也被美国高等教育界公认为在全球首创了专业科学硕士学位(Professional Science Master,PSM)教育。以凯克研究院的 MBS 教育为模板,美国逐渐形成了拥有较大规模的专业科学硕士学位教育。面向实践,是 PSM 教育的一个核心特征。PSM 因此被认为是一种非学术性、实践性的学位(professional practice degree)。

虽然凯克研究院的学位名称是专业科学硕士学位,但其实质基本上对应于我国的工程硕士学位。上文中美国自然科学基金委员会官员的讲话,基本也是把 PSM 学位放在工程教育的范围。从后文的介绍也可以看出,PSM 就是美国高等工程教育改革的一个重要着力点。

在过去的 15 年里,凯克研究院是创新、推广美国 PSM 的三股重要力量之一。2007 年,美国国会众议院通过 2272 号法案即《加大研发创新投入、提高美国竞争力法案》,明确要求美国自然科学基金负责推动专业科学硕士学位(PSM)的发展。2008 年,美国研究委员会(National Research Council)出版了专业科学硕士教育改革的报告,把凯克研究院的模式向全美推广。2011 年,Nature 发表系列文章评论全球的博士研究生教育,凯克研究院被作为研究生教育改革的典型优秀案例。2012 年,美国研究生院委员会(Council of Graduate Schools)等授权凯克研究院负责美国专业科学硕士学位的组织过程(affiliation process),并表示凯克研究院还将承担专业科学硕士学位的认证与质量评估。目前,英国、澳大利亚、加拿大等先后建立了专业科学硕士学位教育。我国台湾地区的阳明大学、中兴大学、台湾大学等也围绕凯克研究院展开了研究和交流。因此,凯克研究院不仅扮演着美国研究生教育改革的发起者、引领者的角色,还部分地扮演着推动者、组织者、联络人、监督者的角色。所以,对于凯克研究院的研究,不仅要研究其本身,更应将该研究院与美国整个高等教育的改革联系起来。②

---

① http://www.sciencemasters.com/PSMOverview/BackgroundonthePSMInitiative/tabid/72/Default.aspx

② 王孙禺,曾开富,李文中,张冰. 美国凯克研究院的建立与工程教育发展——兼谈近 40 年来美国研究生层次的工程教育改革[J]. 高等工程教育研究,2012,05:18-27.

基于上述原因,本研究将美国凯克研究院及其 PSM 学位作为一个重要的案例进行研究。

1. 改革背景

长期以来,美国的研究生教育被视为全球典范。伯顿·克拉克在其 1995 年出版的著作《探究的场所——现代大学的科研和研究生教育》中指出:"与其他国家相比,(美国的)初等教育和中等教育是薄弱的,甚至是有很大缺陷的,而第三级教育则是健全、高效的。其中,美国最高层次的'研究生教育'是最优秀、最高效的一部分。研究生教育使美国高等教育成为全球最领先、最具吸引力的系统,使美国从全球吸引学生和教师。"美国科学院(NAS)、美国工程院(NAE)、美国医学研究院(IOM)、美国研究生院委员会(CGS)等组织和高等教育学者也认为,美国科学与工程领域研究生教育是一种为其他国家羡慕、模仿和复制的"全球模式"(world mode)。

既然美国研究生教育是全球典范、全球模式,那么为什么还需要新建凯克研究院这样大动作的改革? 其改革是怎样发起的?

总体的原因是,美国研究生教育的学术化模式逐渐造成了学术人才的供过于求。传统的美国研究生教育是以培养学术精英为主的,并呈现出重博士教育、轻硕士教育的文化心理特征。过去 40 年,尤其是近 20 年来,教育、商业两个学科领域的专业学位硕士研究生教育面向职场培养非学术化人才取得巨大成功,带动美国研究生教育规模在整个学位教育中的相对比重提高了近 8%。同时,美国学术机构的人力资源政策在过去 40 年来发生了重要的变化,学术人才的职业选择需要做出调整。因此,美国研究生层次的高等工程教育改革正在汲取教育、商业等专业学位教育的经验,面向非学术机构培养职场人才。专业科学硕士学位教育是这场改革的重点,凯克研究院则是发起这一改革的先驱机构。

2. 人才培养目标

关于 MBS 人才培养目标的表述,凯克研究院主页宣称为"致力于生命科学向现实转化的教育与研究活动""与产业合作培养生物科学的领袖"①。

---

① http://www.kgi.edu/about-kgi/mission-culture-values.html

MBS 教育的主要设计者,凯克研究院教授会副主任 Jane G. Tirrell 和学术副校长 Thomas Gregory Dewey 则指出,MBS 教育的目的是"为制药、生物技术、医疗设备等产业的领导岗位培养科学家和工程师"。从这些表述可以看出,与美国传统的研究生教育主要面向学术机构不同,凯克研究院主要面向产业。如果以精英教育、非精英教育的标准来判断的话,凯克研究院明确地提出领袖(leader)、领导岗位(leadership positions)等培养目标,精英教育的成分更多一些。因此,可以认为与传统研究生教育培养学术精英相区别,凯克研究院 MBS 学位教育主要是培养产业精英[①]。

关于具体学科领域的设计,Jane G. Tirrell 和 Thomas Gregory Dewey 对 MBS 教育的设计特别提到生物技术(biotech industry)、制药(pharmaceutical industry)、医疗设备(medical device industry)、产业事务管理(regulatory agencies industry activities)四个产业方向。这些方向基本可以对应 MBS 目前开设的 5 个专业(Career Focus Tracks):生物过程(Bioprocessing,BP)专业,主要面向从早期研发到产业化生产的生命科学研究阶段;生命科学商务(Business of Bioscience,BB)专业,主要面向商务开发、市场研究等生命科学技术的企业化发展阶段;临床药物事务管理(Clinical and Regulatory Affairs,CRA)专业,主要解决生命科学研究和商务活动中所遇到的食品与药品管理政策、伦理等;医疗设备与诊断(Medical Devices & Diagnostics,MDD)专业,主要面向医疗设备和诊断方法的开发研究等;制药(Pharmaceuticals,P)专业,则面向药物开发、临床试验、获得药品注册批准、市场调研、销售等全过程[②]。

那么,生命科学产业领袖应具备哪些知识、技能和素质?众多公开论述表明,凯克研究院主要培养一种科学与管理复合的人才,实施一种科学教育与管理教育融合的复合式教育(Hybrid Education)[③]。该研究院判断:"生命科学产业呼唤一种新的专业人才——精通科学、擅长管理的人才(scientifically proficient and managerially savvy)。"[④]研究院的现任即第二任校长 Sheldon Schuster 指出:"生命科学产业最缺乏的不是想法和知识,而是科学教育基础上

①② 曾开富,王孙禺,张冰,李文中. 美国凯克研究院创业型卓越工程人才培养模式研究[J]. 高等工程教育研究,2012,06:47-58,113.

③ KGI Cross-Trains Biotech's Future Leaders.

④ http://www.kgi.edu/about-kgi.html

的管理,尤其是缺乏既懂科学又懂管理的人才。"①"产业界……最迫切需要的人才是这样的:受过宽广、精深的科研训练;有很强的商业、财务、管理技能;对产业如何运作有深刻的理解、具有良好的团队工作能力。"②Jane G. Tirrell 和Thomas Gregory Dewey 认为:"最优秀的经理人才一定是受过良好科学教育的,而受过管理培训的科学家和工程师将比技术类 MBA 更适应产业发展需求。"③

就"科学"而言,凯克研究院希望继承美国 PhD 教育的优良传统,培养研究生具有良好的数理技能(quantitative skills)。就"管理"而言,凯克研究院希望借鉴美国 MBA 教育的教育思想,培养研究生具有良好的管理技能(management skills)。由于上述教育设计思想,以 MBS 为代表的 PSM 学位在美国高等教育界被视作自然科学与工程教育领域的 MBA。MBS 的教育目标在一定程度上可以说是 PhD 与 MBA 的综合,本身也被作为 PhD 与 MBA 的替代性学位。当然,至少从学制来看,这一人才培养目标更应称为人才培养理想。就 MBS 学位与 PhD 学位的比较而言,任何一个两年学制的学术项目都难以达到 PhD 教育的高度。并且数理技能仅仅是自然科学与工程领域 PhD 教育的重要部分,但不是全部。

从指导教学活动的角度出发,"科学"与"管理"这两个概念还需要进一步具体化。凯克研究院有五方面的价值观。其中,五大价值观中关于人才培养目标的具体化表述包括④:

(1)创业与反思(Entrepreneurial and Reflective)。创业包括:鼓励尝试新事物,把新事物作为一种学习机会;容忍冒险、宽容失败;学会接受冒险活动中的焦虑与不确定性;相信每一位成员都在走向成功的过程中扮演积极角色。反思包括:善于从历史中反思和汲取营养、为未来做规划;鼓励通过自我反思形成变革等。

(2)伦理与责任(Ethical and Responsible)。在学术、商业、个人活动中保

---

① Pharma Vision, Find out which programs will be molding future pharma professionals from the president of the Keck Graduate Institute. p102.

② KGI Cross-Trains Biotech's Future Leaders. http://www. signalsmag. com/signalsmag. nsf/0/A332 9D4C1443CD12882572D0000BB987.

③ Jane G. Tirrell, T. Gregory Dewey. The Professional Master of Bioscience Program at Keck Graduate Institute. Best Practices in Biotechnology Education. Edited by Yali Friedman. P316-319.

④ 曾开富,王孙禺,张冰,李文中. 美国凯克研究院创业型卓越工程人才培养模式研究[J]. 高等工程教育研究,2012,06:47-58,113.

持最高的道德水准和社会责任;认识到各类活动中存在的不可避免的利益冲突并具备管理这些冲突的能力;开放、诚信、坦率地与人交流的技能;认识生物科学产业所面临的社会伦理问题的能力,并能够创造性地提出解决办法。

（3）合作与独立（Collaborative and Independent）。重点是团队合作的能力,尤其善于采取灵活的合作方式,把合作建立在信息共享、经常交流、互相尊重等基础之上。同时,具备在合作中保持学术自由、思想独立的意识和能力。

值得注意的是,五大价值观中有很多关于办学定位的表述。例如,加强与企业、联盟高校的合作,保持研究院的小型化、非官僚化,不设立单独的院系以推进跨学科合作,鼓励挑战高等教育常规等。也有很多关于人才培养措施即教学原则的表述,例如要求跨学科教学、项目教学等。

3. 人才培养措施

MBS 的招生与美国其他研究生院并无明显的区别。申请者在线递交个人陈述（personal statement）、附加论文（supplemental essay）、标准化考试（GRE、GMAT、MCAT 等）成绩等材料。收到申请材料以后,凯克研究院根据材料由招生委员会组织电话面试,招生委员会由教授和高级行政管理人员组成。[①]

MBS 教育的学制为两年全日制学习。MBS 的课程体系（curriculum）如表 1 所示,包括 3 种主要教学形式、对应 3 个主要的教学阶段:第一学年主要是跨学科课程（interdisciplinary course）学习,总计 15 门、14.5 个学分;第一学年结束后的暑假为 400 个小时的带薪实习（internship）;进入第二学年将确定具体的职业发展方向,主要教学活动是 4 学分、两学期的团队项目（Team Masters Project,TMP）和数个学分的专业必修、选修课程等。[②]

从学科的角度开看,凯克研究院包括医学与制药、工程、生物学、物理科学、商业与管理等几大类课程。凯克研究院研究生课程的学科特色主要在商业与管理,该类课程达到 7 学分以上、占到必修课总学分的 37% 以上。这部分

---

①②　曾开富,王孙禹,张冰,李文中. 美国凯克研究院创业型卓越工程人才培养模式研究[J]. 高等工程教育研究,2012,06:47-58,113.

表1　凯克研究院 BP 方向 MBS 的课程设置①

课程 Ci	学分 Ui	要求	教学特色
1.分子生物技术	0.5	公共核心	Case
2.疾病的分子学基础	1	公共核心	Project（60%）
3.生物信息学	0.5	公共核心	未提及教学形式和教学方法
4.医学诊断	1	公共核心	Team Project（50%）
5.医学设备	1	公共核心	Group Project（18%），Lab reports（18%）
6.药物发现	0.5	公共核心	Case studies from industry
7.生物过程工程原理	0.5	公共核心	Classic bioprocessing case studies
8.药物开发	0.5	公共核心	Case studies from industry
9.财务与会计原理	0.5	公共核心	Project（25%）
10.公司财务	1	公共核心	Survey a set of special topics
11.组织行为学	1	公共核心	Case analyses；team project（40%）
12.生物科学战略	1	公共核心	Case Study 和 Case Homework
13.市场评估与市场战略概论	1	公共核心	哈佛商学院案例；Team Market Research Project（40%）。
14.商业/科学交流	0.5	公共核心	Interactive Lecture，Workshop，Team Project
15.TMP	4	公共核心	Capstone Project（100%）
16.生物技术基疗法	1	专业必修	Seminar；Group Project（50%）
17.生物分离实验	0.5	专业必修	Intensive Laboratory Work
18.生物技术商业化基础	0.5	专业必修	Case study
19.商业操作	1	专业必修	Project（25%）
20.哺乳动物细胞技术	0.5	专业必修	lecture
21.生物分离工程与科学	1	专业必修	Classic Case Studies

---

① KGI | Academic Affairs | Course Catalog, http://www.kgi.edu/current-students/academic-affairs/course-catalog.html

课程 Ci	学分 Ui	要求	教学特色
22. 个体基因组学与健康	1	专业选修	Review articles and original papers
23. 体外诊断(IVD)	1	专业选修	Case Study(40%)
24. 高通量技术实验	0.5	专业选修	computer exercise
25. 生物制药的质量保障与控制	0.5	专业选修	Case Study
26. 诊断与设备产品开发	1	专业选修	Case Study(10%), Prelabs and Lab work (40%)
27. 医疗设备开发与市场化	0.5	专业选修	Case study; group project(55%)
28. 药物发现高级课程	0.5	专业选修	Team Project(50%)
29. 罕见疾病药物开发的申请	0.5	专业选修	workshop
30. 临床测试的设计、执行与战略	1	专业选修	Team Project
31. 生物统计	0.5	专业选修	未提及教学形式和教学方法
32. 医疗设备与生物制剂政策	0.5	专业选修	Case studies from industry; Group Project (55%)
33. 临床制药 I	1	专业选修	未提及教学形式和教学方法
34. 临床制药 II	0.5	专业选修	Paper(45%)
35. 第一阶段药物试验	0.5	专业选修	Case studies from industry; Paper(55%)

注:quiz,exam,lecture, class discussion 等传统的教学形式基本在所有的课程中都涉及,因此未在本表中反映。

"教学特色"一栏中括号内的比例为 Project 占考核比重,未注明时表明不考核或未知考核比重。

课程是同研究院培养"精通科学、擅长管理的产业领袖"的目标相关的。把跨度很大的几个学科放在两年学制的硕士项目中,很多学生感到迷茫和慌乱。但是,当学习进入第二学年的项目教学以后,学生逐渐反思并认识到多学科课程的意义。

研读凯克研究院的所有公开文献可以发现:项目(project)教学和案例

(case)教学构成凯克研究院主要的教学方法。严格说来，案例教学(case method)与项目教学(project method)有一定的区别。一般地，项目教学的说法多用于早期的基础教育和现代工程教育中，案例教学的说法多用于医学(医学高等教育中 case method 翻译成为病例教学)、管理学、商学、教育学等领域，但二者都是一种基于问题的学习(problem-based learning)，相似性大于差异性，甚至有时候仅仅体现为用语习惯的差异。例如，凯克研究院入学团队项目中有"Gleevec Case"，但该"案例"也被凯克研究院称之为"项目"(Project)。在凯克研究院关于学校教育理念的文献中，多强调 project。而在课程教学方法方面，case method 的比重也很大[①]。因此，本研究所谓的"项目教学"实际上是指以 project 和 case 为基础的教学。

从表1可以看出，凯克研究院 BP 专业开设的35门课程中，case 占有一定比重的课程至少有14门，project 占有一定比重的课程同样至少有14门。BP 专业的21门公共核心和专业必修课中，拥有 case 和 project 的课程分别占到8门、10门，既没有 case 又没有 project 的课程不超过3门。

Project 在多数必修课程中占考核比例。设课程 Ci 的学分为 Ui，project 在该课程考核中占有的比例为 Pi，未明确提出考核比重的记为 Pi = 0。则 project 在总学分中占有的平均考核比例 Pp = $\sum$Pi×Ui/$\sum$Ui。计算得 BP 专业的必修课中 Project 学分总数($\sum$Pi×Ui)在6.955学分以上，占 BP 专业21门必修课程总学分($\sum$Ui = 19)的36.6%以上(这里只统计了 project 的比例，还不包括 case)。实际上，很多课程以 case 和 project 为基本的教学模式，但是考核中不占比例。因此，case 和 project 的分量要远远大于36.6%。

本研究认为，正是以项目教学和案例教学为载体，凯克研究院才把人才培养的基本理念落到了实处。本研究在介绍项目教学的实施方式的基础上，重点从教学论和教育体制的角度出发研究项目教学。

(1)项目教学的实施方式

从入学到毕业，凯克研究院每一学期都有项目(project)教学。从项目与课程(course)之间的关系来看，凯克研究院的课程体系(curriculum)既有单列项目作为课程(course)的情况，又有在课程(course)中包含项目的情况。前者比如入学团队项目(Initial Team Project)和毕业团队硕士项目(TMP)等，从教

---

① 曾开富，王孙禺，张冰，李文中. 美国凯克研究院创业型卓越工程人才培养模式研究[J]. 高等工程教育研究，2012,06:47-58,113.

学过程和学分来看都占有很重要的地位。后者比如"医学诊断"课程中"客户需求基础上的工程设计项目"（Requirements-driven Engineering Design Project）、"市场评估与市场战略概论"课程中的"市场研究项目"（Market Research Project）等。[①]

项目的持续时间长达数天乃至1学年。凯克研究院的新生入学培训（student orientation）一般为11天，其中至少有4整天、50小时的时间用于入学团队项目（Initial Team Project）教学。"医学诊断"课程与"市场评估与市场战略概论"课程中的项目部分持续时间分别为6周和8周。TMP则持续整整1学年，从头年9月到第二年5月，团队总计为项目工作2000~2500个小时（且不包括企业实习和围绕项目的讲座、课程等）。项目教学中注重养成企业模式的时间管理习惯，从入学团队项目开始、多数项目都完全由团队自主地制定并实施工作计划。项目要求团队同资助方、导师保持有效的沟通。TMP则特别要求团队至少每两周一次向企业资助方和校企双方的导师进行汇报[②]。

完成项目的是团队（team）。根据凯克研究院的教育设计，团队不仅从字面上同个人（individual）相对立，而且包含目标、结构、过程等三方面的要素，即拥有共同目标、确立工作计划、明确团队角色的多位个体才能够组成团队。一般每一团队由3~6名成员组成。随着项目的进展，团队建设有4个阶段：遴选（selection）、发起（launch）、执行（check-in）、结题（closure）等。团队遴选的基本原则是保证团队的多学科性。一般要求团队中既包括擅长科学与工程学科的成员，又有擅长管理等学科的成员。特别地，TMP团队要求其成员来自不同专业、申请不同学位，所以一个TMP团队一般包括不同专业的MBS学生、PPC学生、REU学生等。凯克研究院保证每个学生承担不同的团队角色。即，在MBS的两年教学活动中，每名学生应在不同的项目中先后担任团队成员和团队领导。发起阶段主要是指团队、研究院导师、企业合作方举行发起会议，就团队运作的基本原则、个人角色、团队期望等形成规则。执行阶段的团队建设主要是各方通过工作会、工作报告等形式对团队工作进行监控。结题阶段的团队建设主要是围绕项目成果和过程形成对个体的评价[③]。

项目的选题主要是适用于多学科团队教学的、由合同确立的企业真题。

---

①②③ 曾开富，王孙禹，张冰，李文中. 美国凯克研究院创业型卓越工程人才培养模式研究[J]. 高等工程教育研究，2012，06：47-58，113.

首先,项目一般来自于企业在生产和研发实践中的"仿真题""真题",但主要是"真题"。例如,入学团队项目主要就应用生命科学产业面临的艾滋病药物、基因技术、抗虫产品、人造器官等引起的某一重大事件(event)展开科学、技术、知识产权、伦理、商业化等多个角度的分析。"医学诊断"课程中的项目则是开发一套用于滥用药物(abused drugs)的诊断、检测、控制标准,并形成一种可以用于急救、警务等场合的现场测试设备。"市场评估与市场战略概论"课程中 2007 年的市场研究项目主要是为 7 家真实的公司完成 9 项真实的市场调研,包括技术竞争力评估、商业化策略等。TMP 项目则要求必须是"真题"。由于各类项目一般是"真题",因此都受企业的资助。2009—2010 学年,每个TMP 项目的最低资助额度为 5.5 万美元。除"真题"要求以外,TMP 项目的选题要求具有多学科、多维度、多技能、重应用的特征。"(TMP)项目必须是多学科性的,从科学/技术和管理/伦理等多个方面反映凯克研究院的整个课程体系。理想状态下,项目主要面向科学、技术的应用,而不主要面向新的科学发现。同时,项目要尽可能的复杂和富有挑战性,而不是单一的测试问题或者计算问题。"①

校企双方对项目团队的指导方式。校企双方都设立指导教师或指导团队,企业导师一般由企业 CEO 担任。在项目正式交由学生团队独立、自主执行以前,一般会由校企双方的导师围绕项目组织讲座、工作坊、案例分析等。第一学年结束的暑假带薪实习是为第二学年的 TMP 做准备的,企业一般在第一学年同凯克研究院多轮沟通商谈实习和 TMP 资助意向,然后在暑假招募实习生,暑假后进入研究院设立 TMP 项目。虽然项目选题主要来自于企业,但并非不受研究院的引导和控制。除多学科、多维度、多技能、重应用等要求外,研究院导师和团队对于项目目标的修订和执行也有很大的权力。除少数情况下企业会对目标进行更正外,更多时候具体工作目标的分解都是由学生团队在研究院导师的指导下自主确定。②

项目的成果形式和要求。课程中的项目,其成果形式与要求同该门课程的教学目标相关。TMP 项目及其他"真题"项目主要有成果质量和知识产权两方面的要求。首先,要求成果必须可直接交付企业使用(deliverable)、能够为客户提供确切的问题解决方案。常见的 TMP 项目成果是一份综合性的报

①② 曾开富,王孙禹,张冰,李文中. 美国凯克研究院创业型卓越工程人才培养模式研究[J]. 高等工程教育研究,2012,06:47-58,113.

告。资助企业还可以自主提出其他成果要求,例如要求提供原始数据、实验结果、竞争力分析、商业策划等。其次,项目成果的知识产权属于资助企业,要求参与项目的教师、学生等须严格保护企业知识产权。[①]

项目成果的考核和评估。项目考核主要以书面报告、公开讲演、企业生产现场答辩等方式进行。考核和评估以研究院导师为主,校企双方的导师对团队成员的考核占一部分,团队成员自评和互评占一部分。特别地,入学团队项目和毕业设计团队项目(TMP)分别要形成学生的 book-end,实现研究院对学生入学时知识、兴趣、技能等方面的观察与评估(凯克研究院称之为形成学生的 book-end,可以引申翻译为学生核心竞争力档案)。[②]

从入学团队设计项目到课程团队项目,再到最后的毕业设计团队硕士项目,项目教学遵循循序渐进的教育学原理,由简单到复杂、由初级到高级、从真题假做最终过渡到真题真做。整个凯克研究院的课程体系(curriculum)是以项目教学为核心的。围绕这一核心,讲座、工作坊、案例研究、文献研究、实验方法等各种教学形式都为项目教学做好铺垫。最复杂、最高级的项目 TMP 融合学与用、动脑与动手、个人与团队、科学与管理等多种要素,构成凯克研究院最大的教学特色。TMP 取代了传统研究生教育的毕业论文(thesis),作为凯克研究院的毕业设计(capstone experience)。[③]

(2)项目教学的教学论分析

从教学论的角度来看,工程教育教学的改革主要是回应现代工程活动和产业活动以下几方面的新要求:①跨学科性。现代工程活动和产业活动很少按照单一学科的逻辑来组织,而往往是从问题出发组织多学科、跨学科协作。最具挑战的工作并非学科和知识上的创新,而是发现和解决工程问题。②多技能性。现代工程活动和产业活动除了要求科学、技术等"硬技能"以外,还需要项目管理、预算管理、有效交流、团队协作、科技伦理意识等"软技能"。③复杂性。与实验室研究和传统课程相比,工程活动和产业活动的背景要复杂得多。例如,企业对时间、成本、绩效的限制比大学学术环境中要高得多。再比如,学术研究一般有确定性的假设、条件等,而工程实践活动面临很多的不确定性,需要从业者根据经验做出判断。此外,工程实践的问题解决方式往往没有唯一确切的答案,而是开放式(open-ended)的、与工程师的判断和决策相关。

①②③　曾开富,王孙禺,张冰,李文中. 美国凯克研究院创业型卓越工程人才培养模式研究[J]. 高等工程教育研究,2012,06:47-58,113.

④团队性,即对应于跨学科性、多技能性和复杂性的要求,真实的工程活动和产业活动很少由某一个体来完成,而是由跨学科团队协作完成。

由此,对工程教育的要求是除了在早期阶段围绕学科(academic discipline)和内容(content)组织教学以外,更多地应围绕工程问题(problem)组织跨学科教学。除了要培养学生掌握一定的学科基础知识以外,更应该培养学生应用知识提出和解决复杂工程问题的能力。除了要培养学生在科学、技术、工程等方面的硬技能以外,更要培养责任、伦理、交流、管理等软技能。除了要培养学生个体能力以外,更要培养学生在跨学科团队中领导、协作的能力。

传统的基于讲授(lecture-based)的教学模式逐渐难以适应工程活动和工程教育的上述需求。以讲授为基础的课程所能实现的教学目标非常单一,往往是对某单一学科的系统教学,知识、技能等都较为狭隘。因此,在传统的教学方法下,要增加"软技能"就增设与其相关的人文社会科学课程,要增加某一新兴学科的知识就增设该学科的课程。其结果要么是增加高等工程教育的课程门类、数量或增加总的学时数,要么就是压缩已有的课程。由此造成知识、技能在广度和深度之间的矛盾,在学制和质量之间的矛盾。所以,在工程教育向跨学科性、多技能性、复杂性和团队性转变的过程中,教学活动面临一个共同的操作性难题——有机整合(integration 或 an integrated approach)问题。有机整合需要达到的效果是:能够培养具有跨学科学习能力、具有团队合作能力、善于解决复杂问题的多技能型、复合型人才;不需要增加学时数、课程(course)数或者延长学制,即在尽可能多的课程(course)中达到多种教学目标。举例说明,有效的有机整合意味着项目管理技能可以在自然科学与技术类课程中养成,MBA 水平的商业课程尽可能地采用生命科学领域发生的案例,同时意味着开设更多衔接科学与管理的桥梁性课程(bridging courses)。[①]

凯克研究院认为,培养科学与管理两方面复合的生命科学领袖主要应把数学、物理、化学、生物等传统基础科学在教学中整合,把计算生物学、生物工程学、系统生物学等生物科学三大基础性学科整合,把科学与管理整合,把个人技能与团队技能整合[②]。实现这种有机整合的一个有效载体就是真实性的产业项目。项目是工程活动、产业实践的一种主要形式,产业工程师的职业活

　　①② 曾开富,王孙禺,张冰,李文中. 美国凯克研究院创业型卓越工程人才培养模式研究[J]. 高等工程教育研究,2012,06:47-58,113.

动几乎无不与项目相联系。而所谓项目的"真实性"(authenticity),主要是指教育反映和取材于真实世界(real world)、真实工作场所(real workplace)。以项目为基础的教学过程就是以工程项目来导向(orientate)和组织(organize)教学活动的过程,就是把企业真实项目拿来由学生真做、企业真用(真题真做真用)。真题真做真用,保证了教学项目同工程项目具有完全一致的跨学科性、多机能性、复杂性和团队性,解决了复合型人才培养与有限学制之间的矛盾。

从教育史和学习科学的角度来分析,凯克研究院的项目教学主要因为其鲜明的建构主义特征而取得较好的教学效果。项目教学(project-based learning)思想起源于20世纪初期。杜威(John Dewey)首先提出教育为生活服务的思想。William Heard Kilpatrick 认为,杜威的思想在教育实践中可以通过项目方法(The Project Method)来实现。此后,Project Method、Project-Based Learning 等在各个层次、各个类别的教育中展开试验。项目教学的效果(outcome)得到了研究的证实。Edgar Dale 研究学生在完成教学活动2周以后的学习效果发现,学习者单一地阅读(reading)能够实现10%的预期教学目标、听讲(hearing words)为30%、观看图像(looking at pictures)为30%、听看影像(visual receiving)为50%、参与讨论或作讲演为70%。而围绕真实经历(real experience)和真实事物(real thing)的"做"(doing)则能实现90%的预期教学目标。[①] 建构主义的学习理论认为,积极(active)、参与(participatory)、互动(interactive)的学习过程所取得的学习效果要远胜于被动、单一的讲授过程。同时,建构主义在教学论上反对以"如何教"为核心,强调学习的建构过程即"如何学"的问题。换言之,反对以教师为中心,主张以学生为中心。通过上文关于项目教学实施方式的介绍可以发现,凯克研究院的团队项目教学的学习过程具有积极、参与、互动、以学生为中心的特征。

项目教学也在一定程度上反映了凯克研究院从 MBA 教育中汲取营养的改革背景。在教学论方面,MBA 教育正是以其案例教学(case method)闻名于世的。从真实性出发,商业教育以商业活动的基本单元——案例(case)为基础组织案例教学(case method),工程教育以工程活动的基本单元——项目(project)为基础组织项目教学(project method)。

---

① 曾开富,王孙禺,张冰,李文中. 美国凯克研究院创业型卓越工程人才培养模式研究[J]. 高等工程教育研究,2012,06:47-58,113.

(3)项目教学对人才培养体制的影响

在传统的研究型大学中,依托实验室、导师指导下的学术研究在自然科学与工程领域研究生的培养过程中占有很重的分量。常见的研究生教育模式是第一年课程(course)学习,此后进入实验室开展学术研究(academic research)。例如,MIT 生物系明确指出:"本系研究生从第二学年开始主要在实验室度过。"MIT 生物工程系提出:"本系研究生选定导师之后,应进入导师(或导师团队)的实验室工作。"①以林肯国家实验室为代表的实验室也是 MIT 等研究型大学科研、教学相结合的主要平台。以导师制、学徒制、实验室研究为典型的研究型大学体制有诸多优点,同时容易产生的一个缺陷是导致学生为导师打工。研究型大学的环境很容易导致导师的科研项目利益主导学生的教育,使学生的培养过于狭隘。

从凯克研究院的研究生培养过程来看,实验室研究经历相对很少。除了1~2 门实验课程以外,凯克研究院 MBS 学位教育几乎没有大学实验室研究的要求。真实世界中的项目(Project)取代传统的实验室学术研究(academic research)成为研究生教育第二阶段的主要内容。那么,科学研究(尤其是指学术环境中的研究)在凯克研究院的办学活动中占有多大的比重?在自然科学与工程领域,没有进过实验室的研究生能够称为研究生吗?谁来完成研究院的科研合同?

为了弄清科学研究活动在凯克研究院办学活动中的地位,这里把凯克研究院同 MIT 生物工程系进行比较。MIT 生物工程系成立于 1998 年,比凯克研究院建立的时间晚 1 年。截至 2012 年 5 月底,MIT 生物工程系在职教工 56人,凯克研究院为 17 人,前者是后者的 3 倍多。如果把建系(研究院)10 年看作该学术组织进入发展正轨的话,比较 EI 文章数量可以发现(如表 2):建院(系)以后,凯克研究院的 EI 论文数量非常少,平均每位教工每年发表 EI 文章不到 0.5 篇;而 MIT 生物工程系的 EI 文章总量达到凯克研究院的 10 倍以上,平均每位教工每年发表 1 至 2 篇 EI 文章。建院至今,凯克研究院受美国自然科学基金资助的项目只有 1 项,主要的工作是建立生物标记研究中心。而MIT 全校最近 5 年受美国自然科学基金资助的项目多达 500 多项,多为科研项目。②从这些数据比较可以看出,凯克研究院并不存在一种研究型大学中常见

①② 曾开富,王孙禹,张冰,李文中. 美国凯克研究院创业型卓越工程人才培养模式研究[J]. 高等工程教育研究,2012,06:47-58,113.

的"publish or perish"压力,学校的工作重心同科研成果的发表、争取联邦政府基金资助之间并没有很大的关系。

表 2　凯克研究院与 MIT 生物工程系发表的 EI 文章情况比较①

年份	凯克研究院	MIT 生物工程系
2011	7	112
2010	9	122
2009	7	102
2008	6	80
2007	16	73
2006	22	62
2005	9	46
2004	6	12
2003	5	1
2002	2	1
2001	1	0
2000	0	0
1999	0	1
1998	0	0
总计	90	612
年均发表	6.4	43.7

注:EI 文章数量通过检索 EI Engineering Village 数据库而获得。

　　从科研基础条件来看,凯克研究院建有 4 个专业实验室,但是实验室主要配合课程教学,通过工作坊、项目教学等形式完成教学与产业研究的结合。

　　通过上文对项目教学实施方式的介绍可以发现,项目教学可以解释凯克研究院的科学研究现状。首先,与传统研究型大学不同,凯克研究院的主要办学精力放在团队性项目方面。这类项目明确表示不以科学新发现为目标。

---

　　① 曾开富,王孙禺,张冰,李文中. 美国凯克研究院创业型卓越工程人才培养模式研究[J]. 高等工程教育研究,2012,06:47-58,113.

更为重要的是,真实世界的项目(project)解构了原有的教师—学生的二元教学结构,形成了教师、学生、雇主充分互动的新结构。项目教学企业和学生在项目中的参与性、主动性要比在大学实验室中高得多。师生之间的关系主要不体现为传统研究型大学中的师徒关系。[①] 项目教学制度之下,大学教师的角色是作为学生完成真实企业项目的辅导者(facilitator),但不是作为直接的项目合同负责人。同企业签订项目合同的是研究院而非教师。项目的执行依靠研究生团队。研究生的角色不再是大学教师开展科研(academic research project)的科技人力资源,而是企业员工。研究生从为导师科研项目服务转变为为企业研发项目服务。这样,大学如果要独立自主地开展科研活动,首先面临科技人力资源短缺的问题。

由此可以解释为什么凯克研究院的科研发表情况并不良好,并可以进一步解释为什么研究型大学并不愿意大规模地采取凯克研究院的项目教学模式。[②]当然研究型大学的实验室也是以项目(research project)为主的,但研究型大学的科研项目合同双方分别是资助方和导师。这与凯克研究院的企业资助方与学生直接发生联系是迥然不同的。

从企业和学生的角度来看,恰好是因为企业长期通过真实项目与学生团队合作,因此企业能够有效地观察和培养未来的人力资源。从而在人力资源和研发方面为企业节省了大量成本,并提高了学生求职效率和就业质量。

因此,我们可以得出如下结论:凯克研究院项目教学的意义不仅在教学论层面,更体现在体制层面——通过项目教学,学术性实验室研究、研究生导师制等要素在凯克研究院被弱化,代之以面向产业的应用性研究和以人才培养为中心,并实现了院校、学生、企业三方的深度合作和共赢。项目教学也改变了高等工程教育机构的评价与激励机制,弱化了论文和发表。而且,由于面向跨学科性的企业项目组织教学,因此研究院不设立院系组织结构的管理思想就更容易被理解。

当然,项目教学的管理和沟通成本很高。管理方面,主要是要避免丧失教育原则、使学生完全沦为企业的劳动力。沟通方面,主要是吸引企业参与项目教学。据统计,凯克研究院每吸引一家企业设立一个 TMP 项目,需要前期提前一年左右的时间完成沟通 7 次以上。[③]从这个角度也可以解释凯克研究院为

---

①②③　曾开富,王孙禹,张冰,李文中. 美国凯克研究院创业型卓越工程人才培养模式研究[J]. 高等工程教育研究,2012,06:47-58,113.

什么明确表示要坚持小型化的办学定位。这样高成本、精英化的人才培养模式很难在巨型化院校中展开。

此外,项目教学确实也存在其他体制问题,需要精心的教学设计。例如,真实性工程项目的发生不一定同教学时间、学制相吻合。例如新型药品的开发可能延续数年甚至几十年,那么该项目就同凯克研究院 MBS 学位的两年学制相矛盾。

(二) 斯坦福大学工程研究生教育

1. 改革背景

在美国,有一种说法是"工程师造就了硅谷,斯坦福工学院造就了工程师"。自 1891 年建校之初,工程学一直是斯坦福大学教育和研究项目的核心之一。斯坦福大学工学院成立于 1925 年,一直位于创新前沿,研发开创的重大科学技术成果,为促进世界信息技术、交通通信、医疗、能源、商业等多个领域的转变做出重要贡献。在过去的八十多年里,斯坦福工程师引领过无数次科技创新,促进了加利福尼亚科技产业的发展,帮助建立了数以千计的公司企业,为硅谷的成就奠定了技术和商业基础。斯坦福工学院拥有世界知名学者组成的教师队伍、最为先进的实验室和器材、博雅教育的氛围和对学科研究的机会与支持,以及与硅谷的工业、企业家交流合作的机会。工学院一直秉承多学科合作交流的优良传统,并致力于共同解决最为严峻的全球性重要问题。斯坦福工学院在教育和研究方面的成功不仅限于培育了一代又一代领军人物、创造新知,并促进了科技、医疗、商业等诸多领域的革命性转变。目前,工学院共设 9 个学部,超过 250 位教师,80 多所实验室、研究中心等,帮助建立了将近 13 000 家公司,拥有占全校 40% 的研究生和 20% 的本科生(约 5000 左右在校生)。

2. 人才培养目标

斯坦福工学院共有 10 个研究生教育专业:航空航天、生物工程、化学工程、土木与环境工程、计算和数学工程、计算机科学、电气工程、管理科学与工程、材料科学与工程、机械工程。表 3 是 10 个专业的学位项目及相关要求的简要介绍。

表3　斯坦福工学院学位项目及相关要求简介

专业名称	授予学位	学位要求
航空航天	理学硕士	完成本学科课程(45学分,8门必修基础课,2门数学课共6学分,4门技术选修课共12学分、人文社科类自由选修课),无论文、研究要求;硕士学位要求GPA2.75以上,申请博士资格考试要求GPA3.4以上
	哲学博士	已获得理学硕士学位者或同等学力者,须修得90学分(36学分正式课程、选修课、博士论文,不得重复,辅修课程可纳入总学分);博士资格考试;论文答辩;学制5年;GPA3.5以上
	工程师学位	已获得硕士学位者或同等学力者多修读一年或更多,总共45学分(30学分课程,包括9学分数学课、15学分某一具体领域导师指定课程、其他自由选修课、15学分的工程师论文),GPA3.0以上;完成一篇研究论文;培养对象是致力于从事专业工程工作或研究的学生
生物工程	理学硕士	45学分,包括9学分核心课程、26学分技术选修课(数学、统计、工程、物理科学、生命科学、医药;必须选修至少一门器材课程)、4学分研讨会、6学分非限制选修课,学制1年,无论文要求
	Coterm BS/MS	培养对象为同时攻读学士与硕士学位的杰出本科生,180学分本科课程加不重复的45学分硕士课程
	哲学博士	共135学分(硕士学位期间获得的可用于博士学位的学分不超过45学分,外校修得的可转化学分不超过45学分,学生必须在斯坦福完成至少90个学分),获得硕士学位或同等学力者需通过资格考试,再修读15个学分的正式课程,完成博士论文与答辩
	生物工程方向的医学博士	与医学院联合培养的MD,要求同哲学博士
	MS/MBA	理学硕士和工商管理硕士双学位(商学院和生物工学院)
	JD/MS/联合培养PhD	学生须在法学院和生物工学院均单独获得准入资格,并获得联合项目的申请资格;两个学院互相选课

专业名称	授予学位	学位要求
化学工程	哲学博士	学制2年或8个季度;须参加系列研讨会、完成一个季度的研究生课程和本学院之外的3门课程;参加每月的学员会议、每年生物技术研讨会和海报会议;完成一个季度的工业实习(已获得学士学位者,无须获得化学工程方面的学位,但必须熟悉相关知识;无须理学硕士学位)
	理学硕士	理学硕士(完成课程无论文、研究要求)
	工程师学位	90学分(45学分课程)GPA3.0以上;完成一篇研究论文
土木与环境工程	CotermBS/MS	本科生同时攻读学士和硕士学位,120个学分,GRE考试
	理学硕士	获得学士学位或同等学力者,本科之外获得45学分,GPA要求2.75以上,无论文要求,学制3季度以上;45学分要求(体育、语言等课程不计入,不计分数的课程最多占6学分),课程学分(30学分,其中至少24学分在工学院所修;课程内容包括大气和能源相关课程,能源核心课程4学分,大气核心课程4学分)
	哲学博士	获得土木环境工程硕士学位者,须完成135学分,通过博士资格考试,完成学位论文,通过论文答辩
	工程师学位	获得土木环境工程硕士学位者,须完成90个学分,GPA3.0以上
计算和数学工程	理学硕士	45学分课程,学制4~6季;核心课程与博士项目相同;无论文要求;须参加一定量的课题研究
	哲学博士	135个学分(包括硕士45个学分),6门核心课程、27学分选修课(其中12个学分来自特定专业选修课)、60学分论文研究和3学分编程任选课;GPA3.5以上者可申请博士资格考试,通过者完成原创研究和学位论文,通过论文答辩

续表

专业名称	授予学位	学位要求
计算机科学	理学硕士	45学分课程(其中至少36学分的评分课程),GPA3.0以上;无论文或研究要求,但与实验室教师做研究并完成一篇硕士报告者可获得6~15学分
计算机科学	哲学博士	前两年上课,需参加2/3的CS300研讨会;每一季度在不同的研究小组交换学习(找到适合自己的导师);完成135个学分课程,所选课程须来自至少4位不同老师;须在数学与理论基础、计算机系统、人工智能与应用三类课程的每一类下选两个子课程类型并通过课程考核;选定导师,修完规定的课程并完成至少1/3课程单元后,学生则有资格申请更多奖助学金来完成剩下的博士课程要求;学制为5年;通过博士资格考试,完成4个学分以上的课程助理或教学助理;完成学位论文,通过答辩
电气工程	理学硕士	完成45个学分(至少36个评分课程),GPA3.0以上;学制全日制为1.5~3年,非全日制为3~5年硕士学位(一年3季)(要求学生有数学、自然科学等相关背景);5门核心课程(core course),15~20学分 3门专业方向课程(concentration),3门3学分以上课程 一门统计学课程,3学分以上 一门项目课程 其他选修课:至少3学分语言课程,3学分的研讨会、工作坊等,体育课不计入
	硕士双学位	硕士双学位(90学分),理学硕士与公共政策硕士学位
	联合培养理学硕士与法学博士学位	法学院与工程科学与管理
	哲学博士	在硕士45个学分基础之上完成90个学分,GPA3.0以上;学制5年;通过资格考试,完成学位论文,通过答辩

专业名称	授予学位	学位要求
管理科学与工程	理学硕士	本科基础上完成 45 个学分,GPA3.0 以上
	双硕士学位	学生可同时攻读两个硕士学位,共须获得 90 个学分,两个学院各一名导师
	管理学与工程和法律联合培养	学生任选在管理科学与工学院或法学院学习,被分配到有至少 1 名法学院老师和 1 名工学院老师的联合项目委员会中。学生第一年须在法学院全日制学习,之后自行选课,须完成两个学院各自的相关要求
	科学与工程联合管理 (Joint Management of Science & Engineering) MS/MPP Degree	90 个学分,学制 2 年
材料科学与工程	理学硕士	45 学分(30 分课程,包括核心课程和实验课;实验研究学分、一学分的研讨会、其他课程学分不计入),GPA2.75 以上;须提交一份硕士研究报告,占 6~9 学分
	工程师学位	完成硕士学位要求者可以申请工程师学位;90 学分,GPA3.0 以上
	哲学博士	修得 10 门以上 30 学分的核心课程,15 学分的研究生技术选修课,3 学分材料科学研讨会和 75 学分博士研究,12 学分其他选修课;每周参加讨论讲座,选定一位研究咨询教师,参加科研小组;通过资格考试,完成博士论文并通过答辩;学制 5 年
机械工程	理学硕士	45 学分,选课灵活性大,重点是跨学科课程
	工程师学位	在硕士学位要求基础之上完成一篇学位论文,27 学分高级课程(数学、科学、工程)总共 90 学分;GPA3.0 以上
	哲学博士	获得硕士学位或同等学力者可申请博士资格考试,完成博士论文,通过答辩

除生物工程、计算机和数学工程、计算机科学、电气工程、管理工程外,其他专业都设有工程师学位。工学院的工程师学位基本上都要求学生获得硕士或同等学力,在此基础上修读一年或更多,总共 45 学分(30 学分课程,包括9 学分数学课、15 学分某一具体领域导师指定课程、其他自由选修课,15 学分的工程师论文),GPA 要求 3.0 以上;完成一篇研究论文。培养对象主要是不满足于硕士研究生阶段学习内容,希望参加更为具体、深入的研究项目,并致力于在毕业后专门从事工程类工作或研究的学生。工程师学位总体要求低于博士学位,但不是攻读博士学位的预备条件。

3. 人才培养措施

在 2005 年出版的《研究生委员会报告》中,斯坦福大学将其研究生教育归结为五大核心主题特征:多样化与高质量的培养人才项目优势,保证学科广泛和风格多样;教育与科研紧密结合;重视学科专业知识技能的训练,有助于解决新情境下的复杂问题;教师的兢兢业业和学校对世界优质生源的吸引力;要不断提高组织灵活性和回应性。做出以上总结的依据是斯坦福大学认为研究生教育发展的社会大背景发生了以下三个方面的重大变化,学校的人才培养目标也应随之予以调整:第一,在全球化大趋势下,学校要培养的研究生应当在激烈的新全球市场竞争中游刃有余;第二,当今研究与教育领域的主导趋势是能够解决复杂综合问题的学科结合与发展,这也就要求研究生教育不仅要训练学生适应新的变化的环境背景,更要培养其在新形势下成为领袖精英的发展潜能;第三,一个现实的发展趋势是:研究生毕业生的职业方向日益多样化,许多学生(包括博士生)会选择在学术界之外追求自己的理想职业,因此,学校的育人目标不是为了"制造学者",而是使学生为个人成功和生活中的实际工作做好准备,促进公共福利,对人性和文明施加影响,教授法令所赋予的自由福祉,灌输对政府伟大原则的热爱和尊重,这些原则来源于生命、自由和追求幸福的不可剥夺的人权;培养具有独立个性、善于思考、学以致用、追求卓越的人,达到知识深度与广度的平衡。

通过总结和归纳,可以将斯坦福大学的人才培养理念提炼为以下五个核心要点(图 1):"实用领军人才、广博通识、多学科合作、竞争创新与国际化视野";而"产学研一体化"的培养模式则是其成功培养出一代又一代卓越工程师等人才的关键所在。在斯坦福大学办学理念的指导下,工学院又将自己研究生人才培养的使命任务具体到"探寻解决重大全球问题的途径,培养能够运用工程学原理、技术、系统改善世界的领军人物。所培养的工程师不仅要拥有扎实、出色的专业技术,还应具备来自博雅教育、商业、医药等其他学科熏陶的创造力、文化意识和商业技能"。教育发展目标则是"以好奇心、问题为驱动,开展科学研究,开创新知、发明创造,为未来工程系统奠定基石;让学生接受基于研究的世界一流教育,让学术界、工业界和社会精英接受全面广泛的技能训练;培养基本功扎实、知识面广泛的人才,激发将会改造社会和世界的变革性想法,促进大学向硅谷的技术转让;坚持多学科、广基础的方法"。工学院坚持培养"T"型工程专业学生的具体培养理念,即要同时具备广博的知识面和较深的专业知识——广度是要培养学生具有创造性、创新性以及创业进取精神,并同时展现出优秀的社交领导力;深度则是要培养学生对于数理、工程基础学科知识方面的热情和兴趣。"T"型人才培养理念有助于提升学生的情感、行为、认知的意识,增进知识以完善集体学习、教学、研究、学术、创业的环境氛围,使学生在学术界、政府部门、企业或非营利机构都能够独领风骚、卓尔不群,成为某一领域的精英领袖。

图 1   斯坦福大学研究生培养理念五大核心要点

(1)实用的领军人才

老斯坦福先生在首次开学典礼上说:"请记住,生活归根到底是指向实用的,你们到此应该是为了为自己谋求一个有用的职业。但也应明白,这必须包含着创新、进取的愿望、良好的设计和最终使之实现的努力。"第一任校长乔丹说:"斯坦福不会像旧的教派学院一样使学生与世隔绝,而要使他们为'实际'世界的生活做准备。"工学院人才培养的"实用教育理念"具体表现为高等教育与职业教育相结合,主要体现在教学、科研和职业规划指导三个方面。

教学方面(课程设置):工学院每个系的具体课程设置采取理论知识与实用技术相结合。每个专业的学生除学习相关的专业理论课程之外还要同时学习相关的技术课程,且学分要求相对较高(表4)。可见学院对学生学以致用十分重视。

表4 斯坦福生物工程硕士学位项目课程要求

专业名称	生物工程		
授予学位	理学硕士		
课程要求:45学分			
核心课程9学分:量化生物、生物系统分析	技术选修课26学分:与导师指定协商(数学、统计、工程、物理科学、生命科学、医药);必须选修至少一门器材课程	研讨会4学分:重点关注生物工程热点研究、研究伦理训练	自由选修课6学分:与导师协商后自由选修

科学研究:在科研训练方面,与传统研究型大学不同,斯坦福工学院不仅重视理论开拓的基础性研究,同时也十分强调理论转化为应用技术的发展和应用型研究,采取基础研究与发展性、应用性研究相结合(理论创新与技术开发)。例如,机械工程系与企业合作开设联盟计划(Affiliate Programs),促进校企之间知识与技术的转化。企业直接投资对于自己有用的各种研究,学校教师和学生通过企业资助的项目研究市场需要解决的实际问题;斯坦福还定期举办年会、研讨会、论坛等促进知识和技术的转换。此外,工学院和企业合作开设基于项目的学习课程(Project Based Learning Courses)帮助学生在实践中探索新知。比如在"设计研究联合项目中心",具有1~5年企业实践经历的研究生组成研究团队,与公司联络人共同研发新产品或创新内部生产工序;在课程学习过程中产生了许多专利和成果,这些赞助公司则吸收了大量课程研究小组的毕业生为正式员工,也会派遣公司内部的专业研究员与学校师生一起参与研发,把市场最新的需求信息等与高校学术科研理论相结合。在校企合作研究期间,教师与学生密切互动、教学相长,企业员工与大学教师互补学习、交流合作,企业获得需要的人才,学生获得就业机会,互利共赢。

在职业规划指导方面:学院鼓励学生参加各种学校组织的演讲、讲座、报告,对其进行就业前指导,帮助其树立职业道德观,规划职业生涯,培养学生的专业意识和能力。

除通过指导学生开展独立的科研项目之外,学院还鼓励学生参加学校建立的合作领导能力培养项目,培养、训练学生领导力(演讲、助研助教、新生指导、学生自治组织),帮助他们不仅成为优秀的参与者,更要成为某一领域杰出的领导者。在当今时代背景下,最"实用"的"成就"和"公众福祉"就是成为社会各领域的引领和主导者,即具有"优异与广博相结合"素质的新世纪领军人才。

(2)广博通识

老斯坦福先生说过:"为了开拓思路和培养人才,我极其重视一般文学修养。我自信已经注意到这一事实,即受过技术教育的学生不一定成为最出色的企业家。人生道路上的成功有赖于培养和发展想象的能力。一个不善于构思的人是成不了大器的。"工学院的课程设置实行人文教育与科学教育结合(文理结合),要求任何专业学生要选修通识教育课程(人文科学学院共同对学生进行通识教育),掌握文理各科基础知识和理论,理科锻炼逻辑思维和科学精神,文科培养人文修养、知识广博。通过学科交叉和知识融合,开拓思路、启发创新。

(3)多学科合作

工学院本身就是斯坦福大学践行"多学科合作"的结果,学院内包括航空航天、生物、化工、计算机、土木、电气、管理、材料、机械计算机和数学工程10个分支学院或系。此外,在每个学院内部,又包含学科之间的交叉与融合。比如,生物工学院将工程学与生命科学融合,由工学院和医学院合作建立。其课程设置就包括了多个学科领域的学习内容,从而培养了跨学科、解决复杂问题的综合性人才。跨学科理念的主要实践包括以下四个方面:①在专业设置上,学校为学生提供了跨学科专业,包括生物力学、地质与环境科学、生物医学等。跨学科的培养方式使得培养的人才不仅具备本学科发展的前沿性知识,同时掌握了相邻学科的知识,促进了学科的交叉与融合,使培养的学生成为厚基础、宽口径、高素质、具有创新意识的复合型人才。②在学位设置上,采取不同学科、学院的联合培养。③在课程教学上,为研究生开设了多种跨学科课程,比如斯坦福大学研究生夏季研究所(Stanford Graduate Summer Institute)为研生提供跨学科课程。课程对象是斯坦福大学的研究生和博士后人员,授课教师包括斯坦福大学的专职教师和校外专家,课程内容涉及政治、经济、文化、民族宗教、个人发展、全球化问题等多个研究视角,课程教学以研讨课的形式进行。④最后在科研实践上,学校开展了许多学生参与的跨学科科研项目,例如环境问题、公共安全等方面的全球性课题研究,使学生能够突破狭隘的学科界限。

在"多学科合作"建设方面,斯坦福大学所做出的突出项目为"多学科教学与研究"(Multidisciplinary Teaching and Research)行动。自从建校以来,斯坦福大学就是在教师、学生和研究人员之间促进跨学科(cross—disciplinary)合作的先锋,该行动计划在所有领域产生了革新性的基础和应用研究成果。具体包括 3 个方面的内容:①四个多学科的首创性行动(multi-disciplinary initiatives),主题分别是关于人类健康、关于环境和可持续发展、关于国际化、关于艺术与创造力;②发行专门介绍科学课、跨学科教学研究行动实践的刊物《互动》(interaction);③设置若干跨学科学位项目,如研究生跨学科项目(Stanford Interdisciplinary Graduate Fellowship Programs),医学院跨学科学位项目(Medical School Interdisciplinary Degree Programs),本科生跨学科学位项目等。

(4)竞争创新理念

斯坦福大学是一所提倡"敢于挑战,勇于冒险"的名校。斯坦福大学校长约翰·亨尼斯在谈到斯坦福的办学理念时说道:"我们的理念是要追求新的知识,推动我们的学业与学生进行交流……在教和学方面相互影响,而且都达到杰出的效果,这是我们大学的一个理念。""鼓励青年人自己去发现他们追求的答案,不是一种最容易的学习方法,但却是回报最丰厚的一种学习方法。教育能做出的最重要的一条贡献,就是发展学生追求创造性方法的本能和好奇心。一个人对于未知事物的好奇心和探索欲望,提出问题和找出答案的能力会使他们受惠终生。"为使大学能在竞争激烈的众多美国名校中脱颖而出,要求斯坦福大学不拘泥于传统的办学理念、不断地探索创新,形成自身特色。斯坦福首任校长说过:"我们这些在大学第一年到来的教师和学生将为建设这所学校奠定基础,而这所学校将可能和人类文明共存……它不把任何传统奉为神明,不会为任何传统所累,它的所有路标都指向前方。"学校具体的创新思想主要体现在以下若干方面:

首创一年四学期学制,每学期修不同课程,须在 9 个领域完成必修课(文化与思想、自然科学、科技与适用科学、文学和艺术、哲学、社会科学和宗教思想等,外语、写作达标;非西方社会作家的作品加入"西方文化核心教纲"中)。

斯坦福大学允许学生们根据自身实际暂时休学一年,再接着回校上学。斯坦福大学以此要鼓励学生在校外参加社会实践,将理论与实践相结合。

研究生以研究领域划分,而不是以导师划分,这样使得学生的研究目的更加明确。资源可以更有效地利用,信息也更加畅通。

(5)国际化视野

从工学院人才培养目标——培养能够将科学技术转化为劳动生产力,能够将好的想法应用于实践,从而促进世界更好发展的领军人——中可以看出,其对学生的培养不只局限在面向国内,而是在全球化的国际大背景下进行的人才培养。工学院对学生这方面的培养措施主要体现在科研项目和研究中心方面。比如,土木工程系建立的全球竞争力与可持续发展中心(CSDGC),与全球各地商业联合体合作,共同研究解决有关经济、科技、工业、社会、环境等关乎人类共同发展方面的国际重大问题。再如,全球项目中心(GPC),由大学与企业或公共部门共同合作,研究对地区或国家经济、社会产生重大影响的课题或由于多文化理念汇聚交织,不同目标、价值取向、文化传统等造成的冲突问题等。从学院建立的这些全球问题研究中心和项目可以体现其培养学生具有国际化视野和站位的教育理念。

近年来,Bio-X 和设计思维学院是斯坦福大学工程教育改革的两个亮点。

Bio-X 的目标,在于鼓励基础科学、应用科学及临床科学等边缘科学的一流研究力量汇聚到一起,实现未来的发明和技术进步,内容涉及从分子到有机体和生物体范围,以增强斯坦福大学校内跨学科研究——为实现这一目的,还在本科生、研究生和医学院学生中建立跨学科的教学计划,培养跨学科的年轻力量。Bio-X 是 1998 年由斯坦福大学教师自发组织的旨在促进生物工程、生物医疗和生命科学领域跨学科科研与教学发展的民间机构,由人文社科学院、工学院、医学院、地球科学院和法学院合作运行。Bio-X 的使命为跨越学科边界、开发新知,以解决生物、医疗领域的复杂问题、造福人类。Bio-X 开设了25 门生命科学跨学科课程,其中包括导论课——介绍生命科学、生物科技方面的跨学科研究方法,与跨学科研究方法和生物工程、医疗、化学、物理和生命科学领域内重大研究问题相关的研讨会,基本概念和背景知识介绍的预研讨会等。此外,Bio-X还建立了合作论坛,为加强与企业和其他组织机构在生命科学领域的研究合作提供广阔平台和多种机会。

Bio-X实施校领导负责下的独立科研机构之管理体制。斯坦福大学有众多的独立科研机构,Bio-X计划是其中之一。独立科研机构是一种实体机构,是由多个学院的教师组成的正式常规的研究组织机构,直接向负责科研和研究生政策的副教务长汇报。Bio-X实施委员会领导下的主任负责制。由主任负责日常的管理。在主任负责制的基础上,该计划设有三个委员会:生物科学跨学科顾问委员会、学科领导委员会、执行委员会。Bio-X以资助各种项目来驱动跨学科研究,Bio-X计划的运行主要是通过各种项目(Program)实现,并由项目承担人负责和管理项目的具体运行。项目不以学科为标准来规划研究,而是面向现实需求和问题。Bio-X计划实施的项目包括:高级研究员项目、跨学科启动项目、研究生学术会议补贴项目、本科生研究奖励项目等,其中跨学科行动项目(IIP)是最核心的。

Bio-X积极发展与产业界的联系。Bio-X合作论坛(Bio-X Corporate Forum)是该计划为企业提供服务的主要平台,其目标是在企业与斯坦福研究者之间建立持续的良好关系,吸引企业的资金资助来促进跨学科研究。该论坛给企业提供服务的主要形式有年会、半年联谊会、技术公布、联络员制度、基于用户的技术峰会、斯坦福职业发展中心会员计划、研讨会、2~6个月的访问学者计划等。

另外一个重要的改革是设计思维学院的建立。设计思维教育和实践提出一种集中针对创新的教学研究模式,它最早由斯坦福大学发起,目前已扩展到欧洲及日本。设计思维教育和实践将技术、商业与人文理念相结合,以跨学科组建的学生团队为主体,采用工作室的形式开展教学,其研究的项目与业界充分对接。在研究过程中开创新的学习教育模式。这是一种独特的教育和实践模式,已被初步证明可以有效地培养创新人才和成功地推动创新成果的实现。推动设计思维教育和实践的一个典型主体是"设计思维学院"。2005年,斯坦福大学在全球第一个开设了设计思维学院,该学院由欧洲最大的软件公司SAP的创办人哈索普莱特纳投资设立。由来自工学院、商学院、法学院、人文社科学院、教育学院等的教师和学生共同组成研究学习团队,共同探讨解决全球复杂问题的途径方法。人文价值是合作模式的核心价值观,混杂来自不同年龄段、社会经历背景(学术界、工业界等)的学生群体是其继续教育的关键所在。经过两年的运行,该学院成功地培养了一批优秀的创意人才,同时孕育了一系列富于创新的项目成果,设计思维学院也成为斯坦福设计思维的发源地和创意中心。设计思维教育和实践采用了革新性的跨学科团队教学模式。在当前的社会环境中,很难单靠一个人的力量,从单一的行业出发实现创新。设计思维教育所采用的方法,主要是把许多受过不同领域高等教育的学生聚在一起,组成跨学科的团队小组,在不同学科教师的指导和支持下,以工作室的形式进行学习和实践。学生针对具体的项目作研究和尝试,提出解决方案或设计系统原型。整个过程采用工程学、设计学的设计思维,结合艺术的想象力、创新观点,辅之以社会科学的研究方法,并在研发过程中合理融入敏锐的商业洞察视角。由于学生来自不同的专业,在教学和实践过程中自发形成各种各样的分工,做出自己独特的贡献。每个学生都可以从其他学科背景的师生身上学到很多知识。学生和教师置身于自己设计的、独立的学习空间里,其学术环境也促进其学习和交流,更容易产生创新。所研究的问题均来自于现实世界的真实社会问题,学院与企业、政府或非营利机构合作,项目时间长短不取决于课程结束与否,而是随问题解决的时间而定,短则一两个小时,长则课程结束后研究依然继续。其独特的授课形式打破了传统教学模式,讲理论与实践紧密而高效的结合。设计思维教育实践用一个直观的英文字母"T"代表其创新教育理念,其中横线代表该教育模式所强调的设计思维(Design Thinking),纵线代表传统教育模式所强调的分析性思维(Analytical Thinking)。设计思维学院之所以鼓励来自不同学科背景的学生参与项目,就是因为其不仅关注传统高等教育中纵向的专业知识积累,还强调横向的跨学科扩展、交流与合作。具体创新理念包括设计思维教育实践强调学生团队是创新的主体;设计思维教育实践强调项目与实际应用紧密结合;设计思维教育实践强调师生的创新与用户的需要相互作用的过程;设计思维教育实践强调视觉思维和环境的重要性。

(三) 康奈尔大学纽约科技校区的研究

1. 改革背景

纽约市在 2008 年金融危机之后经济受影响比较大,使得纽约市市长意识到,单纯凭金融来支持一个城市风险太大,还是要有技术才行,于是有了在纽约建立科技园区的设想。纽约打算模仿斯坦福的硅谷模式办一个科技园,而科技园的壮大需要拥有大量科技人才的高校的支持。纽约市拿出罗斯福岛作为科技园区的地址,而大学资源的引入由各个学术机构上交提案,进行竞标。最后是康奈尔大学的提案胜出,由此开始了康奈尔纽约科技校区(Cornell NYC Tech,简称为 Cornell Tech)的建设,校区归康奈尔大学管辖。

Cornell Tech 一方面代表 Technology,另一方面代表 Technion(以色列理工学院),是以色列理工学院与康纳尔合作共创的科技校区。Cornell Tech 的建立和发展将集中反映美国纽约市工业结构、大学、政府、社会网络和企业家人力资源五大优势,是美国创新创业型卓越工程人才培养的一个大胆创新与尝试。对于培养创新人才来说,它自己本身就是一个大胆的创新,提供独特的研究生教育模式,将为根植于最新学术研究的商业应用和企业家的培养注入活力。

截至 2013 年年底,Cornell Tech 共提供 6 个学术项目,分别是计算机工程硕士(M. ENG in Computer Science)、强生 MBA 项目(Johnson MBA at Cornell Tech)、信息系统硕士项目(M. S. in Information Systems)以及 3 个 Cornell 的 PhD 项目——计算机科学 PhD、电子和计算机工程 PhD、信息系统 PhD。

上述 6 个学术项目都是围绕着创新创业型卓越工程企业人才培养目标服务的。它所培养的人才旨在能够"成功地将想法和说明转化成商业产业",一则,他们需要有想法和过硬的技术;二则,他们要能将想法和说明转化成商业产业,需要过硬的商业意识和头脑;三则,需要中间媒体的力量。

技术科学研究转化为商业生产力一直是难题,既懂技术又知道将技术转化成商业产品企业化运作的人才更是非常的稀缺,同时又是时代呼唤的需求。为此,对这类人才的培养非常重要。特别是中国正处在经济发展的关键时期,人才培养能不能很好地满足社会的需求,也关乎大学高等教育本身的发展问题。

2. 人才培养目标

纽约市市长最初的目标是通过科技校区和园区的建设、人才的聚集,实现类似斯坦福硅谷而又超越硅谷的一种科技促进经济模式。Cornell Tech 的主要人才培养目标是企业家,拥有创新创业精神的卓越工程企业人才,是"热情拥抱高科技信息产业和大力鼓励创业精神的宏伟转型";这也和美国研究生教育改革,以及信息科学技术产业发展的大背景相关。

关于人才培养目标的表述,康奈尔纽约科技校区的主页宣称为"Cornell Tech is founded on the mission to link entrepreneurs and the new digital economy within the tech ecosystem of New York City"。而纽约科技校区的创院院长,Dan Huttenlocher 在 2013 年 10 月 25 日的"大学聚光灯"校园谈中关于"康奈尔科技校区迭代与创新课程"说到,新成立的康奈尔科技校区的目标很简单:成为新时代数字科学领域的超群绝伦的研究生院。2012 年 6 月 28 日,康奈尔科技校区的第一位教员——美国国家科学基金会资助的嵌入式网络传感中心创始董事 Deborah Estrin,提到自己的受聘感言时说:"渴望帮助科技校区创新一个可以消除技术研究和技术应用的壁垒的大学人才培养模式"。[1] 校区合作伙伴、以色列理工学院的校长 Peretz Lavie 说:"研究型大学的战略目标之一是全球化。科技校区不会是康奈尔大学的延伸,也不会是理工学院的延伸,它将会是新的东西,将是一个创新。"[2] 纽约市市长迈克尔·布隆伯格说,Cornell Tech 有望创造一个创新和发现的蜂箱,吸引和培训能够催生新的企业、创造新的就业机会和推动纽约市经济向新的领域发展的人才。Huttenlocher 说:"我们的学生惊人的灵活,正在被启动,渴望重新定义研究生教育中技术相关学科的部分。"[3]

Cornell Tech 将自己定位为一种建立在优秀的坚如磐石的学术基础之上的灵活孵化器;一个创新的环境,吸收具有深厚的技术专长和敏锐的商业头脑之人才。

纽约科技校区将同伊萨卡校区合作进行教育,其专注于技术的商业化和与工业行业的紧密联系,被吸引到纽约市校区的学生将是那些对成为技术创新者和企业家有显著兴趣的人。从这些表述可以看出,与美国传统的研究生教育(包括美国伊萨卡校区的大部分研究生教育)主要面向学术机构不同,纽约科技校区主要面向商业和工业行业。如果以精英教育、非精英教育的标准来判断的话,纽约科技校区明确地提出 leadership、entrepreneurship 等要求与目

---

①　Estrin is a member of the NAE. She is the winner of the Women in Technology International Hall of Fame Award (2008) and Anita Borg Institute's Women of Vision Award for Innovation (2007), and she serves on the President's Council of Advisors on Science and Technology and the President's Innovation and Technology Advisory Committee. She was named one of the "Brilliant 10" in Popular Science magazine's list of elite researchers, one of Wired Magazine's 2012 "50 People Who Will Change the World" and one of CNN's "10 Most Powerful Women in Tech". http://www. news. cornell. edu/stories/2012/06/deborah-estrin-first-nyc-tech-campus-academic-hire

②　http://www. news. cornell. edu/stories/2011/12/nyc-tech-campus-leaders-react-cornell-technion-win

③　http://www. news. cornell. edu/stories/2013/10/deans-cornell-tech-redefining-tech-education

标,靶向明确(对于技术创新和成为企业家有浓厚的兴趣)的应用型人才(成功地将想法和说明转化成商业产业)精英教育的成分更多一些。因此,可以认为与传统的泛兴趣点和泛专业课的研究生教育相区别,康奈尔纽约科技校区工程硕士研究生项目的学位教育主要是培养行业企业精英人才。

关于具体校区学科领域的设计,包括计算机工程硕士项目、商业 MBA 项目以及信息媒体项目。这些方向各有所侧重,互为补充,共同为科技创新创业人才的培养服务,且都掌控着最近社会经济科技发展的脉络。

产业界"最迫切需要的人才是这样的:受过宽广、精深的科研训练;有很强的商业、财务、管理技能;对产业如何运作有深刻的理解、具有良好的团队工作能力"。①

就"科学"而言,纽约科技校区的学科背景建立在"坚如磐石的学术背景之下",要求申请的学生拥有扎实的科学技术知识,工程技术能力是必需的;就"商业"而言,科技校区借鉴了美国 MBA 教育的教育思想,在科技校区同时设立与强生 MBA 项目合作的商业学位项目,商业课程以及商业思想由此与科技背景天然地融合互补。

3. 人才培养措施

(1)生源遴选

纽约科技校区的招生与美国其他研究生院并无明显区别,但其定位非常明确,而且把创新创业型卓越工程企业人才这一应用型人才培养目标的相应措施做得很实。Cornell Tech 面向高科技部门,并将校区定位为"科技孵化器",培养的人才"能将想法和说明转化为商业产业"。Cornell Tech 的一年计算机工程硕士项目,对于技术材料、企业专有技术以及实际参与公司和非营利组织活动的混合经历体验要求是更深厚的。②

康奈尔大学于 1865 年建校,它的校训起源于创始人埃兹拉·康奈尔写给首任校长的一封信,其中有一句话是:"我要建立一所大学以使得所有的人可以学到任何他所想学的学科。"从此这句话就成了康乃尔大学的校训。康乃尔的校训有点像孔子的"有教无类,因材施教"。从教育理念上讲,它体现了任何

---

① 曾开富,王孙禺,张冰,李文中. 美国凯克研究院创业型卓越工程人才培养模式研究[J]. 高等工程教育研究,2012(6).

② http://tech. cornell. edu/admissions/m-eng-computer-science/#program-requirements

人都有权力受到教育的平等精神,从教学方法上讲,它体现了根据学生特点和兴趣进行引导的工作态度,这就是康奈尔大学校训的精髓和康奈尔的立校之本。而康奈尔大学在竞标成功之后对于科技校区的建设,其最本源的教育思想依旧很好地得到了体现,有教无类、因材施教,善莫大焉。

康奈尔纽约科技校区研究生水平学位课程的一个关键定义就是"联系密切的企业和企业家",将从课程一开始就并入整体规划。每个毕业生将有企业导师以及由这些导师共同监督而完成的项目。而其研究项目也是聚焦在技术、在纽约市场潜在的商业机会的应用领域,比其他研究生研究和教育项目都更加的集中。[①]

计算机工程硕士项目共 2 个学期,时间长达 1 年。项目要求的先修知识有计算机专业本科的最基本水平(根据笔者对国内计算机专业毕业生的咨询,中国某"985"高校的计算机本科毕业生有一半以上达不到这个水平),即熟练掌握一门编程语言、离散数学、数据结构(programming, discrete structures, architecture, and operating systems)[②],此外还要求掌握面向对象的方法。[③] 当然这个项目并不仅仅面向计算机专业的学生,如果能够说清楚自己的经历以及在经历中掌握了相当的计算机课程或经验,也是可以申请的。[④] 他们欢迎任何学术和专业背景的人申请。

这个项目对于候选人的要求,除了优秀的学历以及编程经验、离散结构、体系结构和操作系统方面的经验,也特别要求个人素质上强烈的创业兴趣、领导技能以及社区参与热情。[⑤] 这也是这个项目的特色所在。他们寻求拥有优秀学术背景同时拥有这些个人特质的人,也即"得天下英才而教之",更"因材施教"。

申请 MBA 商业项目的先期要求没有计算机项目这么多,关键是要有一个核心竞争力的高科技领域背景,可以是工程、计算机、数学以及其他相关的技术领域等,然后是要有终身学习的观念,并能够利用新的知识快速应用于创新的能力。[⑥]

---

① http://www.news.cornell.edu/stories/2012/02/frequently-asked-questions-about-nyc-tech-campus

② http://tech.cornell.edu/admissions/m-eng-computer-science/#frequently-asked-questions

③ http://tech.cornell.edu/admissions/m-eng-computer-science/#prerequisites

④ http://tech.cornell.edu/admissions/m-eng-computer-science/#frequently-asked-questions

⑤ http://tech.cornell.edu/admissions/m-eng-computer-science/#frequently-asked-questions

⑥ http://tech.cornell.edu/admissions/johnson-mba/#prerequisites

信息系统(特别是交互媒体)科学硕士[The Master of Science (M.S.) in Information Systems]由Joan and Irwin Jacobs Technion-Cornell Innovation Institute (JTCII) 提供,为了满足媒体相关产业对拥有专业化技术和企业能力训练的人才的需求——它提供的人才既能推动信息数字化时代产业(如:新闻、出版、广告、娱乐)的转变,又能引领下一代社交媒体应用的设计和开发。①

这个 M.S. 的毕业生,在信息系统(特别是交互媒体)专业拥有独特的双学位,一个是来自康奈尔大学的硕士学位,一个是来自以色列理工学院的硕士学位。这个项目结合了科学、工程、商业和创业的课程,同时还有一个与关联公司着手合作的研发项目。

我们这里主要研究 Cornell Tech 的工程硕士项目,以及创新创业型卓越工程企业人才培养目标下所设计的培养模式的研究。对于它的 3 个 PhD 项目这里不做具体阐述与分析。

(2)导师指导

关于师资的选择②,纽约科技校区有他们自己的考虑。截至 2013 年年底的 10 位教员主要聘用理由是他们不仅在学术研究领域做得非常出色,而且本身热爱和表现出了很大的创新性。"这样的背景与才能决定了他们能够将创新的心态和专业的知识带入教学中。"康奈尔校区官网如是表述。

康奈尔大学纽约科技校区的教师依然受康奈尔管辖,还有一部分教师直接来自于康奈尔大学伊萨卡校区,一部分教师来自 Cornell Jahnson School,大巴 5 个小时可以到康奈尔伊萨卡校区。教师在两个校区之间的往来时间成本相对较高,很多时候会通过远程电话会议等方式进行一些问题的沟通和指导。

因为康奈尔纽约科技校区的主要人才培养目标是能将科技研究成果商业化的企业家人才,因此,它在校企合作以及企业家导师这块做得非常好。企业家导师的选择便利性很大一部分原因来自于康奈尔大学自己在纽约市丰富的校友资源,以及校区创始创业干事(the founding entrepreneurial officer)Greg Pass(曾任 Twitter 首席技术官)自己作为一个成功的企业家的诸多朋友资源,以及 John School 的协同创新双赢效果。

企业家导师给学生讲课,学生对他们所讲授的内容给予反馈。同时,企业家导师还可以给学生提供去其企业实习和工作面试等机会。

---

① http://tech.cornell.edu/admissions/ms-information-systems-connective-media/
② http://tech.cornell.edu/who-we-are/

导师指导时会着重学生两个方面能力的培养:第一,计算机技能;第二,怎么管理企业和做演示报告(presentation)。同时,康奈尔大学纽约科技校区的课程设置中有安排一个周五实习课(Friday Practicum),请业界的创业者们来做创业人生(enterpreneur life)讲座,有1个学分的要求。同时还有一个开放实验室(Open Studio),请公司的人来学校看学生的项目产品,并且给予指导。

(3)教学设计与课程设置

纽约科技校区计算机工程硕士的课程主要由三部分组成:技术和商业课程;企业实习;与当地组织合作完成的小组项目。

参加这个项目的学生要求必须修够18个关于高级先进技术的学分,其中至少15学分是计算机科学相关的[①]。计算机科学课程构建强大的专业基础:

CS 5190 Computer Networking 计算机网络

CS 5301 Building Large-Scale Information Systems 建设大型信息系统

CS 5432 Physical Computing 物理计算

CS 5785 Modern Analytics 现代分析

CS 5454 Mobile Systems 移动系统

CS 5460 Parallel and Distributed Computing 并行与分布式计算

CS 5660 Signal and Image Processing 信号与图像处理

CS 5830 Cryptography 密码

这些计算机课程的要求是"building on a strong undergraduate foundation"[②]。这句话强调计算机工程硕士项目要求修的这些课程不是对每个子领域的简介,而是在本科基础上的进一步加深。这些课程都以实用性为主,偏理论和基础研究的内容没有包含在里面。总体来说,掌握了这些开设的课程的确可以让一个人对计算机的各个领域有较好的认识。

信息系统(特别是交互媒体)科学硕士(M.S.)项目所要修的课程包括8学分的基础技术类课程,分别是机器学习和统计(4学分)、建筑智能设备(4学分);6学分的基础商业课程,分别是技术产品开发(3学分)、创业(3学分);17学分的核心课程,分别是交互媒体的心理学和社会学分析(4学分)、网络(4学分)、大项目编程(4学分)、用户体验和可用性(3学分)、探索性项目(2学分)、工业研讨会(0学分);14学分的选修课程,分别是:图像和视频(4学分)、

①② http://tech.cornell.edu/admissions/m-eng-computer-science/#program-requirements

社会化媒体的要求和设计(3 学分)、人类语言技术(4 学分)、电子商务算法(3 学分)、计算机安全和隐私(3 学分)、现代分布式数据库(3 学分)、大数据和复杂事件处理(4 学分)、计算机图形学(4 学分)、高级媒体设备(3 学分);15 学分的工业项目,包括学生在教员和高级专业联署公司(通常是工程师)的联合监督下应用研究和/或开发项目工作。同时要求没有低于 C-的课程,平均分不低于 2.5。

Cornell Tech 的 Johnson MBA 项目重心仍然聚焦在技术。该项目为期一年,分为 3 个学期,夏季学期在纽约的康奈尔 Ithaca 校区,剩下的两个学期在快节奏的纽约市区,这种安排使得学生能同时享受两个校区的优点。夏季学期有为期 10 周的密集商业基础知识课程,包括定位、核心商业课程、领导力训练、创新创业作业以及专业发展作业,与伊萨卡校区的师生进行互动、发展网络技能和策略、开始着手思考创新创业的点子、了解商业团队设置的技巧、准备项目并且在纽约市的高科技公司有效开展工作。在 Cornell Tech 跨专业的方法下,可以给学生在一个项目中同时带来康奈尔大学最好的技术、创业和创新课程。① 结束了在伊萨卡主校区 10 周的准备后,他们将搬至纽约市科技校区,在剩下的 9 个月中按照模块化的课程加速学习、在康奈尔科技校区的科技生态系统中进行多学科学习、体验海外学习之旅、参与创新引导营、通过与纽约市的高科技企业项目合作把课上所学付诸实践。②

该项目的商业课程由 Cornell Tech 与 Johnson MBA 学院合作提供,专为 Cornell Tech 学生设计。"Unlike most universities, money is not a dirty word here",所以将技术与商业结合也是这个项目的亮点与特色所在。学生将参加总共 6 学分的商业课程:

MBA 6650 Strategic Management of Technology and Innovation 科技与创新战略管理

MBA 6850 Tech Enterprises 高新技术企业

学生每星期五参加一个体验式的、跨学科的实习,并有 2 个学分。实习是分级的,分为 S/U 两个等级,每个学期 1 学分。

每学期,学生团队与项目公司进行长达一个学期的合作。所有的项目以字母等级计算成绩,圆满结束后可获得每学期 3 学分。项目的学分不会计入

① ②　http://tech.cornell.edu/admissions/johnson-mba/

计算机工程硕士项目课程所需要的学分,但是学生必须获得 B 或更高的分数,以达到对项目所需要的学分要求。

还有一个附加要求,就是没有一门功课的成绩是低于 C-的,毕业的时候 GPA 在 2.5 以上。课表如图 2 所示。

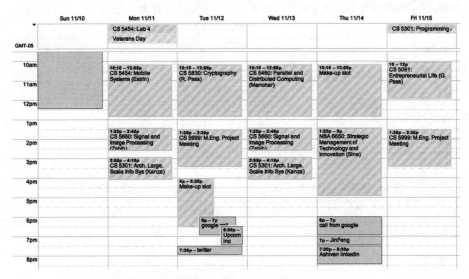

图 2　计算机工程硕士项目第一学期课表

课表来源:由 2013-2014Cornell Tech 项目学员提供

表 5　计算机工程硕士项目课程设置①

课程	学分	要求
CS 5190 计算机网络		
CS 5301 建设大型信息系统		
CS 5432 物理计算		
CS 5785 现代分析		
CS 5454 移动系统		
CS 5460 并行与分布式计算		
CS 5660 信号与图像处理		
CS 5830 密码		
MBA 6650 科技与创新战略管理	3	

---

① http://tech. cornell. edu/admissions/m-eng-computer-science/#program-requirements

续表

课程	学分	要求
MBA 6850 高新技术企业	3	
体验式、跨学科实习	2	S/U 两个等级
学生团队与项目公司合作完成长达整个学期的项目	3	不计入课程学分,但必须获得 B 或更高分数
课程论文 1:与大公司合作完成项目		
课程论文 2:自己注册一个公司,做出一些产品		
Open Studio		项目展示指导
Friday Practicum		每周五企业家讲座

表 6　信息系统(交互媒体)硕士项目课程设置(双硕士学位项目)①

课程	学分	要求
机器学习和统计	4	基础技术类
建筑智能设备	4	基础技术类
技术产品开发	3	基础商业课程
创业	3	基础商业课程
交互媒体的心理学和社会学分析	4	核心课程
网络	4	核心课程
大项目编程	4	核心课程
用户体验和可用性	3	核心课程
探索性项目	2	核心课程
工业研讨会	0	核心课程
图像和视频	4	选修课程
社会化媒体的要求和设计	3	选修课程
人类语言技术	4	选修课程
电子商务算法	3	选修课程
计算机安全和隐私	3	选修课程

---

① http://tech.cornell.edu/admissions/ms-information-systems-connective-media/

续表

课程	学分	要求
现代分布式数据库	3	选修课程
大数据和复杂事件处理	4	选修课程
计算机图形学	4	选修课程
高级媒体设备	3	选修课程
工业项目	15	

　　学生团队与项目公司合作的课程一共两个学期,第一个学期有一个课程论文,M. Eng Project 是与大公司合作完成一个项目,第二学期要自己注册一个公司,做出一些产品,作为毕业设计。校企合作模式推动得很好,企业主管是 Cornell 的校友,还有一些人是 Greg Pass 的朋友,还有一些人跟 Johnson 学院有联系。合作机制上,他们讲课,学生反馈,同时给学生提供实习和工作面试。同时因为纽约科技校区成立的背景是纽约市市长的城市振兴计划,因此也得到很多政府部门的大力支持。比如,2012 年 10 月 2 日康奈尔大学和美国商务部(the U. S. Department of Commerce, DOC)公布一项突破性的合作关系,以加速 Cornell Tech 科技观念商品化速度。这是第一次由一个美国政府机构与一所大学联手,给学生、研究人员和公司将思想带到市场以及创造就业机会提供渠道和资源指导。①

　　Ted Krum 在投资管理领域做了近 20 年之后,他想寻求一个新的挑战机会,并因此找到了康奈尔大学纽约科技校区的项目。现在,他转移到了一个新的职业生涯领域,健康护理数据分析。Krum 说:"处在如此一个大行业的初始层是让人兴奋的。"

　　Erich Graham2008 年获得密歇根大学商业学士学位,并在金融领域工作,但他是总是被高科技所吸引着。在大学期间他就创办了自己的科技公司,他希望寻求更多的激励和灵感。Graham 说:"因为科技校区这个项目,他感觉到现在有想法,并且能看到把这个想法落地到公司的方式。而这些是在别的地方学不到的。"

　　Andrew Li 本科毕业于康奈尔大学。在校期间他就知道科技校区这个项

---

① http://www. news. cornell. edu/stories/2012/10/cornell-nyc-tech-commerce-department-partner

目,并非常"嫉妒"能够进入这里学习的学生。在毕业后进入一家银行进行软件开发工作后不久得知科技校区开始招生,他义无反顾地申请。他说:"虽然我不知道以后具体会做什么,但是我已经知道了如何去像一个企业家一样思考。再也不能找到一个更好的学习方式了。"

Alfred Nelson 毕业于奥本大学,他在一学期之后从康奈尔伊萨卡校区转到科技校区,并说思想是最重要的转变因素。Nelson 说:"这是一个可以跟很多天才在一起的地方,可以看他们在做什么,能直接拥有和他们同在一个团队的经历,努力做一个他们关心的项目……所有这些知识因为你在课堂里学不到,这是非常令人鼓舞的。"

(4)项目教学

科技校区的硕士项目学制都比较短,计算机工程硕士为期 1 年(2 个学期)的项目中,项目概念始终贯穿。由于有课程先修要求,因此在硕士项目中,没有再设置基础知识性的课程。

在课程设置要求中,每个学期都有项目任务,而且持续时间长达一个学期。项目教学中注重养成像一个企业家一样去思考,即企业家思维模式。由于项目是在企业指导老师根据企业的真实案例需求而提出,因此是真实环境下的案例操作,学生不仅在解决方法和思路上得到训练,同时项目解决过程中所承受的心理压力、心智紧张程度、绞尽脑汁思考的模拟度等都很高,高于一般的不用承受任何实际损失的课堂作业项目。

完成项目的是学生团队。由于科技校区的学生来源背景多样化,由此团队建设和运行对社会的磨合模拟仿真度更高。

从教学论的角度来看,工程教育教学的改革主要是回应现代工程活动和生产活动以下几方面的要求:跨学科性、多技能性、复杂性和团队性。①

纽约科技园区的教学理念中,关于早期阶段围绕学科和内容组织教学方面,从要求入学申请者的先期经历和经验中体现,包括不管是通过专业的科班学习,还是生活工作经验中的学习,只要能达到他所要求的学科技术上的最低要求,就可以申请入学。而入学之后的硕士项目的重心将不再是工程学科的知识,而是综合应用,培养和锻炼、激发学生应用知识提出和解决复杂问题的

---

① 曾开富,王孙禺,张冰,李文中. 美国凯克研究院创业型卓越工程人才培养模式研究[J]. 高等工程教育研究,2012(6).

能力,在复杂的商业系统中提出和解决问题、成为一个成功的企业家、创业者的能力。

在应对工程教学的四大特性方面,康奈尔纽约科技校区自有他的特点。

首先,学生背景的多样性优势。由于纽约科技校区在接受申请学生方面只作语言(托福/GRE 成绩)、先修计算机基础知识以及个人的领导特质以及对于企业的强烈兴趣等要求,没有背景、年龄、地域等要求。多元化的学生组成是应对工程教学四大特性的一个天然大优势,这一点对于团队项目案例表现尤其突出。

2012 年 12 月 20 日,Manhattan Community Board 8 批准科技校区校园计划;2013 年 1 月 21 日,校区开始教授它的第一批全职学生,共有 8 名学生开始一年的计算机工程硕士学位项目的学习。科技校区的学生背景多元:咨询公司的工作经验、自己创办小公司的经历、从计算机生物学博士跨过来的学生、本科计算机专业双修经济学学位的科班学生、参加过战争的军方背景的学生、曾经的以色列情报女兵等。

学生背景的多元性一方面提供了学生在小组团队案例中解决问题的多方资源性,另一方面也更大程度上考验了大家的团队整合能力。

(5)毕业设计

关于毕业设计,康奈尔纽约科技校区的校区定位明确(2011 年 7 月 19 日康奈尔宣布它会回应迈克尔·布隆伯格市长的要求,在纽约市创建一个世界级的应用科学和工程校园),人才培养目标定位明确(成功地将想法和说明转化成商业产业),因此在课程设置上也明确,没有累赘的课程,毕业设计不要求写理论论文,而是实实在在的毕业项目设计(注册一个公司、设计一些产品)。在做毕业设计的时候,会有相应的企业家导师和学校导师一起指导。

例如,学生安德鲁·李、姜大卫和特德·克鲁姆展示他们的项目 Motovatr,用于个人健身活动跟踪应用程序的平台,培育承诺的奖励活动提供个性化的游戏和视觉反馈。他们的应用程序与健身目标激励着使用移动设备且精通技术的消费者。

埃里希·格雷厄姆格雷格·托布津(Greg Tobkin)展示 Doctible,一种在线服务,通过从患者的报告中算出自费项目和医生的指导带来价格的沟通度,帮助准病人在预约之前清楚大致的药物治疗价格。

阿迪亚慕克吉、凯文·罗和黄道介绍了他们的工作与谷歌的扩展开源 IPython 的笔记本电脑项目，创造完全互动数字教科书的平台，帮助使用者告别被动学习，并增加了谷歌驱动器集成、实时评论系统、内嵌智能测验等功能，用互动学习的方式来提高学习者的水平。

Andrew Drozdov 和 Mor Cohen 曾与赫斯特公司合作，利用机器学习来预测文章的页面浏览量，协助编辑精炼文章；而 Kwadwo Nyarko 和 Robert Parks 曾与高通研究利用计算机视觉算法在手机上进行物体检测。

Chen Cao 和 Hongtao Cai 的智能引擎可以帮助 eBay 卖家为他们的项目发现有吸引力的名字；Alex Wolff 和 Kiran Vajapey 曾与阿皮奥系统合作，以评估汽车应用中的测试数据；Lauren Talbot 和 Todd Kawakita 加入 Shapeways，开发在移动应用程序中使用图像处理进行排序 3-D 打印的技术。

这种形式最值得称道的地方在于，它能让学生体会到学习的乐趣与成长的成就感。他们感觉，通过这种设计的要求以及展示，他们踏上了创新的旅途，"不想再下来"，学生 Andrew Li 说道。

（四）哥伦比亚大学电子工程专业研究生培养

1. 改革背景

美国哥伦比亚大学成立于 1754 年，是一所在世界范围内享有盛誉的综合性高校，包括医学、法律、新闻在内的多个学科在世界上名列前茅。哥大的电子工程系建立于 1889 年，其网络和通信研究方向在世界上处于领先水平。哥大电子工程系的教育培养改革背景如下。

（1）哥大电子工程系在全美排名位于前列，但非顶尖

根据《美国新闻与世界报道》对全美高校进行的排名，近些年来哥大的电子工程系均位于全美前 20 之列，位于前列但非绝对领先水平。因此，哥大电子工程系希望通过课程、学生培养、学生就业等方面的改革与改进，使该系硕士毕业生能在就业市场上达到更高水平。

（2）哥大电子工程系是美国综合性大学中的工科院系

哥伦比亚大学是美国具有悠久历史的常春藤联盟名校，以多元化的学科布局、融合的校园文化而闻名。哥大电子系在全校的各个学科中竞争力处于中等水平，并不像法律、教育、新闻等专业处于世界级领先水平，因此，哥大电

子工程系的改革希望使该系的工程硕士培养质量得到提高,并且培育该系毕业生的独特竞争力。

(3)哥大电子工程系在学生培养方面有学术和现实的双重考量

哥大位于美国最繁华的城市纽约市,该校优秀的历史和学术传统与纽约市的现代气息和商业氛围共同影响着该校电子工程系的硕士研究生培养。既有学术科研、注重实践的一面,又有关注职业发展、追求学科融合的一面,两方面因素共同影响着哥大电子工程系对硕士研究生的培养改革。

2. 人才培养目标

哥大电子工程系的培养目标为:本专业学生主要学习信号的获取与处理、电子设备与信息系统等方面的专业知识,受到电子与信息工程实践的基本训练,具备设计、开发、应用和集成电子设备和信息系统的基本能力。

电子工程系的工学硕士学位(MS)培养的具体要求为:①修够 30 个学分,其中 15 学分以上必须是 6000 level 以上的,不可选 3000 level 以下即本科生课程;②15 学分必须为 EE 专业课程,且必须先通过系里的指导老师的同意才可选课;③科研所占分数不得超过 6 分,非专业课程不超过 3 分;④所有课程的平均成绩(GPA)符合最低要求,取得学位最高年限为 5 年。具体内容请参考图 3。

电子工程系的工学硕士学位(MS)的培养课程大致可以归为以下五类。

(1)设备、电磁学、光子学(26 门)

(2)电路、电子、计算机工程(25 门)

(3)信号、系统与控制(18 门)

(4)通信与网络(18 门)

(5)系统生物学和神经工程(25 门)

3. 人才培养措施

(1)高度重视工学硕士求职能力培养

对于高校和专业而言,毕业生找到的工作不仅关系高校的声望和名气,而且毕业生作为校友是高校获得捐赠的重要来源,高校有动力重视工学硕士的求职能力建设。对毕业生而言,绝大多数选择工学硕士就读的学生完成学业之后不会选择博士学位攻读,将直接面临求职的考验,因此学生出于对自己未

COLUMBIA UNIVERSITY
ELECTRICAL ENGINEERING DEPARTMENT

ELECTRICAL ENGINEERING MASTER OF SCIENCE
PROGRAM CHECKLIST

STUDENT:_____ UNI:_____
(Please print)

This form serves as an unofficial checklist for the requirements of the M.S in Electrical Engineering

Courses	Pts.
Total points	

M.S.E.E. Degree requirements:

1. ___ 30 points of credit, all 4000-level or above and taken for a letter grade (i.e., no P or R grades).
2. ___ 15 points at or above 6000 level.
3. ___ 15 points in EE (including joint courses).
4. ___ No more than 6 points research (e.g., ELEN E4998, ELEN E6001, ELEN E6002).
5. ___ No more than 3 points total for courses that are:
   a. Outside of SEAS and the Math & Science departments; or
   b. Non-technical courses within SEAS and the Math & Science departments, e.g., IEOR E4702 Human Factors. (Economics and Business courses fall in category a.)
6. ___ No credit for Math & Science courses covering traditional undergraduate engineering topics (e.g., STAT W4105 Probability).
7. ___ 2.5 GPA minimum.
8. ___ Completion within 5 years.

All coursework must be approved by a faculty advisor, if there is any question about items 5-6.
Each student has the responsibility to ensure that their selected courses satisfy all requirements, especially if he or she is constrained by a deadline such as that imposed by a student visa.

Last updated Aug. 2012. Students whose program started before Fall 2012 can use the checklist that was in effect when their program started.

图3　哥伦比亚大学电子工程系工学硕士项目要求

来的考虑对求职很重视。就外部环境而言,因为哥伦比亚大学位于美国就业竞争压力最大、生活成本最高的纽约市,外部环境的严峻也倒逼高校和学生对求职能力建设高度重视。

就哥大电子工程系而言,帮助学生就业、促进学生求职能力建设主要从学生和雇主两个方面着手,并且体现出与电子工程专业的高度契合,具有较强的参考价值。

在帮助工学硕士求职层面,哥大电子工程系体现出四个特点:求职基础培训扎实、各方面资源高度聚合、采用先进科学方法、与专业组织密切联系。

① 求职基础培训扎实。进入哥大攻读电子工程专业硕士的学生虽然普遍具有良好的基础知识水平,但就个人求职能力而言差异较大,因此该系认为有必要对学生进行全面而扎实的求职方法指导。该系设有职业发展总监一职,带领着该系的学生职业能力发展团队,对学生的求职能力进行全方位的咨询指导,其具体指导的内容包括:如何进行行业研究、简历与求职信撰写、面试准备、网络信息采集、个人营销计划、雇主目标考虑、针对特定职位、职业生涯模拟等。

② 各方面资源高度聚集。对于哥大电子工程系的职业发展工作而言,系职业发展团队力求起到杠杆作用,撬动学校、院系、学生家庭、校友、业界等多方面的力量来共同支持学生的求职工作。该系明确鼓励学生组织与企业对接,承接企业的宣讲会等招聘活动;欢迎校友作为职业生涯发展导师指导本专业工学硕士求职;向学生家长传递职业规划以及职业发展的重要性,使学生获得更多来自家长方面的求职支持;联系本专业授课教师,请他们向学生提供包括校内实验室工作、助研助教等锻炼机会以及其他社会招聘信息。

③ 采用先进科学方法。哥大电子工程系在指导工学硕士求职方面,擅于利用先进的方法,尤其是社交网络和数据平台的广泛使用。学生可以在本系的求职指导网站上,看到所有与本系相关的职业活动信息(图4)。

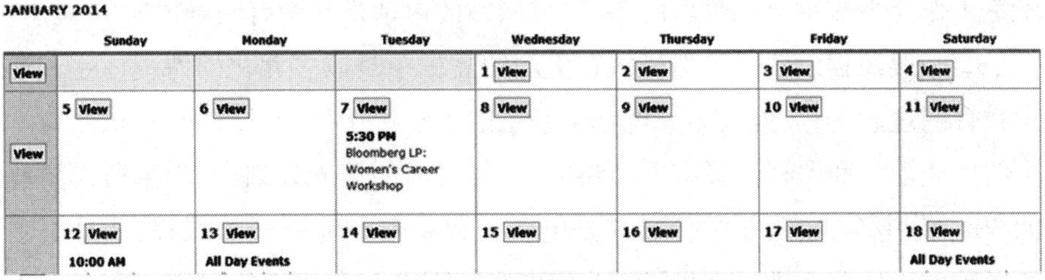

图4　哥伦比亚大学电子工程系求职信息平台

除了在电子平台上分类处理求职信息之外,哥大电子工程系还鼓励学生利用 LinkedIn 等社交网络来寻找工作。通过 LinkedIn 寻找已经工作的校友,为自己提供实习或就业机会,已经成为哥大工学硕士在求职时广泛采用的方法之一。

④ 与专业组织密切联系。哥大电子工程系与许多校外电子工程招聘网

站有着密切的合作,这样可以帮助工学硕士精准地获得电子工程领域的求职信息。目前和哥大电子工程系保持紧密合作的网站有 Engineering Careers、EE Web、Electrical Engineering Network 等专业网站,以及 After College、Readyforce、CollegeFeed 等含电子工程领域的综合招聘网站。

对于雇主层面而言,哥大电子工程系的职业中心也提供了周到全面的服务,搭建了畅通的平台,使雇主可以方便地发布招聘信息、提供实习机会、召开宣讲会。除此之外,哥大电子工程系将本专业学生的信息分类发布到网站上供雇主参考的做法尤其值得国内高校的工科专业效仿。

在哥大的电子工程系,学生的个人简历按照毕业时间(今年/明年、寒假毕业/暑假毕业)被分类发布,雇主可以根据自己的需求,方便地找到不同毕业时间的工学硕士毕业生的个人简历,从而决定是否需要联系某个学生向他提供实习或者工作机会。

(2) 重视学术实践,鼓励参与式教学

在哥大电子工程系对工学硕士的培养项目中,学生的学术实践能力受到了高度重视,该系鼓励工学硕士研究生广泛参与学术实践,也鼓励教师们在课堂上进行参与式教学。总结起来,重视实践在哥大电子工程系从学生筛选、一般课程设置、讨论课程设置(seminar)、学生研究参与计划(Student Research Involvement Program)四个方面得以体现。

①学生筛选。在哥大电子工程系的工学硕士申请筛选中,学术实践和实验室工作能力被重点考察,在该系官方网站的申请指导中有明确说明。

②一般课程设置。虽然哥大在美国的高校中是以多元化的课程体系和通识教育的理念著称,但具体到电子工程系的工学硕士培养项目而言,该系对学生的毕业学分和课程选择有着严格的限制,目前的培养计划中,学生所需要修的 30 学分中至少有 15 学分必须是电子工程系本专业所开的课程,而且必须在老师的指导之下进行选课,对课程的难度要求也有相应的限制。在电子工程系所开的课程中,除去第一年含有部分电子工程领域某方向的概论性课程外,其他课程均针对电子工程领域某方面的具体问题而设置,教师在授课过程中多结合自己的研究经历或是承担的科技开发项目进行讲授。

③讨论课程设置(seminar)。哥大电子工程系部分教授开设有实践性很强的专题讨论课程,并且该讨论课程的实施方法与国内的讨论课程有较大不同。

在哥大电子工程系,讨论课程在开课列表中出现,学生们可以选择该课程。但讨论课程并不含有学分,因此,学生们也无需为选择了讨论课程而支付选课费用。讨论课程由具体项目的实验室导师开设,该导师以自己的研究项目为依托,对 20 个左右的学生进行学术实践能力上的指导。学生在该讨论课程中,将直接参与到教师的项目中来,独立或者结成小组承担教师研究计划中的部分环节,教师也会对参与了研究项目的学生予以经费方面的支持。

④学生研究参与计划(Student Research Involvement Program)。为鼓励教师带领学生参与研究项目,锻炼工学硕士研究生的实际科研能力,哥大电子工程系启动了学生研究参与计划。在此类研究参与计划中,教师得到私人基金会或者政府的资助,将工学硕士研究生在实验室研究中的参与作为教育过程的一部分,进行观察,总结经验,以提高教师在指导学生进行研究方面的能力,同时使学生在学术实践研究方面获益。

(3) 注重学科交互融合及学术前沿探索

哥大的电子工程系在工学硕士的培养方面,依托哥大综合性高校学科全面的优势,发展学生的多元知识结构;同时,借助本系多个因学科交互而形成的研究中心,发展学生在学科交互领域进行研究工作的能力。

①丰富学生知识结构。虽然哥大的电子工程系对于工学硕士的毕业有着严格的本专业学分和成绩要求,但是,哥大同时鼓励学生利用哥大的多学科优势,拓展自己的知识结构,为以后的工作做好充分准备。对于哥大电子工程系的工学硕士研究生,既可选修其他专业的文化基础课程,如文学、翻译、宗教、文化类课程,亦可选择与未来的职业发展相关的实用性课程,如市场营销、税收制度、创业原理等课程。

②学科交互研究能力拓展。哥大的电子工程系有着出众的学科交互研究能力,成立或参与成立了包括计算生物学和生物信息学中心(C2B2)、神经工程与计算学中心(CNEC)、网络研究中心(CNRC)、能源前沿研究中心(EFRC)在内的多个交叉领域研究中心。对于哥大电子工程系的工学硕士研究生而言,可以申请加入自己感兴趣的交互学科中心,跟随导师进行研究,从而拓展自己在学科交互方面的研究能力。

③学术前沿探索。哥大的电子工程系对专业领域内的前沿问题保持密切关注,并且尽可能在工学硕士的培养中使他们具备对学术前沿的了解和探索能力。

  对于电子工程领域的研究而言,大数据是目前受学界和社会关注度最高的前沿话题。哥伦比亚大学成立了数据科学与工程研究中心(Institute for Data Science and Engineering),对大数据领域内的科学问题进行探索(图5)。虽然受制于学制的限制,哥大电子系的工学硕士研究生无法同时成为数据科学与工程研究中心的硕士研究生,但是,同属 Fu 基金工程与应用科学学院的背景使得电子工程系的工学硕士不仅可以旁听大量大数据方面的课程与讲座,而且可以作为研究组成员或项目志愿者,更多地参与到数据科学与工程研究中心的研究项目中去。

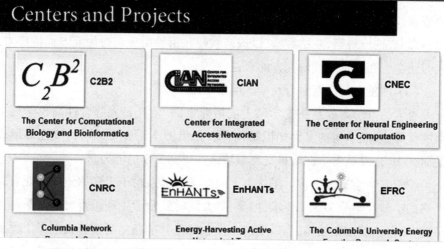

图 5 哥伦比亚大学电子工程系主办或参与合作的交叉学科研究中心

附录四　中国硕士层面工程教育培养模式的典型案例

（一）清华大学工程硕士教育研究

1. 历史背景

1984年,清华大学、西安交通大学等11所大学在西安召开"关于培养工程类型硕士生"的座谈会。会后,11所院校正式向教育部提交了《关于培养工程类型硕士生的建议》。同年,根据教育部的相关精神,清华大学作为第一批大学开展工程类型硕士生培养的改革试点。1986年,清华大学在"二汽"试点培养工程类型硕士研究生,是我国早期最重要的工程硕士教育经验。1996年,清华大学正式招收工程硕士研究生。1997年,我国正式设立工程硕士专业学位。清华大学获批在机械工程、车辆工程、材料工程、动力工程、电气工程、电子与信息工程、建筑与土木工程、水利工程、化学工程、制药工程、环境工程11个领域培养工程硕士。1998年,清华大学试点推荐应届本科毕业生免试攻读工程硕士学位。2009年,清华大学开始试点全日制工程硕士研究生培养工作。

在中国高等工程教育及中国工程硕士专业学位的发展过程中,清华大学占有重要的地位。清华大学是我国高等工程教育重镇,被称为中国的"红色工程师摇篮"。清华大学是我国最早开展工程硕士教育的大学之一。同时,清华大学也是我国工程硕士教育的发起者、思考者、设计者——统计显示,在对工程硕士教育的研究中,清华大学发表的核心论文在全国同类机构中遥遥领先。因此,研究清华大学工程硕士教育具有重要的意义。

2. 人才培养目标

清华大学工程硕士专业学位的人才培养目标有以下几个重要的经验。

（1）以"工程创新能力"作为人才培养的能力目标。"工程硕士专业学位最初就是为了满足工矿企业和工程建设部门,特别是国有大中型企业对工程技术和工程管理人才的迫切需求而设立的。工程硕士教育始终伴随着国家经济建设和社会发展对高层次工程人才的需求而发展。随着我国经济的快速发展,提升企业自主创新能力、建立创新型企业成为建设创新型国家的决定性力量。特别是我国还处于工业化阶段的中期,在构建企业为主体的创新体系过程中,工业企业迫切需要大批具有创新能力的高层次、应用型、多样化专门人才。为适应现代工程发展需要,结合当前社会需求,清华大学将工程硕士培养定位于培养具有工程创新能力的工程人才和具有工程创新活力的未来工程人才,把'工程创新能力'培养作为清华大学工程硕士培养的核心。"

（2）以"复合式、应用型工程人才"为人才培养目标。"'应用型'在工程硕士设置之初就已明确。随着工程技术多学科化、工程组织的不断复杂化,清华大学提出为适应现代工程新发展,(认为)应在'应用型'前加上'复合式',并在培养方案中得以体现。其中'复合式'是指理论知识与工程实践、技术能力与管理能力、工程研究与市场开拓相复合。应用型是指综合运用知识与能力解决工程实际问题。"①

3. 人才培养措施

从招生来看,清华大学工程硕士注重工程硕士教育的高端性和指向性。清华大学提出工程硕士教育的两大面向:非全日制工程硕士教育面向重点企业、西部地区和国防军工部门;全日制工程硕士面向若干国家重大需求行业领域。②

从课程来看,清华大学工程硕士教育的主要理念是"厚基础理论、博前沿知识、重实际应用"。工学硕士侧重于基础理论与学科知识,工程硕士则侧重于工程实践与专业经验。工学硕士相对欠缺实践经验,工程硕士相对欠缺知识基础。为此工程硕士的课程教学需要补知识的短板。清华大学工程硕士课程的知识结构主要包括"领域基础、技术应用、领域前沿、实用工具、交叉学科"五大部分。其中,从领域基础、技术应用、领域前沿再到实用工具,其知识的专业性、实用性越来越强。交叉学科则注重工程硕士的人文、社会科学修养,尤

①② 康妮,王钰,沈岩,刘惠琴. 以工程创新能力为核心的工程人才培养探索与实践——清华大学工程硕士研究生教育创新总结[J]. 研究生教育研究,2011(6):61-64.

其是在管理、法律等学科加强工程硕士的专业管理能力。

从论文来看,清华大学工程硕士的学位论文主要采取校企双导师制和多学科导师组的指导模式。除了发挥企业导师在工程硕士培养过程中的作用以外,清华大学积极倡导教师深入工程一线,了解实际需求和工程前沿,促进校企"产学研"合作。同时,在很多跨学科特征明显的领域,工程硕士培养采取导师组的制度。例如,清华大学为中国航天员科研训练中心培养的航天员工程硕士,其选题涉及航天员选拔、航天环境控制、生命保障工程、航天食品工程等多个领域。因此清华大学打破院系界限,从 6 个院系选聘 19 名校内导师、从中国航天员中心选聘 13 名导师,组成导师组进行指导。

在清华大学的工程硕士培养方案中,特别提出两个"强化"的思想。两个"强化"是指强化实践环节和强化职业素养。实践包括三类——研究型课程、项目训练型课程和企业实习。职业素养的培养主要通过行业讲座、职业素质课程等实现,总计不少于 3 个学分。

针对全日制工程硕士教育,尤其针对应届本科生攻读工程硕士的情况,清华大学提出了两个"举措"。一个举措是把学生组成项目团队,每个团队 10 至20 人,从若干重大行业切入。另外一个举措是把行业企业的人力资源组成指导团队,即从重点行业中的大型企业选聘专家组成项目指导委员会,参与工程硕士的教育活动。[①]

（二）北京航空航天大学工程硕士教育研究

1. 历史背景

北京航空航天大学成立于 1952 年,是一所具有航空航天特色和工程技术优势的大学。与本研究中其他国内高校不同之处在于,北京航空航天大学隶属于工业与信息化部,是国防军工方面的一所重要高校。北京航空航天大学的高等工程教育在国内外享有盛誉,并在最近几年来有很多新的改革举措。例如,中法工程师学院、大型飞机高级人才培训班等都在国内高等工程教育改革中具有重要的影响。

北京航空航天大学是全国第一批工程硕士专业学位研究生教育试点单

①　康妮,王钰,沈岩,刘惠琴. 以工程创新能力为核心的工程人才培养探索与实践——清华大学工程硕士研究生教育创新总结[J]. 研究生教育研究,2011(6):61-64.

291

位,其工程硕士教育的历史可以追溯到 1996 年。依托于"空天信"等国家重点行业的发展,北京航空航天大学的工程硕士教育大有后来居上之势。2007 年全国工程硕士专业学位教育指导委员会首次表彰"做出突出贡献的工程硕士学位获得者",在全国 60 所院校的 181 名获奖者中,北京航空航天大学有 17位工程硕士毕业生获此荣誉称号,获奖人数位列全国第一。

2. 人才培养目标

北京航空航天大学工程硕士教育的人才培养目标是"'留得住、用得上'的高层次复合型、专业型应用人才"。[①]

北京航空航天大学具有国防军工的行业特色,其教育活动主要面向二三线的国家重点院所。我国的航空、航天事业直到十多年前才开始再次经历腾飞,而该领域的重点单位一般都位于二三线城市,因此全行业面临着突出的人力资源问题——用得上的人才留不住、留得住的人才用不上。因此,整个行业需要实现"留得住、用得上"的人才目标。

3. 人才培养措施

北京航空航天大学工程硕士教育有以下特色。

(1)面向国家重大需求、聚焦行业重点单位选择生源进行定制培养。把目标生源聚焦到行业内重要机构。针对航空航天产业发展快,但设计生产部门人员学历普遍偏低的情况,北京航空航天大学针对重点单位实施了定向培养。例如,为沈阳飞机设计研究所培养了 85 位工程硕士,这些人才在我国某新型飞机的设计、研制中发挥了重要作用;为哈尔滨飞机工业集团有限责任公司培养 147 名工程硕士,占其航空设计部门技术力量的 50%,为运-12 适航取证和与巴西合作的 ERJ145 支线客机的研制生产做出了重要贡献;为北京航天指挥控制中心、北京跟踪与通信技术研究所等单位培养工程硕士 114 人,他们出色地完成了载人航天工程和绕月探月工程。[②] 2012 年以来,北京航空航天大学继续其定制传统,把生源选择的重点面向国家重大科技专项。北京航空航天

---

① 张广军,黄海军,马齐爽,彭晓霞. 立足空天信,面向国防工业和国有企业的创新型工程硕士研究生教育模式[M]//全国工程硕士专业学位教育指导委员会. 立足创新,培养一流工程硕士——工程硕士教育创新院校改革成果汇编. 北京:清华大学出版社,2012:18-25.

② 李未. 紧密围绕国家战略需求大力培养高层次工程技术和管理人才——北京航空航天大学开展工程硕士教育 10 周年的实践与思考[J]. 学位与研究生教育,2008(2):1-3.

大学与中航工业集团下属企业厂所正式达成合作办学协议,共同创建"航空发动机高级人才定制班"。企业参与招生工作中的复试,培养过程中根据企业的需求设置培养方案。

（2）突出工程硕士与工学硕士在课程上的区别。近年来,由于全日制工程硕士的招生,工程硕士与工学硕士之间的区别需要更明确地界定。北京航空航天大学的工程硕士研究生培养方案与工学硕士研究生培养方案相比（如表1）,更加侧重工程应用能力的培养;总学分要求低于工学硕士,并开设了管理类专题课作为必修课程,为其进入单位从事专业技术或管理工作进行知识储备;要求各领域开设专业技术课、专业实验课等工程应用类课程,通过加大学分比例,实现了课程设置从理论到技术再到实践的层次化提升;设置了3学分的工程实践课,鼓励学生参与社会实习实践。[①]

表1　北京航空航天大学工程硕士与工学硕士的培养方案比较[②]

		全日制工程硕士	全日制工学硕士
总学分		≥27学分	≥32学分
培养环节		工程实践（3学分）	学术活动（1学分）
课程设置	公共必修课	管理类专题课（1学分）	无管理类专题课
	数学基础课	B类数学	A类数学
	学科必修课/专业必修课	专业课（≥3学分）专业技术课（≥2学分）	一级学科基础课（≥3学分）二级学科基础课（≥3学分）专业课（≥2学分）
	实验课	专业实验（3学分）	公共实验（1学分）专业实验（1学分）
发表论文		≥1篇高水平报告	≥1篇学术论文

（3）加强工程硕士校外实践基地建设和"双师型"导师队伍建设。截至2012年,北京航空航天大学共建成校企合作实践基地百余个,其中校级基地32个。在校外基地,学生可以带薪参与到企业的科研与生产任务中。霍尼韦尔国际公司每年选拔优秀研究生带薪实习;电信科学技术研究院每年接收电子信息学院学生进所实习,并为其配备指定研究项目、指导教师;中航工业燃

①② 彭晓霞,郭红,马齐爽,黄海军. 全日制工程硕士培养体系的创新与实践——以北京航空航天大学为例[J]. 学位与研究生教育,2013(2):32-36.

气涡轮研究院每年接纳能源与动力工程学院航空工程领域学生进院带薪实习,对表现突出的学生给予奖励。同时,针对在工程硕士教育中校内导师工程经验不足、校外导师从教经验欠缺的情况,北京航空航天大学重点培养导师队伍,通过加强校内导师的企业工程经验和从校外基地选择导师的做法来形成合格的导师队伍。

(三) 中国地质大学工程硕士教育研究

1. 历史背景

中国地质大学自 1998 年开始招收工程硕士研究生以来,从最初的地质工程、石油与天然气工程两个领域扩大到今天的 19 个领域。中国地质大学是中国工程硕士学位教育的发起单位之一。该校的工程硕士教育始终注重发挥自身优势,以地质工程领域为核心,以边疆、西部和少数民族地区地矿类艰苦行业紧缺人才培养为焦点。在工程硕士培养的 12 年里,已在地质工程领域招生培养研究生 1385 人,占全国总数的 1/3。其中,超过 60% 为西藏、新疆、青海、云南、广西、宁夏、内蒙古等西部地区地矿行业一线工作人员,对中国西部大开发战略中地矿行业的发展和崛起起到了巨大的推动作用。因此,中国地质大学的工程硕士教育在一定程度上反映了艰苦行业工程硕士培养的状况。

经过十多年的发展,中国地质大学的工程硕士教育在教育界和社会上产生了重要的影响。2002 年,中国地质大学工程硕士教育事迹在全国教育电视台宣传报道。2004 年,地大获得"全国工程硕士教育工作贡献奖""全国工程硕士教育工作先进个人奖",2007 年首次开展的"全国做出突出贡献的工程硕士学位获得者"评选活动中,地质工程领域 2 位工程硕士获得称号。2007 年春季全国工程硕士培养质量评估工作,地质工程领域得到了专家们的充分肯定和高度评价。2008 年,中国地质大学被授予"北京地区研究生培养工作优秀单位"。

2. 人才培养目标

中国地质大学工程硕士的培养目标是:为适应国民经济建设和社会发展需要,为地质调查、工程勘察、矿产资源的普查勘探与开发等相关的工矿企业和工程建设部门培养应用型、复合型高层次工程技术人才和工程管理人才①。

中国地质大学对于工程硕士的培养要求包括:要求地质工程领域工程硕士专业学位获得者掌握地质工程领域坚实的基础理论和宽广的专业知识及管理知识,了解地质工程领域工程技术的国内外现状和发展趋势,掌握解决某一方面(研究方向)地质工程有关问题的先进技术方法和现代化技术手段,具有独立担负工程技术或工程管理的能力,具有较强的创新意识和一定的创新能力;掌握一门外国语,能较熟练地阅读与地质工程领域有关的专业文献、撰写论文的外文摘要。

从人才培养目标的角度看,中国地质大学工程硕士的培养体现出两方面的特征:坚持从优势学科入手培养精品、坚持服务国家需求培养必需品。

一直以来,地质工程、石油天然气等相关领域的学科专业是中国地质大学的强项,中国地质大学从这些龙头专业入手,较大规模地培养优秀工程人才。据中国地质大学的统计,仅地质工程、石油天然气两个专业的工程硕士培养人数就占了中国地质大学工程硕士培养总人数的八成以上。中国地质大学在强势学科上,能够整合各方面优质资源,为工程硕士学生提供良好的课程资源和丰富的实践机会,培养质量一直受到业界好评。

中国地质大学在工程硕士培养领域还善于从国家的需求着眼,立足大局培育国家紧缺的人才。我国实行的“西部大开发”等国家战略,需要大量懂技术能实践的优秀人才到西部和艰苦地区去工作,特别是需要与能源、地质工程有关的专业人才,中国地质大学的人才培养较好地满足了国家在这方面的人才缺口。据中国地质大学统计,该校培养的工程硕士中超过半数到了重点或艰苦领域的关键岗位上去工作。

3. 人才培养措施与经验

中国地质大学工程硕士教育办学理念:特色+精品。以需求为导向,以学科建设为依托,以优势学科为龙头,坚持以地质、能源、工程、环境等艰苦行业为核心,以边疆、西部和少数民族地区紧缺的地质工程领域人才培养为重点,实行质与量协调发展的办学机制。

---

① 段红梅,张寿庭,刘大锰,纪云龙,韩东昱. 流动的风景线——地球科学领域工程硕士研究生教育创新体系与实践[M]//全国工程硕士专业学位教育指导委员会. 立足创新,培养一流工程硕士——工程硕士教育创新院校改革成果汇编. 北京:清华大学出版社, 2012:321-330.

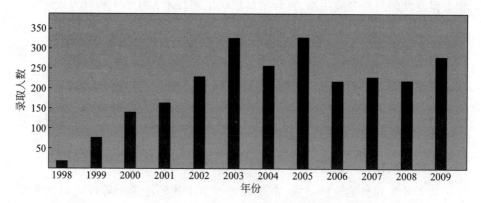

图1　1998—2009年中国地质大学工程硕士历年录取情况

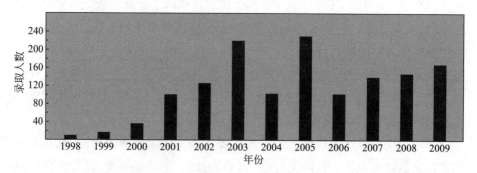

图2　1998—2009年中国地质大学地质工程领域工程硕士历年录取情况

其中,几条重要的经验包括:

(1)招生面向。截至目前,与中国地质大学合作的地勘单位已超过50个,其中部分已建立了多年连续培养的工程硕士基地。同时,积极响应国家政策,把地质工程领域工程硕士教育的重点放在西部及边远地区,先后在这些地区开办了地质工程领域工程硕士班,与这些地区建立订单式培养模式,例如与青海、新疆、西藏等地区已建立起基本成熟的培养链条,形成培养梯队。从校领导到院系的具体工作人员都十分重视工程硕士教育,每一期工程硕士班开学都举行有主要校领导参加的开学典礼。开学典礼既是进行培养规程、业务要求与学术道德规范宣讲的入学教育契机,也为后续的可持续培养奠定了良好的基础。截至目前,已先后为西藏、新疆、青海、宁夏、内蒙古、云南、海南、广西等地区培养工程硕士300余人。通过地质工程硕士教育,使得西部及边远地区的地质人才总体素质得到了很大的提高。①

（2）班级管理模式。对于校外工程硕士班的管理,设置了校—院—班的三级模式。学校研究生院设置专业学位办公室,负责招生、培养;院系设置工程硕士教学秘书,负责工程硕士个体的具体管理,为每一名工程硕士建立个人档案和数据库。对于招生人数较多的院系,设置两名教学秘书。在工程硕士班中设立班主任,专门负责工程硕士上课考勤管理。管理规范严格,责任落实到位,使每一名工程硕士在培养过程中都不掉队。对工程硕士任课教师采取严格的选拔制度,目前的工程硕士任课教师中教授占80.5%、副教授占14%。对工程硕士课程,采取向学员及其单位发放调查问卷的方式,根据反馈的信息对任课教师进行及时更换和调整。

（3）课程体系。参照全国工程硕士专业学位教育指导委员会颁布的《工程硕士专业学位标准(试行)》,制定了切实可行的《工程硕士培养方案》并根据实际执行情况先后进行了几次补充和修订。培养方案中的课程体系由三部分构成:公共基础课、专业课和选修课。公共基础课尽量满足工程硕士长期以来由于在基础理论方面的欠缺而导致的对基础知识的渴望;专业基础课和专业课紧密结合用人单位的实际需求,在征求企业意见后,开设既满足企业要求又具有鲜明专业特色的课程;选修课涵盖内容广,以补充学生在某些方面的不足。课程的设置体现了研究生水平、专业特色和工程性、实践性、应用性。在地质工程领域工程硕士研究生的课程设置、教学内容和教学计划的具体制定和实施过程中,与企业协商,重点强调:①实用性,所开设的课程是企业当前实际生产和科研迫切需要的,对企业的工作推进有直接的效果;②先进性,要对当前地球科学发展的前沿理论、新技术新方法进行传授;③实践性,根据工程硕士来源于生产单位这一特点,在课程选择上注重实践能力的培养和提高;④知识性,开设相关专题讲座,拓宽工程硕士的知识面。多年的结果表明,课程设置合理,教学效果明显。同时,地质大学应培养单位的要求,不定期地选派专家、聘请院士到学生所在单位开展学术前沿讲座,如翟裕生院士曾先后为云南、内蒙古、辽宁等地区的工程硕士研究生班授课多次,受到了广大工程硕士研究生的热烈欢迎和高度评价。

---

①　段红梅,张寿庭,刘大锰,纪云龙,韩东昱. 流动的风景线——地球科学领域工程硕士研究生教育创新体系与实践[M]//全国工程硕士专业学位教育指导委员会. 立足创新,培养一流工程硕士——工程硕士教育创新院校改革成果汇编, 北京:清华大学出版社, 2012:321-330.

（4）实践环节。地质工程领域的工程硕士研究生全部来自野外一线，实践环节可依托所在单位承担的生产、科研项目来进行。采取与生产单位合作建立产学研基地和工程硕士基地的方式，为工程硕士研究生搭建平台，锻炼实践能力，提高理论水平。目前已在全国建立工程硕士培养基地 24 个，对工程硕士的教学实践活动起到了卓有成效的作用。工程硕士实行双导师制，在工程硕士开始专业课程学习之前就为每一名研究生选定校内指导教师，每名指导教师最多带 3 名研究生。指导教师与每一名研究生必须建立密切联系，对学生的课程学习及论文工作要做到全程了解按时指导。大部分指导教师都能够亲临现场指导疑难问题，并以此为平台，选择研究内容，确定研究生论文题目。

（5）学位论文。中国地质大学要求工程硕士学位论文选题必须与研究生的工程实践背景密切关联，坚持"选小题目，做大文章"的原则，要求论文工程背景明确，应用性强。在学生自拟论文题目的基础上，与企业联合把关，由学校导师和企业导师共同落实论文题目。工程硕士的论文选题 90% 以上均来自于企业生产项目。中国地质大学规定工程硕士研究生的开题报告、中期考核、中期报告以及论文答辩均要在学校进行，程序规范，材料齐全，开题报告和论文答辩的时间间隔要保证在 1 年以上。参照全国工程硕士教育指导委员会〔2005〕第 2 号文件《关于工程硕士专业学位论文基本要求的通知》等文件精神，制定了符合实际的《专业学位论文基本要求》。工程硕士研究生在编写学位论文时，必须按照统一的格式进行规范书写。学位论文在进入答辩程序以前，实行校企双向评审制度，只有工程硕士研究生的校内导师和企业导师都同意答辩时，研究生才可以向研究生院学位办公室提出答辩申请。每一名工程硕士研究生在申请论文答辩之前，必须进行学位论文检测（查重），其重复率或引用率在规定的百分比之内方允许进行答辩。答辩通过后，由学校授予工程硕士研究生学位。

（四）华南理工大学工程硕士教育研究

1. 历史背景

华南理工大学是我国珠三角地区为数不多的国家"985 工程"和"211 工程"建设高校之一。由于珠三角地区经济发展和产业升级的步伐长期以来位于全国的前列，因此，华南理工大学的工程教育在区域经济发展中具有重要的作用。同时,长期以来,华南理工大学在本科层次和研究生层次的高等工程教育方面都有较深入的思考。

基于上述原因,本研究选择华南理工大学的工程硕士教育进行重点研究。

2. 人才培养目标

华南理工大学认为,"工程硕士研究生教育是培养掌握某专业(或职业)坚实的基础理论和宽广的专业知识,具有较强的解决实际问题的能力,能够独立承担专业技术或管理工作、具有良好的职业素养的高层次应用型工程人才,与工程领域任职资格相联系的专业学位研究生教育"。[①]

可以看到,华南理工大学的人才培养目标中明确地提到了工程领域任职资格。这是其值得注意的一大特色。

3. 人才培养措施与经验

相对于国内其他高校,华南理工大学工程硕士教育非常明确地将改革聚焦到"实践"方面。针对目前很多高校工程硕士与工学硕士雷同的现象,华南理工大学曾经提出了适用于工程硕士的"5+3"工程实践能力培养体系(如图3)。这一体系可以看作是对整个华南理工大学工程硕士教育的顶层设计。从这一体系可以看到,整个工程硕士教育的各个教学环节都是围绕着实践能力来设计的。

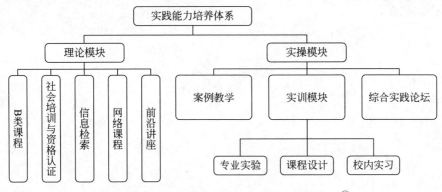

图3　华南理工大学工程硕士实践能力培养体系[②]

① 孙延明,向智男,葛瑞明,陈小平,朱敏. 全日制工程硕士研究生实践能力培养体系的构建与思考——以华南理工大学为例[J]. 学位与研究生教育,2012(7):30-33.
② 宁更新,李尧辉,聂文斐,凌丽娟. 基于理论与实际操作相结合的"5+3"全日制工程硕士生实践能力培养体系[J]. 学位与研究生教育,2011(10):7-11.

在华南理工大学以"实践能力"为核心的人才培养措施中,有以下三点特色。①

(1)课程改革。在该体系中,采用 B 类课程,与工学硕士的 A 类课程相区别。较之于工学硕士的 A 类课程,B 类课程有三大特点:第一,公共基础课中加入专业与实践特色,例如政治课中侧重分析社会现象中的经济意义与行业影响;第二,专业课中减少知识推导而加强知识应用,例如在很多专业课中增加软件等行业工具的学习;第三,在课程中穿插案例。

(2)社会培训与资格认证体系。在当前很多高度专业化的企业,职业资格认证成为工程师最基本的准入门槛。华南理工大学从企业的角度倒推,认为有必要将社会的一些培训课程引入到工程硕士教育中。特别是一些与工程师职业资格证竖向联系的课程,例如思科认证体系、华为认证体系等。通过类似课程体系的引入,华南理工大学的工程硕士毕业生一般在毕业时拥有三证(毕业证、学位证、职业资格证),区别于其他高校的两证(毕业证和学位证)。

(3)实操模块。相对于国内其他高校,华南理工大学明确地提出了案例、实训、论坛等三大实操模块。这三大模块有其各自的教学功能,但共同的一些特征包括:综合性与设计性,即大量减少验证性的实验,增加让学生自主实施工程设计的比重;团队性和合作性,即大量减少个人工程行为,增加团队合作实施工程项目的比重。

---

① 宁更新,李尧辉,聂文斐,凌丽娟. 基于理论与实际操作相结合的"5+3"全日制工程硕士生实践能力培养体系[J]. 学位与研究生教育,2011(10):7-11.

附录五　英国工程理事会访谈

受访者:英国工程理事会(ECUK)国际部负责人 Katy Turff

　　　　注册部经理 Paul Holloway

访问者:清华大学教育研究院　谢喆平

时间:2014 年 7 月 3 日、10 日

地点:英国工程理事会(246 High Holborn,London)

1. 谢谢您接受采访。请您介绍一下英国工程理事会的背景

英国土木工程师学会(Institute of Civil Engineer)等专业协会有很久,甚至是数百年的历史。因为工科的分类越来越细,公众难以理解,所以政府要求各协会坐到一起,成立工程师委员会,互相协作,和谐发展。工程师委员会和各个专业协会都以慈善组织性质注册,不能盈利。

英国工程理事会 1964 年成立,是基于英国政府的要求由英国政府推动成立的。英国工程理事会负责注册,不直接负责各专业认证,但是负责制定标准(详见 www.engc.org.uk),授权各个专业委员会进行具体各专业的认证工作。工程师委员会制订的是比较宽泛的标准,由各个专业协会拿去进行本专业有针对性的细化。

英国工程理事会工作人员共 24 人,董事会成员 22 人,其中,7 人来自 Engineer UK,15 人来自各专业协会。他们的工作背景通常是大学、产业、政府部门等,大多在英国本土接受教育。英国工程理事会通常一年开四次董事会会议。英国工程理事会的主席是选举产生的,由各专业协会提名,通常在 3~4 人之间进行选举。

2. 工程理事会、各专业协会与大学之间的关系如何？

英国工程理事会是华盛顿协议的创始成员之一，参与了协议的条款起草。从决策机制上看，专门召开各专业协会联席会议讨论标准——没有各专业协会的同意，工程师委员会不可以签署任何东西；条款修订时也一定要征求各协会的意见。

各专业协会通常认可度很高，尤其是大的协会，非常受尊重。雇主尤其是大的雇主，招聘人员时很在意有没有协会的认证。当然各个协会之间会存在竞争；虽然彼此是合作伙伴、各有专长，但在招收成员时确实存在竞争，大家都想多招人、多招志愿者。（有的协会工作人员 200 人，但志愿者则多达 2000 人。）

各专业协会与大学之间、各专业协会之间很少有冲突，更多的是合作。有时协会之间会有不同意见，比如最近对可持续职业发展大家就有不同意见，许多协会希望成为强制性的，有些则不同意；对于专业标准，也常常存在差异，但遵循"少数服从多数"的原则。

3. 《华盛顿协议》的影响如何？

存在一定程度的影响。目前每年大约有 200 位有《华盛顿协议》认证的工程师来英国工程理事会注册；许多英国注册工程师去《华盛顿协议》国，尤其是申请工作签证时有便利——有的国家要求必须有《华盛顿协议》认证。对工程师来说，既有英国认证又有《华盛顿协议》认证，是双重优势。目前英国工程理事会是英国本土之外注册人数最多的地方。

对英国工程师协会而言，华盛顿协议的影响有积极的一面，也有消极的一面——协会被迫提高以前的质量要求，以符合《华盛顿协议》要求。但是英国大学很高兴，《华盛顿协议》意味着他们的学术项目独立的国际质量标准。对各专业协会来说也高兴，因为他们可以直接用《华盛顿协议》的标准来考察来该协会认证的人，也有机会和其他单位、其他国家的人分享和学习工程领域的想法、标准等。

4. 参与 EUR-ACE 的活动的情况如何？

英国工程理事会也是 EUR-ACE(http://www.enaee.eu)的创始成员之一。

但与参与《华盛顿协议》起草有点不一样。20世纪90年代末期,博洛尼亚进程之后,欧洲各国坐到一起讨论教育共同标准,这是 EUR-ACE 的起源,源于欧洲的改革。与英国相比,法国、德国等欧洲大陆国家的工程教育可能改变得更多,对英国而言,只是综合性硕士(Integrated Master)项目可能改得更多。

5. 专家组如何成立?

通常各专业协会自己组织认证专家组,成员来自行业和高校,志愿报名,专业协会为其在工作之余提供专门的认证培训——每个协会都有自己专家库,专家视参加专家组为自己专业才能的肯定和尊敬。协会只负担专家组的差旅费,不用付钱给专家组,他们参加专家组只是志愿者工作而已。参与认证的专家想法不同——来自产业的人希望影响课程设置,来自高校的人则视之为对本人专业水平的认可和尊重并获得与同行学习分享交流的机会。

各专业协会的专家组人数不大相同,一般是 10~12 人,去大学考察时通常是 3~5 人,考察时间每次是 2~3 天,但实际的工作时间比这要长,看材料、互相沟通等加在一起需要 5~10 天。

6. 英国有没有硕士认证的制度?

《华盛顿协议》只有本科协议。英国有自己的硕士认证,包括目前包括在《华盛顿协议》中的 Integrated Masters degree。具体的标准要求请参考英国工程理事会网站首页上 UK Spec 中的第一个文件 higher education programs cover BA. MA. IMA.

英国曾经甩开《华盛顿协议》,尤其是 1997 年使用自己的特许工程师官方注册标准(Official Standard for Rigistration as a Charted engineer),自己做自己的。但现在又转回《华盛顿协议》了。英国早在 1997 年已改为成果导向(outcome-based),《华盛顿协议》也是成果导向,所以不矛盾。

7. 如何聘用工科教师?

英国工科院校的教师聘用时,不一定需要考虑其工程背景。有人从企业去大学,有人从校门到校门,一直在学校做研究。常见的是教授在大学教书的同时,在产业做项目或为政府做研究。相对来说,学术不强的大学更愿意招产业的人去教书。帝国理工大学是英国最好的工科学校,远比剑桥、牛津好,毕业生遍及全球。帝国理工的教授一般研究能力很强,估计工程界出身的不会多。

各大学通常有各产业的毕业生协会来了解情况。英国工程理事会与雇主进行座谈,把情况通报和反馈给大学。至于产业的抱怨,这不奇怪,产业就是喜欢抱怨。

8. 英国工科院校对学术型和应用型专业的态度如何? 会不会认为学术型专业的学生高人一等,应用型专业的学生低人一等?

这得看雇主的意思,一般来说不会——需求不同而已。

9. 英国工程师协会与大学的关系如何? 工程师协会是否参与大学教学计划的制定? 是怎样引导和培养工程师的?

我们与大学关系很好,从不直接干涉大学的教学计划的制定,但常参加 Engineer professors' council 的各种会议。英国工程理事会主席也是英国高等教育质量保障署 QAA(Quality Arrurance Agency for Higher Education)的主席。

相对来说,各专业协会对大学的影响可能更大,因为具体的学位专业项目是否符合专业标准他们说了算。但他们也不直接介入教学计划。认证强调的是 output 不是 input,所以拿 output 要求大学就行了,没必要介入他们的 input。

10. 英国企业是否欢迎大学生参加实习?

是。

11. 不少英国教授对中国的情况比较熟悉,他们对中国工程教育的现状如何评价? 问题在哪里?

英国教授对中国的工程教育印象很深。我们对中国的理解是,中国有很多工程师,每个人都想学工科,成绩不好的才去念文理——那是我们梦想的,要是英国也那样该多好! 我个人访问过中国工程院,中国工程教育很强。

后　记

　　本书是中国工程院院士科技咨询研究课题"院校工程教育工程性与创新性问题研究"的延续课题成果。本研究获得中国工程院咨询项目"院校工程教育工程性与创新性问题研究(滚动研究)——基于大工程教育观的院校专业学位研究生培养问题研究"(2013-XZ-15)的立项。此后,教育部人文社会科学研究专项(工程科技人才培养研究)"基于胜任力的工程专业学位研究生培养模式改革"(17JDGC007)课题对此问题继续开展研究。

　　本研究目标是围绕研究生层次工程教育的工程性与创新性问题开展深入调查研究,掌握研究生工程教育的实际情况,全面分析影响高等工程教育创新性和实践性不足的各种因素,结合教育部推动的加入《华盛顿协议》的工程教育专业认证试点工作和"卓越工程师培养计划"试点改革情况,为推进研究生工程教育改革、为工程硕士层面的研究生认证制度的建立提出政策咨询建议。

　　本研究是一项涉及多部门的综合性政策研究,需要不同专业背景的研究人员共同合作。课题组成员主要由清华大学和兄弟院校研究人员组成,是一个以教师、科研人员、博士后、博士生为研究主体的跨学科团队。

　　清华大学原校长顾秉林教授、原副校长余寿文教授、袁驷教授、谢维和教授等对本研究的研究给予具体指导。

　　本研究组负责人有王孙禺教授、李越教授等。国际工程教育中心(ICEE)、清华大学教育研究院和本课题写作组为本研究做了大量的工作,其中乔伟峰、徐立辉、郑娟、谢喆平、曾开富、雷环、龙宇、王传毅、胡轩、曹越、袁雯、冯柳青、王子寅、陈东、闫星晔、李燕红等尤为突出。

　　本校的专家学者姚强、刘惠琴、林健、史静寰、袁本涛、李曼丽、李锋亮,以及来自教育部、兄弟院校、企业协会的专家学者陈以一、吴小林、李茂国、吴爱华、周爱军、雷庆、姜嘉乐、王玲等都直接或间接地参与了本课题的研究。

本研究得到了中国工程院和教育部相关领导、院士的悉心指导。没有他们的支持,本研究不可能顺利开展和完成。

在此,对所有领导、专家,以及为此课题的完成做出贡献的教师、同学一并表示诚挚谢意!

编著者

2013 年 12 月初稿

2015 年 6 月上报

2022 年 2 月修改